全国高职高专教育规划教材

经济学基础

Jingjixue Jichu

张银亭 主 编
李明芹 王洪艳 李 虹 副主编

高等教育出版社·北京

内容提要

本书是全国高职高专教育规划教材。本书主要介绍经济学的基础知识和基本原理,分微观经济学和宏观经济学两大部分,编排为11章。本书契合高职高专教育的教学特点,简明、清晰地阐述了西方经济学的基本原理。围绕日常生活中的经济学问题和经济学故事展开基本理论的叙述,内容由浅入深,循序渐进,既不片面追求理论的完整性,又不遗漏相关知识点,避免过分强调概念、原理、作用等,注重应用。

本书既可作为高职高专、成人教育、应用型本科财经类相关专业的基础课教材,又可供相关人员用做自学或参考书。

本书提供数字课程的学习,欢迎读者登录高等职业教育教学资源中心,获取相关教学资源,进行自主学习及交流活动,同时完成在线实训项目。网址:http://hve.hep.com.cn。具体登录使用方法见书后郑重声明。

图书在版编目(CIP)数据

经济学基础 / 张银亭主编. —北京:高等教育出版社,2012.2(2018.11重印)
ISBN 978-7-04-034033-4

Ⅰ.①经… Ⅱ.①张… Ⅲ.①经济学-高等职业教育-教材 Ⅳ.①F0

中国版本图书馆CIP数据核字(2012)第008092号

策划编辑 李聪聪　责任编辑 梁 木　封面设计 于 涛　版式设计 王艳红
插图绘制 尹文军　责任校对 王 雨　责任印制 赵义民

出版发行 高等教育出版社
社　　址 北京市西城区德外大街4号
邮政编码 100120
印　　刷 潮河印业有限公司
开　　本 787mm×1092mm 1/16
印　　张 14.75
字　　数 330千字
购书热线 010-58581118
咨询电话 400-810-0598
网　　址 http://www.hep.edu.cn
　　　　 http://www.hep.com.cn
网上订购 http://www.landraco.com
　　　　 http://www.landraco.com.cn
版　　次 2012年2月第1版
印　　次 2018年11月第9次印刷
定　　价 26.80元

物 料 号 34033-00

前言

“经济学基础”是高职高专院校财经管理类专业的公共必修课和专业基础课。它侧重于经济学基本概念、基本定律、基本理论的教学，使学生对市场经济运行机制的一般原理和规范行为等方面内容有详尽的了解，并能运用一些基本经济分析方法和工具，对有关理论和模型进行实证性描述和分析，并最终明确经济学的主要内容。通过本课程的学习，培养和提高学生的现代经济思维，让学生学会用经济学的原理和方法，思考和分析实际生活中的经济现象和经济问题，培养学生清晰的逻辑思路和综合实践应用能力，并为今后的专业课学习打下良好的基础。

本书编者都是长期活跃在高职高专经济学教学一线的教师，对高职教育的特点相当熟悉，积累了较为丰富的教学管理经验。编者从高职教育的实际出发，按照“以培养高等技能型职业技术人才为目标，突出‘基础充实、理论适度’”的原则编写本书。本书的编写强调理论与实践相结合，内容由浅入深，循序渐进，既不片面追求理论的完整性，又不遗漏相关知识点，避免过分强调概念、原理、作用等，突出实用性。

本书的特点是：第一，突出高职教育特色，贯彻务实原则。本书编写的原则是形式服从内容，工具服从理论内容。本书注重将基本理论讲精讲透，删除或简化了一些繁琐的求证过程，数学、图表和公式等工具的运用做到少而精，坚持用通俗生动的语言描述经济学内容。第二，理论联系实际，注重案例教学。理论介绍尽量从案例导入，案例分析服从对理论的推导。案例的使用尽量本土化，使理论教学面向现实。第三，注重学生技能的培养，注重手脑并用的教学方法。每章都增加了可操作的实训项目、案例分析和习题。

本书分为微观经济学和宏观经济学两大部分，编排为11章。主要内容包括：导论（第一章），介绍经济学的研究对象、基本内容和方法；供求理论（第二章），介绍供求、均衡价格和弹性理论；消费者行为理论（第三章），介绍如何使用基数效用、序数效用理论分析消费者均衡；生产与成本理论（第四章），从实物形态和价值形态两方面介绍生产理论和成本理论；厂商均衡理论（第五章），探讨不同类型市场下厂商的一般均衡状态；分配理论（第六章），介绍收入分配原理和社会收入分配理论；市场失灵与政府干预（第七章），介绍市场失灵以及政府的经济职能和限制；国民收入核算与决定（第八章），介绍国民收入核算、决定和 $IS-LM$ 模型；总需求-总供给模型（第九章），介绍总供给和总需求曲线及其模型；失业、通货膨胀与经济周期（第十章），介绍失业、通货膨胀的类型、产生原因以及经济周期的发展规律；宏观经济政策（第十一章），介绍政府宏观经济政策。

本书由张银亭任主编，李明芹、王洪艳、李虹担任副主编。主编负责拟定编写提纲并对全书进行总纂定稿。各章编写分工如下：张银亭负责编写第五、七章，李明芹负责编写第一、二、八章，王洪艳负责编写第四、六、十一章，李虹负责编写第三、九、十章。

本书在编写过程中参阅了国内外学者的大量相关文献，引用了一些相关的内容和研究成果，恕不一一详尽说明，仅在参考文献中列出，在此向有关学者表示衷心的感谢！

由于编者水平有限，加之时间仓促，书中难免存在不妥之处，敬请读者不吝赐教。

编　者

2011 年 12 月

目录

第一章　导　　论

学习目标

知识目标

- 掌握经济学的研究对象
- 了解宏观经济学和微观经济学的联系与区别
- 掌握经济学的研究方法

能力目标

- 能够用机会成本等经济学概念分析社会生活中的现象
- 能够利用实证分析、边际分析等方法分析经济问题

案例导入

“大炮”与“黄油”

第二次世界大战时期，希特勒叫嚣“要大炮不要黄油”，实行国民经济军事化。而美国作为“民主国家的兵工厂”（当时美国总统罗斯福的名言），向反法西斯国家提供武器，也把相当多的资源用于生产“大炮”。但资源是有限的，“大炮”（军用品）增加，“黄油”（民用品）减少，因此美国战时对许多物品实行管制。第二次世界大战后，苏联为了实行霸权与美国对抗，把本国有限的资源多数用于生产军事装备及火箭等，使得人民生活水平低下，长期缺乏“黄油”。

在正常时期，政府与市场共同决定“大炮”与“黄油”的生产，以使社会福利达到最大化。整个经济学都在解决“大炮与黄油”的问题。

任何一个国家都希望有无限多的“大炮”与“黄油”，这就是欲望的无限性。但任何一个社会用于生产的总资源是有限的，这就是社会所面临的稀缺性。因此，任何一个社会都要决定生产多少“大炮”与“黄油”。这就是社会所面临的选择问题。作出选择并不是无代价的，在资源既定的情况下，多生产一单位“大炮”，就少生产若干单位“黄油”。“大炮与黄油”的问题概括了经济学的内容。

经济学是研究如何实现稀缺资源的有效配置与利用的一门学科。学习本课程首先必须弄清楚经济学研究什么，用什么方法研究问题，对我们的学习与生活有何意义。

第一节 经济学的研究对象

自古以来，人类社会就为经济问题所困扰，生存与发展始终是各个社会所关心的热门话题。进入 21 世纪后，经济失衡、贫富对立、失业、通货膨胀、经济停滞、国际经济冲突等，仍然是各国所面临的难题。揭开各种表面现象，人类经济问题的根源在于资源的有限性。一方面，相对于人类的无穷欲望而言，上天赋予我们的资源太少了；另一方面，由于自然或社会的原因，这些有限的资源往往得不到充分利用。因此，如何合理地配置和利用有限的资源，就成为人类社会永恒的问题。经济学正是为解决这个问题而产生的。也正因为经济学所要解决的问题如此重要，所以它被称为“社会科学的皇后”。要了解经济学，先要了解人类社会面临的一个永恒问题——稀缺性。

一 稀缺性——人类社会永恒的问题

人类社会的基本问题是生存与发展。生存与发展就是不断地用物质产品（以及劳务）来满足人们日益增长的需求。需求来自欲望。欲望是一种缺乏的感受与求得满足的愿望。

欲望可能产生于生理需求，也可能产生于心理需求。按照马斯洛的需求层次理论，人类的需要由低到高分为五种，即生理需要、安全需要、社会需要、尊重需要和自我实现需要。欲望的基本特点在于无限性，即人们的欲望永远没有完全得到满足的时候。一种欲望满足了，又会产生新的欲望，永无止境。所谓"人心不足蛇吞象"。这句话有点贬义，但却形象描述了欲望的基本特点。我国传统伦理道德观有"存天理，灭人欲"之说，把人的欲望视为万恶之源。其实，正是欲望的无限性推动了人类不断去追求、去探索，才有了社会的进步。

人的欲望要用各种物质产品（或劳务）来满足。物质产品（或劳务）要用各种资源进行生产。这些资源包括人力与自然资源。我们知道，一个社会无论有多少资源，总有一个有限的量。无限的欲望与有限的资源之间的关系就是经济学所说的稀缺性。

相对于人类社会的无穷欲望而言，经济物品，或者说生产这些物品所需要的资源总是不足的。这种资源的相对有限性就是稀缺性。

理解稀缺性概念时要注意以下两点：

第一，稀缺性是相对的。这里所说的稀缺性不是指资源绝对数量的多少，而是指相对于人类社会的无穷欲望而言，再多的资源也是稀缺的。这就是稀缺性的相对含义。

第二，稀缺性的存在是绝对的。稀缺性是人类社会面临的永恒问题。就是说，稀缺性的存在是绝对的。它存在于人类历史的各个时期和一切社会。历史上，稀缺性存在于人类社会的所有时期，无论是早期的原始社会，还是当今的发达社会。从现实看，稀缺性存在于世界各地，无论是贫穷的非洲，还是富裕的欧美。社会上的每个人都面对稀缺性，无非稀缺的内容不同而已。

所以稀缺性是人类社会面临的永恒问题，只要有人类社会，就会有稀缺性。

二　生产可能性曲线、机会成本和选择

稀缺性决定了每一个社会和个人必须作出选择。欲望有轻重缓急之分，同一种资源又可以满足不同的欲望。选择就是用有限的资源去满足什么欲望的决策，或者说如何使用有限资源的决策。

作出选择有所得就要有所失，这就是经济学家所说的"天下没有免费的午餐"。为了得到某种东西而放弃的另一种东西就是作出决策的机会成本。所谓"鱼和熊掌不可兼得"，选熊掌就必须放弃鱼，鱼就是选熊掌的机会成本。

课堂活动

在一个暴风雨的夜晚，你开着一辆车，经过一个车站，有三个人正在等公共汽车。一个是快要死的老人，很可怜；一个是医生，他曾救过你的命，是大恩人，你做梦都想报答他；还有一个女人/男人，她/他是那种你做梦都想娶/嫁的人，也许错过就再也遇不到了。但你的车只能坐一个人，你会选择谁？请用这个案例对经济学中的稀缺性、选择和机会成本进行分析。

回到案例导入中"大炮与黄油"的问题。"黄油"代表民用品，是提高一国国民生活水平所必需的；"大炮"代表军用品，是保卫国家的安全不可缺少的。"大炮与黄油"问题实际上就是一个社会如何配置稀缺资源的问题。

一个社会的资源是有限的，在一定技术水平下，所能生产的物品的最大数量也是一定的。假设一个社会只生产黄油与大炮。在技术水平和资源既定的条件下，如果不生产大炮，只生产黄油，可以生产 50 万吨；如果不生产黄油，只生产大炮，可以生产 150 万门。在这两种极端情况之间，黄油和大炮可以有不同的生产数量组合，如表 1－1 所示。

表 1－1　黄油和大炮的生产数量组合

组合	黄油（万吨）	大炮（万门）	组合	黄油（万吨）	大炮（万门）
A	0	150	D	30	90
B	10	140	E	40	50
C	20	130	F	50	0

根据表 1－1 可绘出图 1－1。图 1－1 中横轴代表黄油的数量，纵轴代表大炮的数量。可以找到 A、B、C、D、E、F 点，连接各点得到一条曲线，就是生产可能性曲线。

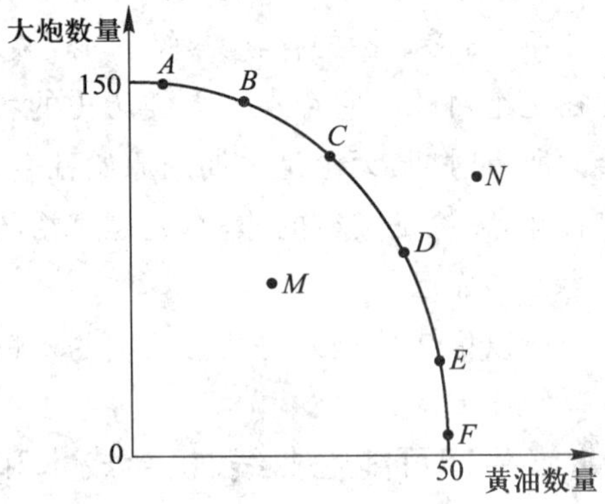

图 1－1　生产可能性曲线

在图 1－1 中，生产可能性曲线上的任何一点都是既定资源下可以达到的黄油和大炮的产量组合。线外的 N 点，现有资源无法实现；线内的 M 点，说明资源没有得到充分利用。

生产可能性曲线就是资源既定条件下所能达到的两种物品最大产量的组合。

如上所述，资源的稀缺性迫使人们必须区分欲望的轻重缓急。实际上，经济学就产生于资源的稀缺性以及由此引起的选择的需要。各种资源又有不同的用途，既可以用于生产大炮，也可以用于生产黄油。这样，在解决稀缺性问题时，人类社会就必须对如何使用资源作出选择，即资源的合理配置，充分利用既定的资源生产经济物品，以便更好地满足人类的需要。

所谓资源配置就是将生产要素按一定比例进行组合用于生产的活动。资源配置就是要解决人类社会面临的三大基本经济问题。

第一，生产什么？生产什么的问题实质上包括了生产什么品种、生产多少、在什么时间生产以及在什么地点生产等四个方面的问题。例如，"大炮与黄油"的问题，就是生产大炮还是生产黄油；生产多少大炮，多少黄油等问题。

第二，如何生产？即用什么方法来生产。生产方法实际就是如何对各种生产要素进行组合，是采取多用资本、少用劳动的资本密集型方法生产，还是采取少用资本、多用劳动的劳动密集型方法生产。不同的方法可以达到相同的产量，不同方法的经济效率并不相同。

第三，为谁生产？即大炮和黄油按什么原则分配给社会各阶层及各个成员，这就是为谁生产的问题。

经济学是为解决稀缺性问题而产生的，因此，经济学所研究的对象就是由稀缺性而引起的选择问题，即资源配置问题。也正是在这种意义上，许多经济学家把经济学定义为“选择的科学”，或者“研究稀缺性资源在各种可供选择的用途之间如何分配的科学”。

三 经济学与资源利用

现实中，人类社会往往面临这样一种矛盾：一方面资源是稀缺的，另一方面稀缺的资源还得不到充分利用。这种情况下生产的物品组合位于生产可能性曲线内侧（如图 1－1 中的 *M* 点），稀缺的资源被浪费了。而且，人类社会为了发展，也不能仅仅满足于现有技术条件下生产可能性曲线的水平，还要利用既定的资源创造更高的产量，这样，资源的稀缺性又引出了另一个问题：资源利用。资源利用是指人类社会如何更好地利用现有的稀缺资源，使之生产出更多的物品。

资源利用包括以下三个相关问题：

第一，为什么资源得不到充分利用，即生产的物品产量达不到生产可能性曲线上的各点。换言之，也就是如何能使稀缺的资源得到充分利用，从而使产量最高。

第二，在资源既定的情况下，为什么产量有时高有时低，即尽管资源条件没变，但所生产物品的产量为什么不能始终保持在生产可能性曲线上。这就是经济中为什么会有周期性波动的问题。与此相关的是，如何用既定的资源生产出更多的物品，即实现经济增长。以上两者就是所说的“经济波动与经济增长”问题。

第三，现代社会是一个以货币为媒介的商品社会，货币购买力的变动对资源配置与利用所引起的各种问题的解决影响很大。这样，解决这些问题就必然涉及货币购买力的变动问题。这就是所说的“通货膨胀（或通货紧缩）”问题。

由以上分析可以看出，稀缺性不仅引起了资源配置问题，而且还引起了资源利用问题。前者由微观经济学解决，后者则是宏观经济学的课题。

第二节 微观经济学与宏观经济学

经济学是研究在一定经济制度下稀缺资源配置和利用的科学。也就是说，经济学的研究对象包括资源配置和资源利用两个方面。经济学家通常根据经济学研究对象的不同把经济学分为微观经济学和宏观经济学，微观经济学侧重研究资源配置的问题，宏观经济学则侧重研究资源利用的问题。

一 微观经济学

（一）微观经济学的概念

微观经济学以单个经济单位为研究对象，通过研究单个经济单位的经济行为和相应的经济变量单项数值的变化，来说明价格机制如何解决社会的资源配置问题。

在理解微观经济学定义时，要注意以下几点：

第一，微观经济学的研究对象是单个经济单位的经济行为。单个经济单位是指组成经济的最基本的单位：家庭和企业。家庭是经济中的消费者和生产要素的提供者。企业是经济中的生产者和生产要素的需求者。微观经济学研究家庭与企业的经济行为就是研究家庭如何把有限的收入分配于各种物品的消费，以实现满足程度最大化，以及企业如何把有限的资源用于各种物品的生产，以实现利润最大化。

第二，微观经济学解决的问题是资源配置问题。资源配置即前面所说的生产什么，如何生产和为谁生产的问题。解决资源配置问题就是要使资源配置达到最优化，即在这种资源配置下能给社会带来最大的经济福利。微观经济学从研究单个经济单位的经济福利最大化行为入手，来解决社会资源的最优配置问题。

第三，微观经济学的中心理论是价格理论。在市场经济中，家庭和企业的行为要受价格的支配，生产什么、如何生产和为谁生产都由价格决定。价格像一只看不见的手，调节着整个社会的经济活动。通过价格的调节，社会资源的配置实现了最优化。微观经济学正是要说明价格如何使资源配置达到最优化。因此，价格理论是微观经济学的中心理论，其他内容都是围绕这一中心理论展开的。正因为如此，微观经济学也被称为价格理论。

第四，研究方法是个量分析。个量分析是研究经济变量的单项数值如何决定。例如，微观经济学中研究的价格是某种商品的价格，即价格这种经济变量的单项数值。微观经济学中所涉及的变量，例如某种商品的产量、价格等都属于这一类。微观经济学分析这类个量的决定、变动及其相互间的关系。

（二）微观经济学的基本内容

第一，均衡价格理论，也称价格理论。研究某种商品的价格如何决定，以及价格如何调节整个经济的运行。价格理论是微观经济学的中心理论，其他内容都是围绕这一中心理论而展开的。

第二，消费者行为理论。研究消费者如何把有限的收入分配到各种物品的消费上，以实现效用最大化。

第三，生产理论，即生产者行为理论。研究生产者如何把有限的资源用于各种物品的生产上，以实现利润最大化。具体包括研究生产要素投入与产量之间关系的生产理论，以及研究生产成本与收益的成本与收益理论。

第四，厂商均衡理论，或称市场结构理论。研究企业在不同市场结构下的行为与市场均衡，研究不同市场上的价格决定问题。

第五，分配理论。研究产品按什么原则分配给社会各集团与个人，即工资、利息、地租和利润如何决定，以及从社会角度研究分配问题及收入分配平等化的有关政策。

第六，市场失灵与微观经济政策。由于存在公共物品、外部性、垄断与信息不对称，价格调节并不总是能实现资源最优配置，这就是所谓的市场失灵。政府的微观经济政策就是用于解决市场失灵问题的。

二 宏观经济学

（一）宏观经济学的概念

宏观经济学以整个国民经济为研究对象，通过研究经济中各有关总量的决定及其变化，来说明资源如何才能得到充分利用。

在理解宏观经济学的定义时，要注意以下问题：

第一，宏观经济学研究的对象是整个国民经济。就是说，宏观经济学所研究的不是经济中的各个环节，而是由这些环节所组成的整体。宏观经济学研究整个经济的运行方式与规律，从总体上分析经济问题。

第二，宏观经济学解决的问题是资源利用问题。宏观经济学把资源配置作为既定的前提，研究现有资源未得到充分利用的原因，达到充分利用的途径，以及如何增长等问题。

第三，宏观经济学的中心理论是国民收入决定理论。宏观经济学把国民收入作为最基本的总量，以国民收入的决定为中心来研究资源利用问题，分析整个国民经济的运行。国民收入决定理论被视为宏观经济学的核心理论。

第四，宏观经济学的研究方法是总量分析。总量是指能反映整个经济运行情况的经济变量。宏观经济学所涉及的总量很多，主要有：国内生产总值、总需求、总供给、总消费、价格水平、增长率、利率、货币供给量、货币需求量等。总量分析就是分析这些总量的决定、变动及其相互关系，并通过这种分析说明经济的运行状况，决定经济政策。因此，宏观经济学也被称为“总量经济学”。

（二）宏观经济学的基本内容

第一，国民收入决定理论。国民收入是衡量一国经济资源利用情况和整个国民经济状况的基本指标。宏观经济学研究长期和短期中宏观经济的决定。这一部分是宏观经济学的中心内容。

第二，失业和通货膨胀理论。失业与通货膨胀是各国经济中最主要的问题。宏观经济学把失业与通货膨胀和国民收入联系起来，分析其原因及相互关系，以便找出解决这两个问题的途径。

第三，经济周期与经济增长理论。经济周期指国民收入的短期波动，经济增长指国民收入的长期增长趋势。这一理论主要分析国民收入短期波动的原因、长期增长的源泉等问题，以期实现经济长期稳定的发展。

第四,宏观经济政策。宏观经济学是为国家干预经济服务的,宏观经济理论要为这种干预提供理论依据,而宏观经济政策则是要为这种干预提供具体的措施。政策问题包括政策目标、政策工具和政策效应。

不同的经济学家对经济运行进行不同的分析,对各种宏观经济问题作出了不同的解释,提出了不同的宏观经济政策。这就形成了不同的宏观经济学流派。当前最有影响的宏观经济学流派是新凯恩斯主义和新古典宏观经济学。

新凯恩斯主义是由凯恩斯主义发展而来的。在20世纪30年代全球性经济大萧条背景下,英国经济学家凯恩斯在1936年出版了《就业、利息和货币通论》一书,提出了国家用经济政策调节经济以实现稳定的主张,这就是凯恩斯主义。20世纪50年代以后,美国经济学家萨缪尔森等人发展了凯恩斯主义理论,并将之运用到美国,这就形成了当时的凯恩斯主义主流经济学——新古典综合派。20世纪80年代以后,美国经济学家阿克洛夫、斯蒂格利茨、曼昆等人用微观经济理论解释宏观经济,论证了国家在短期中运用政策调节经济的必要性,这就是当代代表国家干预思潮的新凯恩斯主义。

本书主要介绍新凯恩斯主义的宏观经济学理论。

三 微观经济学与宏观经济学的联系

微观经济学和宏观经济学在研究的对象、解决的问题、中心理论和分析方法上存在差别。但作为经济学的不同组成部分,它们之间又有着密切的联系。

(一)微观经济学与宏观经济学相互补充

经济学的目的是实现社会经济福利的最大化。为了达到这一目的,既要实现资源的最优配置,又要实现资源的充分利用。微观经济学在假定资源已实现充分利用的前提下,分析如何达到最优配置的问题;宏观经济学在假定资源已实现最优配置的前提下,分析如何达到充分利用的问题。它们从不同的角度分析社会经济问题。从这一意义上讲,微观经济学和宏观经济学是相互补充的,它们共同组成经济学的基本原理。

(二)微观经济学是宏观经济学的基础

整体经济是单个经济单位的总和,国民经济活动建立在企业和消费者经济活动的基础上,因此微观经济学应该成为宏观经济学的基础。把经济学分为微观经济学与宏观经济学是出于介绍经济学的需要,但这两部分是一个整体。

第三节 经济学的研究方法

经济学要用一定的方法研究资源配置与资源利用问题,其中最基本的方法就是实证分析方法和规范分析方法。

一　实证分析与规范分析

实证分析方法研究经济问题时超脱价值判断，只研究经济本身的内在规律，并根据这些规律，分析和预测人们经济行为的效果。它要回答"是什么"的问题，而不对事物的好坏作出评价。实证分析方法研究经济问题所得出的结论具有客观性，可以根据事实进行检验。

规范分析方法研究经济问题时以一定的价值判断为基础，提出某些标准作为分析处理经济问题的标准，并研究如何才能符合这些标准。它要回答"应该是什么"的问题。规范分析方法研究经济问题所得出的结论受到不同价值观的影响。

实证分析方法与规范分析方法尽管存在差异，但两者不是绝对相互排斥的。规范分析方法要以实证分析方法为基础，而实证分析方法也离不开规范分析方法的指导。一般来说，越是具体的问题，实证分析的成分越多；而越是带有决策性的问题，则越具有规范性。

二　实证分析工具

经济学中运用实证分析法分析经济问题形成理论时，运用了各种分析工具。

（一）均衡分析

均衡是物理学中的名词，是指一物体同时受到方向相反、大小相等的两个外力的作用而形成的静止状态。经济学中的均衡是指各有关经济变量在相互作用之后，处于相对静止、不再变动的状态。均衡分析是分析各种经济变量之间的关系，说明均衡的实现及其变动。均衡分析可分为局部均衡分析和一般均衡分析。局部均衡分析考察的是在其他条件不变时，单个消费者、单个市场、单个厂商或单个行业的均衡状态。一般均衡分析是考察所有经济变量在相互作用下怎样达到均衡的一种分析方法。由于一般均衡分析涉及市场经济生活的方方面面，而且各经济因素之间的联系非常复杂，所以在现代西方经济学的研究中，大多采用局部均衡分析。

（二）静态分析、比较静态分析和动态分析

静态分析，是指完全抽象掉时间因素和经济均衡状态形成的过程，来分析任一时点上某一经济变量与有关经济变量达到均衡状态时的条件，而不考虑经济现象达到均衡状态的过程。

比较静态分析，是指当某些经济变量变化后，将两种静态均衡结果进行比较的分析方法。例如，已知某商品的供求状况所决定的均衡价格和均衡产量，现在消费者收入增加，那么收入变化后对商品的需求会产生哪些影响？把变化后新的均衡与原有的均衡进行比较分析的方法，就是比较静态分析。

动态分析的根本特征是引入了时间因素，把经济现象的结果当做一个连续的过程来考察，分析各种变量怎样随着时间的变动而相互影响、相互制约，最终达到一种新的均衡。动态分析在对通货膨胀、经济周期和经济增长的研究中起着重要作用。

（三）边际分析法

边际分析是建立在各种经济现象之间存在一定函数关系的基础上的。在企业生产经营决策中，总是大量存在某一因变量依存于一个或几个自变量的函数关系。所谓边际分析法，就是借助这种函数关系，研究因变量随自变量的变化而变化的程度，以比较经济效果的分析方法。

所谓边际，就是边缘、额外、追加之意，用以揭示两个具有因果或相关关系的经济变量之间的动态函数关系。当某一经济函数中的自变量发生微小单位的变化时，因变量因此而发生的相应数量变化值，被称为该因变量的边际值。例如，企业的销售收入是其产品销售量的函数，在某一既定的销售水平上，销售量再增加或减少一单位可能使销售收入增加或减少的货币量，就称为在特定销售量水平下的边际销售收入。

（四）经济模型分析法

经济现象错综复杂，且变化不定，难以像自然科学那样，在实验室内进行实验。为了便于研究，经济学往往舍去一些比较次要的因素，专门研究普遍性、决定性因素之间的因果关系，形成经济模型。经济理论是实践理论的高度概括，经济模型则是经济理论的简明表达。

经济模型可以采用语言文字、几何图形和数学符号三种表达方式，它们各有自身的特点：语言文字运用逻辑推理；几何图形运用线条反映因素之间的关系，简明直观；数学符号运用数学定理，较为严谨，而且可以表达任意多个因素之间的关系。

三 为什么要学习经济学

（一）经济学有助于深刻理解经济社会

朋友聊天，翻阅报纸，或网上漫游，接触的新闻许多都是经济新闻。天下事，大家谈，谁都可以说上几句。但是，如果你懂经济学，就会将这些新闻“立体化”，理解更深，想得更多。例如，为什么中国人民银行在 2011 年上半年连续调整银行存款准备金率？为什么有的年份大学生就业比较容易，有的年份就业却比较难？改造世界必须首先认识世界，经济学正是我们认识世界的一把钥匙。

（二）经济学有助于更好地参与经济活动

我们每个人都生活在市场经济的大潮中，若要避免在大潮中被淹没，就要学会“游泳”，即学会经济学的思维方式。因为政府管理、企业经营、家庭理财都离不开经济学。如果懂一点经济学，政府官员就不会滥用行政权力限制自由竞争；公司经理就不会盲目跟风投资，不赚反亏；家庭主妇也不会把所有积蓄都投入股市，去冒倾家荡产的风险。学习经济学本身不会使你富有，但它将提供一些有助于你努力致富的工具。正如凯恩斯所说：“经济学并没有提供一套立即可用的完整结论。它不是一种教条，只是一种方法，一种心灵的器官，一种思维的技巧，帮助拥有它的人得出正确的结论。”

资料库

西方经济学的由来与演变

西方经济学说经历了重商主义、古典经济学、庸俗经济学的发展后，逐步演变为现代的微观经济学和宏观经济学，一般通称为西方经济学，它直接来源于马歇尔创立的微观经济理论和凯恩斯创立的宏观经济理论。

阿弗里德·马歇尔是现代微观经济学的奠基人。19世纪70年代，英国经济学家杰文斯、法国经济学家瓦尔拉斯、奥地利经济学家门格尔几乎同时提出边际效用价值论。19世纪90年代，马歇尔综合了这一时期各经济学家，特别是上述三人的研究成果，提出了较为系统的微观经济理论，其理论成为有代表性的、广泛流行于西方的经济思想。其研究特点是运用一系列数学方法从供求角度分析市场价格，以解决资源配置、资源报酬等问题，主张市场自发调节，颂扬资本主义制度的完善、和谐、高效率。

自马歇尔提出微观经济学后，该理论经历了多次补充。由于19世纪末、20世纪初垄断的形成，使原来的以完全竞争市场类型为条件的微观经济理论受到挑战，于是在1933年，英国的罗宾逊、美国的张伯伦提出了不完全竞争经济学和垄断竞争理论，填补了微观经济研究中的一大漏洞。另外，20世纪30年代后希克斯、瓦尔拉斯、帕累托等提出的一般均衡理论、序数效用论、福利经济学等，进一步补充了传统的微观经济学理论体系。之后关于市场失灵与微观政策调节的研究可以说是对微观经济学的总结。当然，第二次世界大战之后直至当今的由对寡头垄断市场分析引申的博弈论以及与企业产权分析相联系的制度经济学，可以说是微观经济研究的最新发展或成果。

约翰·梅纳德·凯恩斯是现代宏观经济学的创始人。20世纪30年代大危机使传统的自由市场经济理论受到挑战，凯恩斯于1936年发表了《就业、利息和货币通论》，提出并全面论述了国家干预经济的思想，这既是对传统微观经济学的重要补充，也标志着现代宏观经济学的诞生。当然，随着资本主义经济的发展，新的经济问题不断出现，也有不少学者提出新的观点和政策主张，出现了对传统宏观经济理论进行抨击、责难的不同学派——货币主义、供给学派、新剑桥学派、理性预期学派等。

第二次世界大战后，美国以萨缪尔森为代表的经济学者，把微观经济理论和宏观经济理论综合在一起，构成了现代西方经济学主流思想体系。

事实上，西方经济学随着历史条件的变迁而不断演变本身就表明理论总是要随经济现实的变化而不断发展的。

本章小结

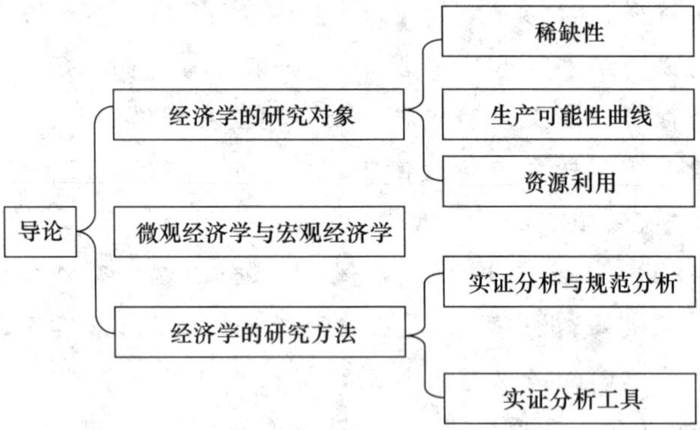

同步练习

一、单项选择题

1. 经济学研究的是(　　)。

A. 企业如何赚钱的问题　　B. 如何实现稀缺资源的有效配置问题

C. 如何用数学方法建立理论模型　　D. 政府如何管制的问题

2. 下列短语可以用机会成本予以解释的是(　　)。

A. 杀鸡焉用宰牛刀　　B. 物以稀为贵

C. 买卖不成仁义在　　D. 薄利多销

3. 下列事物中哪些不具备稀缺性?(　　)

A. 空气　　B. 矿泉水　　C. 食物　　D. 安全保卫

4. 区分宏观经济学和微观经济学的关键在于(　　)。

A. 微观经济学研究个体经济行为,宏观经济学研究总体经济现象

B. 微观经济学研究厂商行为,宏观经济学研究政府行为

C. 微观经济学研究产品市场,宏观经济学研究失业问题

D. 微观经济学研究范围狭小,宏观经济学研究范围广泛

5. 经济学家讨论的"人们的收入差距大一点好还是小一点好"的问题属于(　　)所要研究的问题。

A. 实证经济学　　B. 规范经济学　　C. 宏观经济学　　D. 微观经济学

6. 下列哪一项会导致一国生产可能性曲线外移?(　　)

A. 股市持续走强　　B. 有用资源被发掘或技术进步

C. 通货膨胀　　D. 消费品生产增加,资本品生产下降

二、简答题

1. 假如某个人每天有16小时可以在娱乐和工作(学习)之间分配,设娱乐时间为变量X,工作或学习时间为变量Y,请用坐标图表示工作(学习)与娱乐时间此消彼长的关系。如果这个人每天7小时用于工作(学习),请在坐标图上标出相应的点及对应的娱乐时间;假定这个人每天8小时用于工作(学习),请在图中标出相应的新点;如果这个人减少睡眠的时间,每天将18小时分配在工作(学习)和娱乐上,试画出新的曲线。

2. 简述微观经济学与宏观经济学的区别与联系。

3. 举例说明实证分析与规范分析的区别与联系。

实训项目

上大学的机会成本

机会成本就是把一定的资源用于某种产品生产时而放弃的在其他用途上可能得到的最大收益。我们在理解机会成本这一概念时要注意,机会成本不同于实际成本,它不是作出某项选择时实际支付的费用或损失,而是一种观念上的成本或损失。在经济分析中,可以利用机会成本来判断一种生产资源的使用是否经济合理。如果它的实际收益大于或等于机会成本,则资源的配置达到最优状态;否则,资源配置就没有达到最优状态。

近几年各国的就业压力越来越大,很多大学生刚毕业就面临失业。于是“上大学无用论”逐渐盛行。一个家庭耗费很大成本培养出一个大学生,毕业以后却找不到工作,即使找到了工作,获得的收益也远远低于人们的预期,所以很多勉强供得起或者供不起大学生的家庭就选择让孩子放弃上学而直接就业。这种决策是否合理?

问题:请结合自己的实际情况,从经济学的机会成本角度对此问题进行分析。

第二章 供求理论

学习目标

知识目标

- 掌握需求的含义与需求定理
- 掌握需求变动与需求量变动的区别
- 理解均衡价格理论和供求定理
- 掌握需求价格弹性的计算和分类
- 理解需求弹性与总收益的关系

能力目标

- 能够用供求理论分析社会经济现象
- 能够用弹性理论分析企业的定价策略

案例导入

不同歌手门票差别之谜

门票价格也就是歌手劳务的价格,在经济学中,劳务是一种无形的物品,其定价规律与有形的物品是一样的。人们在现实中一定注意到了一个现象:美声唱法歌手表演的门票便宜,通俗歌手演唱的门票昂贵。

用演唱这种劳务中所包含的劳动量恐怕无法解释门票价格的差别。提供某种劳务的劳动量包括为此而付出的培训时间与提供劳务所耗费的活劳动。美声演唱是一种复杂劳动,需要长期专业训练,演唱也颇费力。与此相比,通俗歌手的劳动要简单一点。这就是说,同样一场演唱会,美声演唱包含的劳动量要大于通俗演唱。看来劳动量的差别并不能解释门票价格为何存在如此巨大的差别。

学过价格理论就会知道,决定不同歌手门票价格差别的关键在于需求与供给。美声演唱是阳春白雪的高雅艺术,能欣赏它的是少数音乐修养比较高的观众。通俗演唱是下里巴人的大众艺术,能欣赏它的人很多,尤其是人数众多的年轻人对它爱得发狂。这就是说,当美声歌手和通俗歌手数量(供给)相当时,由于对通俗歌手表演的需求远远大于对美声歌手表演的需求,其门票价格自然就高。人们同时还会注意到,由于通俗歌手收入丰厚,许多人都愿意成为通俗歌手。随着知名通俗歌手的增加,其门票价格也在下降。但由于成为"明星大腕"的歌手仍然不多,供给增加有限,而歌迷对这些明星大腕表演的需求不减,其门票价格仍然很高,他们的收入依然丰厚。

资料来源:梁小民编著,《西方经济学》,中央广播电视大学出版社,2003 年。

微观经济学研究家庭与企业的行为,说明价格如何配置资源、调节经济。价格理论是微观经济学的中心内容。在市场经济中,价格是由供求关系决定的,所以,供给与需求就是最重要的概念。本章介绍需求、供给、价格的决定,价格如何调节经济以及政府限制价格的行为对经济的影响。

第一节 需求理论

一 需求、需求表、需求曲线

(一) 需求

需求是决定价格的关键因素之一。什么是需求?我们可以这样定义需求:需求是指消费者在某一特定时期内,在每一价格水平下愿意而且能够购买的某种商品的量。

在理解需求的概念时,应该注意的是,需求是购买欲望和购买能力的统一,缺少任何一个条件都不能构成需求。所以，需求也可以说是家庭根据其欲望和购买能力所决定的计划购买量。

需求包括个人需求和社会需求。一般微观经济学中所说的需求是指消费者对某种商品的需求。某个消费者对某种商品的需求是个人需求。把个人需求加在一起就是整个社会对某种商品的需求，称为社会需求，亦即市场需求。

课堂活动

鸦片战争以后，英国商人为打开了中国这个广阔的市场而欣喜若狂。当时英国棉纺织业中心曼彻斯特的商人估计，中国有4亿人，假如有1亿人晚上戴睡帽，每人每年用两顶，整个曼彻斯特的棉纺厂日夜加班生产也不够，何况还做衣服呢！于是他们把大量洋布运到中国。结果与他们的预想相反，中国人没有戴睡帽的习惯，衣服也用自产的丝绸或土布缝制，洋布根本卖不出去。问英国商人失算的原因是什么？

（二）需求表

需求表是表明价格与需求量的对应关系的表格。可以用一个例子来说明这个概念。例如，在某年某地的市场上，当鸡蛋的价格为每千克3.5元时，需求量为200千克；当价格为每千克4元时，需求量是150千克；当价格为4.5元时，需求量为100千克；当价格为5元时，需求量为70千克；当价格为5.5元时，需求量为50千克，等等。根据这些具体数字，可以得出表2－1。

表2－1　需　求　表

组合	价格（元/千克）	需求量（千克）
A	3.5	200
B	4.0	150
C	4.5	100
D	5.0	70
E	5.5	50

在每一个价格下，将市场中每个人的需求量加总便可得到市场需求量。将价格和相应的需求量填入表格，这个表示某种商品的价格与需求量之间关系的表就是需求表。

（三）需求曲线

根据表2－1可以绘出图2－1的需求曲线。

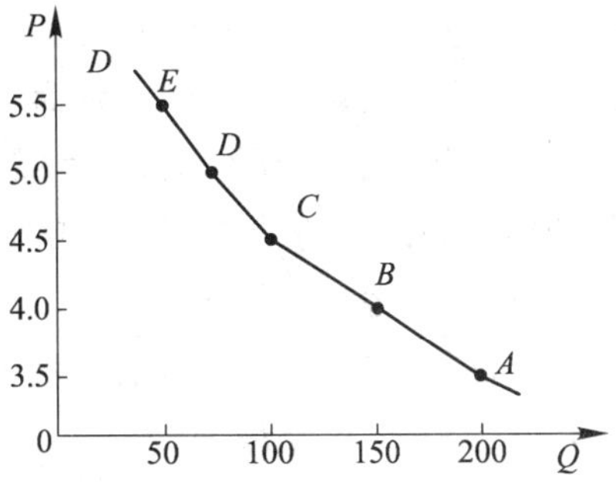

图2－1　需求曲线

图2－1中，用横轴$0Q$代表需求量，纵轴$0P$代表价格，D即为需求曲线。

需求曲线是根据需求表绘出的，是表示某种商品价格与需求量之间关系的曲线，向右下方倾斜，即它的斜率为负值。

需求曲线有两个特征。其一，因变量 Q 从数学上说本应在纵轴，但它放在横轴；而自变量价格 P 本应在横轴，但它又放在纵轴。为什么如此呢？最主要的原因是英国经济学家马歇尔最早时这样绘制，后人就按照马歇尔的例子照样绘制；次要的原因可能是行文上的方便，比如说"在相同价格下，需求量增加或减少"就是看在同一价格下需求量的变化，这就需要把价格放在纵轴。其二，需求曲线的斜率为负，其含义是：价格下降，消费者可能买得更多。

需要说明的是，需求曲线与需求表本质上没有区别。然而为什么要以需求曲线来表示呢？原因有两个：其一，图示比较直观，将需求表绘成需求曲线后一眼即可看出其特征。其二，根据需求曲线可进行某些初步分析，比直接根据需求表分析方便。因为图形有此优点，因此在本书中说明各种经济理论时，将大量采用图形分析的方式。

二 影响需求的因素及需求函数

（一）影响需求的因素

1. 商品自身价格

商品本身的价格是影响消费者对某种商品需求量的最重要因素。在其他条件不变的情况下，某商品本身的价格与其需求量之间呈反方向的变动关系。即价格上涨，其需求量减少；价格降低，其需求量增加。

2. 消费者的收入

收入水平决定消费者的购买能力，对需求有重要的影响，这是不言而喻的。一般来说，在其他条件既定的情况下，人们的收入越高，对商品的需求越多。需要注意的是，决定某种商品需求的因素不仅包括总收入水平，而且包括收入分配状况。不同收入水平的人购买能力不同，需求也不同。因此，从市场需求看，消费者的人数和国民收入分配的情况，显然是影响需求的重要因素。

3. 相关商品的价格

当一种商品本身的价格不变，而与它相关的其他商品的价格发生变化时，这种商品的需求量也会发生变化。相关商品有两种情况：一种是互补品，另一种是替代品。互补品是指共同满足一种需求的两种商品，它们之间是相互补充的。例如汽车和汽油就是互补品。这种有互补关系的商品，当其中一种商品（如汽油）的价格上升时，对另一种商品（如汽车）的需求就会减少，因为汽油价格上升，其需求减少，对汽车的需求也会减少。反之，当一种商品价格下降时，对另一种商品的需求就增加。两种互补品之间价格与需求呈反方向变动。替代品是指可以相互代替来满足同一种需求的两种商品。它们之间是可以相互替代的，例如猪肉与牛肉就是这种替代关系。这种有替代关系的商品，当一种商品（例如猪肉）价格上升时，对另一种商品（牛肉）的需求就增加。因为猪肉价格上升，人们可以少吃猪肉，多吃牛肉。反之，当一种商品价格下降时，另一种商品的需求就减少。两种替代品之间价格与需求呈同方向变动。

4. 预期

预期包括消费者对自己未来收入与商品价格走势的预期。这种预期影响购买意愿，从而影响需求。一般而言，如果消费者预期未来收入水平上升，商品价格水平上升，则会增加现在的需求；反之，如果预期未来收入水平下降，商品价格水平下降，则会减少现在的需求。

5. 消费者的偏好

消费者对不同商品的偏好程度决定了他们的购买意愿。消费者的偏好取决于个人生理与心理的需求，也取决于社会消费时尚。影响消费时尚的主要是示范效应和广告效应。示范效应是指某一消费群体的消费方式对其他群体的影响。一般来说，在国际上，发达国家的消费方式会影响发展中国家；在一国内，上层人士的消费方式影响其他群体。广告效应是广告对形成消费时尚的影响。在现实中，广告往往可以引发一种消费时尚。当消费者对某种商品的偏好程度增强时，该商品的需求量就会增加；相反，偏好程度减弱，需求量就会减少。

6. 政府出台的消费政策

例如政府提高利率会减少消费需求，而实行消费信贷制度则会增加消费需求。

此外，人口数量的变化等也会对需求产生影响。可见，影响需求的因素是多种多样的，有些因素影响购买欲望，有些因素影响购买能力，这些因素共同作用决定了需求及其大小。

（二）需求函数

如果把影响需求的各种因素作为自变量，把需求作为因变量，则可以用数学语言即函数关系表示“影响需求的因素与需求之间的关系”，这种关系函数称为需求函数。一般用 Q_d 代表某种商品的需求，P_a 代表商品本身的价格，P_b 代表相关商品的价格，Y 代表收入，T 代表消费者偏好，P_e 代表消费者预期，G 代表消费政策，则需求函数可以表示为：

$$Q_d = f(P_a, P_b, Y, T, P_e, G)$$

如果假设其他条件不变，只考虑需求量与价格之间的关系，把商品本身的价格作为影响需求的唯一因素，用 P 代表价格，可以把需求函数表示为：

$$Q_d = f(P)$$

三 需求定理

（一）需求定理的内容

从需求表和需求曲线可以看出，商品的价格越低，市场对该商品的需求量越多；反之，需求量越少。需求定理即是描述商品自身价格与需求量之间关系的理论。其基本内容是：在其他条件不变的情况下，一种商品的需求量与其本身价格之间呈反方向变动，即需求量随着商品本身价格的上升而减少，随商品本身价格的下降而增加。

需求定理描述了人们经常在市场上看到的现象，并不难懂，但在理解需求定理时，要特别注意“在其他条件不变的情况下”这句话。在实证分析时，要特别注意假设条件的重要性。离开具体假设条件，放之四海而皆准的绝对真理是不存在的。需求定理作为一种经济理论也是以一定的假设条件为前提的，这个假设条件就是“其他条件不变”。所谓“其他条件不变”是指除了商品本身价格外，其他影响需求的因素都不变。这就是说，需求定理是在假定影响需求的其他因素不变的前提下，研究商品自身价格与需求量之间的关系。离开了这一前提，需求定理就无法成立。例如，如果收入在增加，商品本身的价格与需求量就不一定呈反方向变动。

（二）需求定理的理论解释

经济学并不是简单地描述某种现象，而是要解释某种现象背后的原因。那么，为什么商品的需求量与价格会呈反方向变动呢？可以用替代效应和收入效应来解释。

替代效应是指实际收入不变的情况下某种商品价格变化对其需求量的影响。也就是说，如果某种商品价格上涨，而其他商品的价格没变，则其他商品的相对价格下降，消费者就会用其他商品代替这种商品，从而对这种商品的需求会减少。例如，如果大米价格上升而面粉价格不变，面粉相对于大米就便宜了，人们就会多买面粉而少买大米。这就是替代效应，替代效应使价格上升的商品需求量减少。

收入效应是指货币收入不变的情况下某种商品价格变化对其需求量的影响。也就是说，如果某种商品价格上升，而消费者的货币收入不变，则消费者的实际收入减少，从而对这种商品的需求也就减少。例如，如果大米价格上升而消费者的收入不变，则消费者实际收入减少，对大米的需求量必然减少。这种某种商品价格上升而引起实际收入减少与需求量减少的现象就是收入效应。

替代效应强调了一种商品价格变动对其他商品相对价格水平的影响，收入效应强调了一种商品价格变动对实际收入水平的影响。需求定理所表明的价格与需求量反方向变动的关系正是这两种效应共同作用的结果。

（三）需求定理的例外

需求定理就绝大多数商品而言是成立的，但在现实生活中还有一些例外。

1. 吉芬商品

英国经济学家吉芬在1845年爱尔兰大灾荒时发现，尽管土豆价格上升，但由于人们实际收入大幅下降，更买不起其他食品，所以土豆的需求量反而增加。后人称具有这种特点的商品为“吉芬商品”。吉芬商品是低档生活必需品。在特殊时期，这种低档生活必需品价格上升，需求反而增加。

2. 炫耀性商品

社会心理因素会导致某些商品的需求量与价格的变化方向出现“反常”。例如一些家庭为了显示其地位尊贵，愿意购买价格昂贵的名画、古董等；而当这些商品价格下跌到不足以显示其身份时，就会减少购买。具有这种“炫耀性消费”特征的商品被称为“炫耀性商品”，它是著名经济学家凡勃仑提出的。

四 需求量的变动与需求的变动

如前所述，需求曲线是以其他可能影响需求量的因素不变为前提来研究需求量与商品本身价格的关系的。但影响需求的因素很多，假如其中一个因素发生了变化，那么，需求曲线将如何表示这种变化呢？这里就要区分两个重要的概念：需求量的变动和需求的变动。

（一）需求量与需求的区别

首先说明需求量与需求的区别。在经济分析中，需求量是指在某一特定价格水平时，消费者计划购买的量。例如，在前面的例子中，当鸡蛋价格为每千克 4 元时，消费者计划购买 150 千克，这个 150 千克就是需求量。在需求曲线图中，需求量是需求曲线上的一个点。如图 2－1 中的 B 点。

需求是指在不同价格水平下的不同需求量的总称。例如，鸡蛋每千克 3.5 元时需求量为 200 千克，4 元时为 150 千克，4.5 元时为 100 千克……这种不同价格水平下相对应的不同需求量总称为需求，在需求曲线图中，需求是指整条需求曲线。

（二）需求量的变动与需求变动的区别

现实中，影响需求的各种因素（商品本身的价格、收入、相关商品的价格）既影响需求量，又影响需求。但在经济分析中为了方便，要区分需求量的变动与需求的变动。

需求量的变动是指在其他条件不变的情况下，由于商品自身价格发生变动所引起的需求量的变动。例如，鸡蛋价格下降，消费者购买的鸡蛋量增多，这就是需求量增加了。从需求曲线看，它指的是在同一条需求曲线上的点的移动。可用图 2－2 说明需求量的变动。

在图 2－2 中，当价格由 P_0 下降到 P_1 时，需求量从 Q_0 增加到 Q_1，在需求曲线 D 上则是从 A 点向下方移动到 B 点。可见，从 A 点移动到 B 点是需求量的增加，从 B 点移动到 A 点则是需求量的减少。

需求的变动是指在商品本身价格不变的情况下，由于其他因素的变化所引起的需求的变动。也就是说除了商品本身的价格外，任何影响需求的因素变动，都会引起需求的变动。在需求曲线上，需求的变动表现为整个需求曲线的平行移动。可以用图 2－3 说明需求的变动。

在图 2－3 中，价格是 P_0。由于其他因素变动（例如收入变动）而引起的需求曲线的移动是需求的变动。例如，收入减少，在同样的价格水平 P_0 下，需求量由 Q_0 减少到 Q_1，则需求曲线由 D_0 移动到 D_1。收入增加，在同样的价格水平 P_0 下，需求量由 Q_0 增加到 Q_2，则需求曲线由 D_0 移动到 D_2。可见，需求曲线向左方移动是需求减少，需求曲线向右方移动是需求增加。

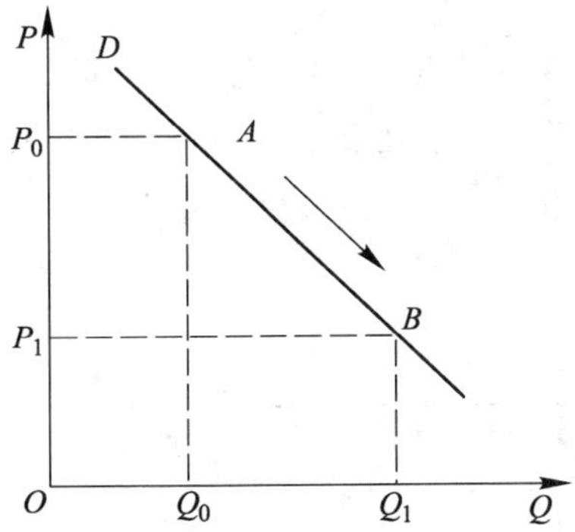

图 2－2 需求量的变动

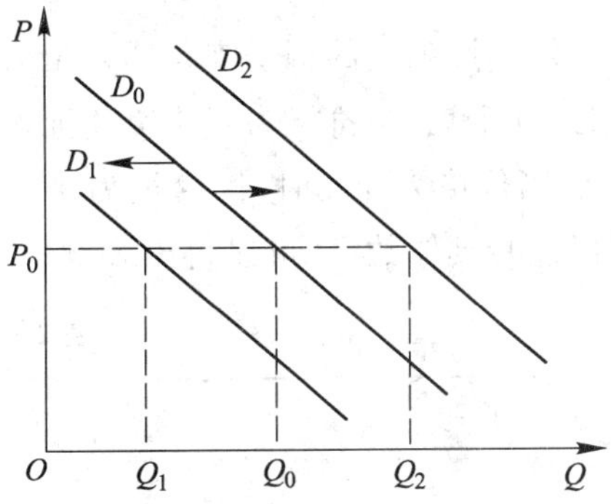

图 2－3 需求的变动

表 2-2 清晰地表明了需求量的变动与需求变动的区别。

表 2-2 需求量变动与需求变动的区别

	需求量变动	需求变动
引起变动的原因	商品本身价格变动	商品本身价格之外的因素变动
图形表现	点在同一条需求曲线上的移动	整条需求曲线的平行移动

课堂活动

1990 年伊拉克对科威特的入侵导致了紧随其后的汽油价格的大幅上涨。消费者害怕由于供给被切断而引发未来的石油短缺，于是疯狂地囤积汽油。随着汽油价格的上涨，消费者更大量地购入汽油，而不是减少消费量。试运用经济学原理解释这一现象。

第二节 供给理论

一 供给、供给表、供给曲线

（一）供给

供给是决定价格的另一个关键因素。所谓供给是指生产者（企业）在某一特定时期内，在每一价格水平下愿意并且能够供应的某种商品的数量。

因此，供给也是供给意愿与供给能力的统一。供给能力中包括新生产的产品与过去的存货。供给是商品的供给，它取决于生产。同样，也可以说供给是企业计划提供的商品量。

与需求一样，供给也可以分为个别供给和市场供给。某个生产者对某种商品的供给是个别供给或企业供给。把一个行业所有企业的供给加总就是市场供给或行业供给。

（二）供给表

这里依然用鸡蛋的例子来说明供给表的概念。例如，当鸡蛋的价格为每千克 3.5 元时，供给量为 50 千克；当价格为每千克 4 元时，供给量是 70 千克；当价格为 4.5 元时，供给量为 100 千克；当价格为 5 元时，供给量为 150 千克；当价格为 5.5 元时，供给量为 200 千克；等等。根据这些具体数字，可以得出表 2-3。

表 2-3 供 给 表

序号	价格（元/千克）	供给量（千克）
A	3.5	50
B	4.0	70

续表

序号	价格(元/千克)	供给量(千克)
C	4.5	100
D	5.0	150
E	5.5	200

这个表示某种商品的价格与供给量之间关系的表就是供给表。供给表实际上是用数字表格的形式表述供给的概念。

(三) 供给曲线

根据表 2-3 可以绘出图 2-4 的供给曲线。

图 2-4 中,横轴代表供给量,纵轴代表价格,S 即为供给曲线。因此,供给曲线是根据供给表绘出的,表示某种商品价格与供给量之间关系的曲线,向右上方倾斜,一般情况下斜率为正。供给曲线实际上是用图形的形式表述供给的概念。

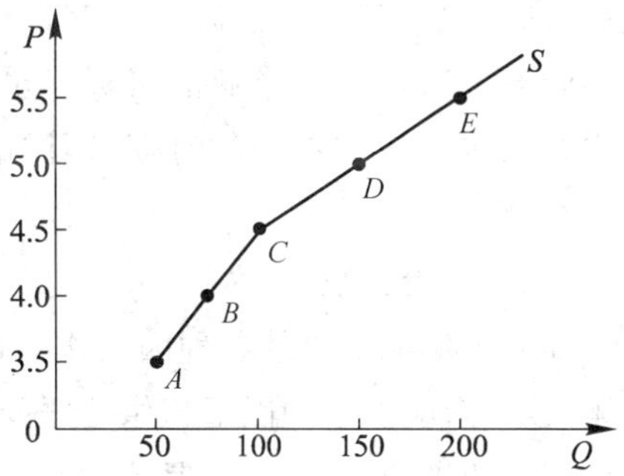

图 2-4 供给曲线

二 影响供给的因素和供给函数

(一) 影响商品供给的因素

供给也是供给意愿与供给能力的统一,因此影响供给的因素包括影响企业供给意愿与供给能力的各种经济与社会因素。这些因素主要有:商品本身的价格、生产要素的数量与价格、技术水平、相关商品的价格以及生产者预期。商品本身的价格既影响供给意愿,又影响供给能力。生产要素的数量以及技术主要影响供给能力。生产者预期更多的是影响供给意愿。

1. 商品本身价格

这是影响商品供给的最主要因素。在影响某种商品供给的其他因素既定的条件下,商品本身价格越高,企业愿意也能够提供更多的产量;相反,商品本身价格越低,企业愿意提供的产量就越小。因此,商品本身价格与供给量呈同方向变动。这种现象在日常生活中常常见到。

2. 生产要素的数量和价格

商品是用各种生产要素生产的,因此生产要素的数量与价格是决定供给的因素之一。生产某种商品的生产要素越多,价格越低,这种商品的供给量也就越多。

3. 生产技术水平

生产技术是把生产要素变为商品的方法。在生产要素既定时,技术越先进,效率越高,所能提供的商品就越多。所以,在生产过程中提高技术水平是很重要的。

4. 相关商品的价格

一种商品的供给还会受到其他商品价格变化的影响，特别是那些在生产过程中能够轻易替代的相关商品的价格。如果一种替代品的价格上升，则另一种替代品的供给就会下降。例如，汽车公司通常会生产不同类型的汽车。如果一种类型的汽车需求增加，从而价格上升，公司就会将更多的生产线转向生产该种车型，这样其他类型的汽车供给就会下降。

5. 生产者对未来的预期

这主要是指企业对未来价格的预期。当企业预期某种商品的价格上升，就会囤积商品，待高价时出售，从而可能减少现期供给量；反之，将增加现期供给量。

政府的政策以及企业的目标等也会影响供给量。总之，影响供给的因素比影响需求的因素复杂得多。在不同的时期、不同的市场上，供给要受多种因素的综合影响(如企业要考虑库存等)。

(二) 供给函数

如果把影响供给的各种因素作为自变量，把供给作为因变量，则可以用数学语言即函数关系来表示“影响供给的因素与供给之间的关系”，这种函数关系称为供给函数。一般用Q_s代表某种商品的供给，P_a代表商品本身的价格，P_b代表相关商品的价格，F_q代表生产要素的数量，F_p代表生产要素的价格，P_e代表生产者预期，T代表技术水平，则供给函数可以表示为：

$$Q_s = f(P_a, P_b, F_q, F_p, T, P_e)$$

如果假设其他条件不变，只考虑供给量与价格之间的关系，把商品本身的价格作为影响供给的唯一因素，用P代表价格，就可以把供给函数表示为：

$$Q_s = f(P)$$

三 供给定理

(一) 供给定理的内容

从供给表和供给曲线可以看出，商品的供给量与其价格是呈同方向变动的。这种现象普遍存在，被称为供给定理。

供给定理是说明商品本身价格与其供给量之间关系的理论。供给定理的基本内容是：在其他条件不变的情况下，一种商品的供给量与价格之间呈同方向变动，即供给量随商品本身价格的上升而增加，随商品本身价格的下降而减少。

在理解供给定理时，要注意“在其他条件不变情况下”这个假设前提。也就是说，供给定理是在假定影响供给的其他因素不变的前提下，研究商品本身价格与供给量之间的关系。离开了这一前提，供给定理就无法成立。例如，当技术进步时，即使某种商品的价格有所下降，供给量也会增加。

商品的供给量之所以与价格呈正相关关系，原因有两个：一是因为价格上升后，现有的以利润最大化为目标的企业愿意提供更多的产量；二是因为价格上升后会吸引新企业进入该行业进行生产。

（二）供给定理的例外

同需求定理一样，供给定理也会出现某些例外情况。例如劳动力的供给，当工资增加时，一般都会增加劳动力的供给量；但当工资上涨超过一定限度后，劳动力的供给量反而减少。这在后面的分配理论中会介绍。

四 供给量的变动与供给的变动

在分析供给时，同样要注意区分供给量的变动与供给的变动。下面首先来分析供给量与供给的区别。

（一）供给量与供给的区别

在经济分析中，供给量是指在某一特定价格水平时，企业愿意或计划供给的商品量。例如，在前面所用的例子中，当鸡蛋价格为每千克 4 元时，企业计划供给 70 千克，这个 70 千克就是供给量。在供给曲线图中，供给量是供给曲线上的一个点，如图 2－4 中的 B 点。

供给是指在不同价格水平时的不同供给量的总称。例如，鸡蛋每千克 3.5 元时供给量为 50 千克，4 元时为 70 千克，4.5 元时为 100 千克……这种不同价格下对应的不同供给量总称为供给。在供给曲线图中，供给是指整条供给曲线。

（二）供给量的变动与供给变动的区别

现实中，影响供给的各种因素既影响供给量，又影响供给。但在经济分析中为了方便，要区分供给量的变动与供给的变动。

供给量的变动是指在其他条件不变的情况下，由于商品本身价格变动所引起的供给量的变动。例如，鸡蛋价格上升，企业计划供给的鸡蛋量增多，这就是供给量增加。从供给曲线上看，它指的是在同一条供给曲线上的点的移动。可用图 2－5 说明供给量的变动。

在图 2－5 中，当价格由 P_0 上升到 P_1 时，供给量从 Q_0 增加到 Q_1，在供给曲线 S 上则是从 A 点向右上方移动到 B 点。可见，在同一条供给曲线上，从 A 点移动到 B 点是供给量的增加，从 B 点移动到 A 点则是供给量的减少。

供给的变动是指在商品本身价格不变的情况下，其他因素变动所引起的供给的变动。也就是说除了商品本身的价格之外，任何影响供给的因素变动，都会引起供给的变动。在供给曲线上，供给的变动表现为整条供给曲线的平行移动。可以用图 2－6 说明供给的变动。

在图 2－6 中，价格是 P_0。由于其他因素变动而引起的供给曲线的移动是供给的变动。例如，引进了更优质的鸡饲料，能大幅度提高产蛋量，在同样的价格水平 P_0 下，供给量就由 Q_0 增加到 Q_1，则供给曲线由 S_0 移动到 S_1。若突发了一场鸡瘟，导致养鸡场的鸡数量减少，从而产蛋数量下降，则供给量由 Q_0 减少到 Q_2，供给曲线由 S_0 移动到 S_2。可见，供给曲线向左方移动是供给减少，供给曲线向右方移动是供给增加。

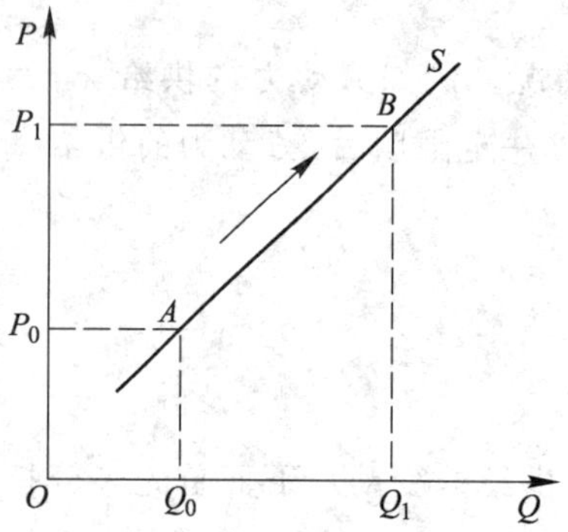

图 2-5 供给量的变动

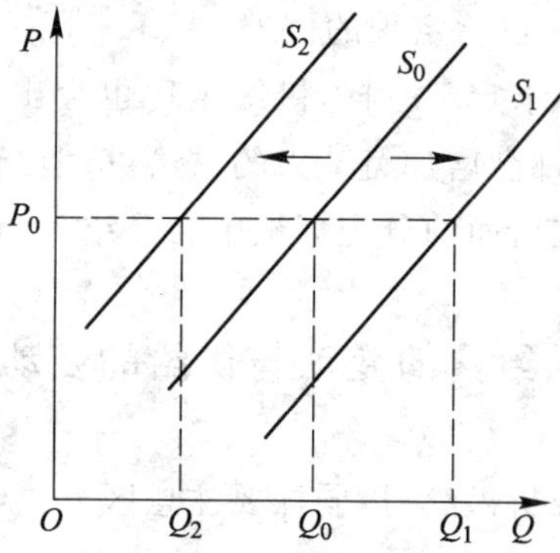

图 2-6 供给的变动

表 2-4 清晰地表明了供给量的变动与供给变动的区别。

表 2-4 供给量变动与供给变动的区别

	供给量变动	供给变动
引发变动的原因	商品本身价格变动	商品本身价格之外的因素变动
图形表现	点在同一条供给曲线上的移动	整条供给曲线的移动

课堂活动

20 世纪 80 年代个人电脑的价格按运算次数、速度和储存能力折算，尽管价格高昂，但供给量很少，只有少数工程师和科学家使用。如今的个人电脑价格只是当初的 1‰，但供给量却增加了不止 1 万倍。电脑供给增加与价格下降的实际情况，似乎违背了供给定理的原则。你怎样看待这种现象呢？

第三节 均衡价格

市场经济中，价格是由需求与供给两种力量决定的。这两种力量均衡时的价格又称为均衡价格。本节分析均衡价格的决定及其变动。

一 均衡价格

（一）均衡价格的定义

西方学者认为，所谓均衡，是指一种相对静止的状态。当市场供给量恰好等于市场需求量时，便实现了市场均衡。当市场需求量不等于供给量时，要么出现过度供给，要么出现过度需求，这便是市场非均衡。

当市场出现过度供给时，价格有下跌的趋势；当市场出现过度需求时，价格有上升的趋势。只有当市场供给量等于需求量时，在现有条件下，价格没有任何变动的压力，市场实现了均衡。

因此，均衡价格是指一种商品需求量与供给量相等时的价格。这时，该商品的需求价格与供给价格相等，称为均衡价格；该商品的需求量与供给量相等，称为均衡数量。可以用图2－7说明均衡价格的决定。

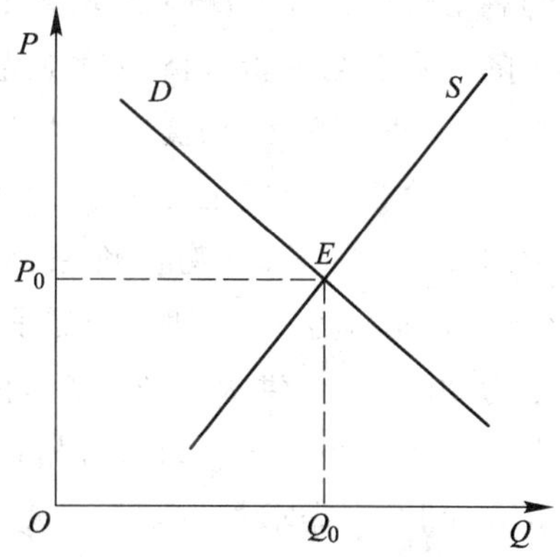

图 2－7 均衡价格的决定

图 2－7 中，横轴 OQ 代表数量（需求量与供给量），纵轴 OP 代表价格（需求价格与供给价格）。D 为需求曲线，S 为供给曲线。D 与 S 相交于 E，E 点为均衡点，这就决定了均衡价格为 P_0，均衡数量为 Q_0。在鸡蛋的例子中，P_0 等于 4.5 元，Q_0 等于 100 千克。

对均衡价格的理解应注意以下几点：

第一，均衡价格的含义。均衡是指经济中各种对立的、变动着的力量处于一种力量相当、相对静止、不再变动的状态。均衡一旦形成，如果有另外的力量使它离开原来均衡的位置，则会再有其他力量使之恢复到均衡。由此可见，均衡价格就是由于需求与供给这两种力量的作用使价格处于一种相对静止、不再变动的状态。

第二，决定均衡价格的是需求与供给。在一个完全竞争的市场上，只有需求与供给决定价格，它们就像一把剪刀的两边一样，不分主次。因此，需求与供给都会影响均衡价格的变动。

第三，市场上各种商品的均衡价格是最终的结果，其形成过程是在市场的背后进行的。

（二）均衡价格的形成

均衡价格是在市场上供求双方的竞争过程中自发形成的。均衡价格的形成也就是价格决定的过程。当需求大于供给时，价格上升，从而导致需求减少，供给增加；当供给大于需求时，价格下降，从而导致供给减少，需求增加。这正是前述的需求定理和供给定理交叉作用的结果。它使供给与需求在价格的波动中逐渐趋于一致，并形成买卖双方都能接受的价格，即需求价格与供给价格相等的均衡价格。

仍以鸡蛋为例，可以用表 2－5 说明均衡价格形成的过程。

表 2－5 均衡价格形成表

供给量（千克）	价格（元/千克）	需求量（千克）
50	3.5	200
70	4.0	150
100	4.5	100
150	5.0	70
200	5.5	50

表 2－5 中的数据表明，鸡蛋价格在每千克 4.5 元以下时，需求量大于供给量。此时，消费者认为鸡蛋便宜，随着价格的下降，会不断增加需求量；而企业感到微利或无利，随着价格

下降，会不断减少供给量。这时鸡蛋供不应求，价格必然上涨。当鸡蛋价格上升到每千克4.5元以上时，供给量大于需求量。企业认为有利可图，价格越高，则供给量越多；而消费者感到鸡蛋价格太高而减少购买量，因而价格越高，需求量越少。这时鸡蛋供过于求，价格必然下降。只有当鸡蛋价格为每千克4.5元时，需求量与供给量达到一致，从而形成均衡价格，即每千克4.5元，均衡数量为100千克。

均衡价格的形成也可用图2-8说明。

图2-8中，如果鸡蛋价格高于均衡价格 P_0（$P_0=4.5$ 元），为5.5元时，则需求量为50千克，供给量为200千克，供大于求（多出的量为图中的 A 至 B），价格必然下降。如果价格低于均衡价格，即为3.5元时，则需求量为200千克，供给量为50千克，供小于求（短缺的量为图中的 C 至 D），价格必然上升。这种价格一涨一跌的现象会一直继续，直至最终价格达到4.5元为止。因为此时供求相等，均衡实现了。这样，4.5元就是均衡价格，此时的均衡数量为100千克。

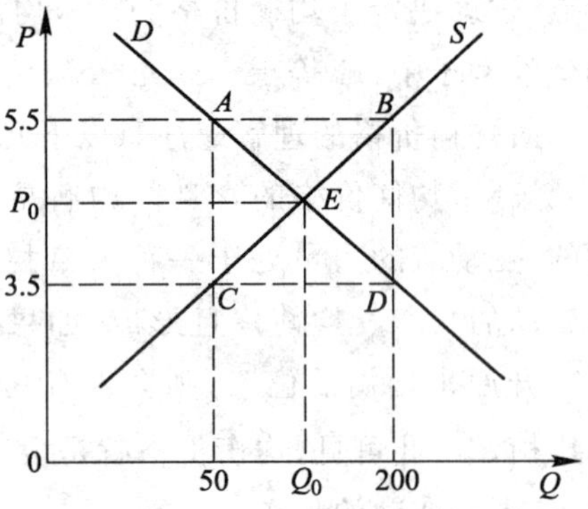

图2-8 均衡价格的形成

课堂活动

两封信的故事：一封信是林肯写的，另一封信是刺杀林肯的约翰·维尔基斯·布斯写的。林肯是美国最伟大的总统之一，许多人收集他写的任何东西，对林肯的信的需求看起来肯定比对布斯的信的需求大得多。然而当R. M. 史密斯公司在同一天拍卖一封林肯写的信和一封布斯写的信时，布斯的信售价是31 050美元，而林肯的信售价只有21 850美元。请运用均衡价格理论进行分析。

二 需求与供给变动对均衡价格的影响和供求定理

前面在分析均衡价格的形成时，实际上是假定只有商品自身价格发生变动，而其他条件不变。这种方法就是静态分析方法。如果其他条件发生变化，引起需求、供给变动，会使原有的均衡遭到破坏，只有经过市场调节才能形成新的均衡。对此进行研究的方法则称为比较静态法。

均衡价格（以及均衡数量）是由需求与供给决定的。所以，需求或供给任何一方的变动都会引起均衡价格的变动。

（一）需求变动对均衡价格的影响

如前所述，需求变动是指价格不变的情况下，影响需求的其他因素变动所引起的变动，这种变动在图形上表现为需求曲线的平行移动。

可以用图2-9说明需求变动对均衡价格（以及均衡数量）的影响。

图2-9中，D_0 是需求曲线，它与供给曲线 S 相交于 E_0，决定了均衡价格为4.5元，均衡

数量为 100 千克。

如果医生倡导人们多吃鸡蛋，引起需求增加，需求曲线向右移动，即由 D_0 移动到 D_1。D_1 与 S 相交于 E_1，决定了均衡价格为每千克 5.5 元，均衡数量为 200 千克。这表明由于需求的增加，均衡价格上升，均衡数量增加。

相反，如果医生号召人们少吃鸡蛋，引起需求减少，需求曲线向左方移动，即由 D_0 移动到 D_2。D_2 与 S 相交于 E_2，决定了均衡价格为 3.5 元，均衡数量为 50 千克。这表明由于需求的减少，均衡价格下降，均衡数量减少。

结论是：需求变动引起均衡价格与均衡数量同方向变动。

（二）供给变动对均衡价格的影响

供给变动是指价格不变的情况下，影响供给的其他因素变动所引起的变动。这种变动在图形上表现为供给曲线的平行移动。下面用图 2－10 说明供给变动对均衡价格以及均衡数量的影响。

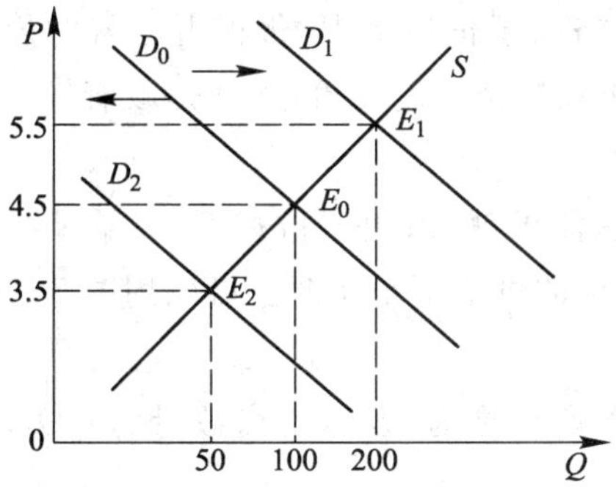

图 2－9　需求变动对均衡价格的影响

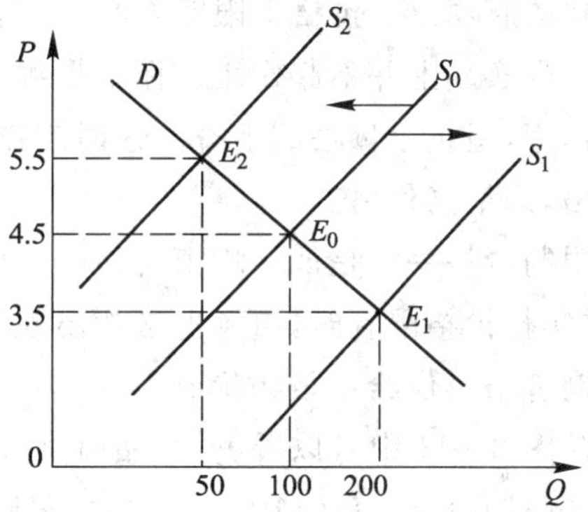

图 2－10　供给变动对均衡价格的影响

图 2－10 中，S_0 是供给曲线，S_0 与需求曲线 D 相交于 E_0，决定了均衡价格为 4.5 元，均衡数量为 100 千克。

采用更优质的鸡饲料使产蛋量增加，从而引起鸡蛋供给增加，供给曲线向右下方移动，即由 S_0 移动到 S_1。S_1 与 D 相交于 E_1，决定了均衡价格为每千克 3.5 元，均衡数量为 200 千克。这表明由于供给的增加，均衡价格下降，均衡数量增加。

相反，一场鸡瘟引起鸡蛋供给减少，供给曲线向左上方移动，即由 S_0 移动到 S_2。S_2 与 D 相交于 E_2，决定了均衡价格为每千克 5.5 元，均衡数量为 50 千克。这表明由于供给的减少，均衡价格上升，均衡数量减少。

结论是：供给变动引起均衡价格反方向变动，均衡数量同方向变动。

（三）供求定理

从以上关于需求与供给变动对均衡价格影响的分析可以得出：

第一，需求的增加引起均衡价格上升，需求的减少引起均衡价格下降。

第二，需求的增加引起均衡数量增加，需求的减少引起均衡数量减少。

第三，供给的增加引起均衡价格下降，供给的减少引起均衡价格上升。

第四，供给的增加引起均衡数量增加，供给的减少引起均衡数量减少。

这就是微观经济学中的供求定理。

三 对价格干预的市场结果

市场机制是自发地调节经济的。价格完全由供求决定，随供求的变动而变动，并在这一过程中自发地调节经济。如果有外力，比如政府，干预价格的这种自发调节过程，会有什么结果呢？下面以许多国家政府经常采用的限制价格和支持价格来说明这一问题。

（一）限制价格

限制价格又称价格上限，是政府为了限制某种商品价格上升而规定的这种商品的最高价格。如果买卖双方以高于限制价格的价格进行交易就为非法交易。

在政府规定了价格上限时，如果市场均衡价格低于这种价格上限，价格仍由供求决定，价格上限实际上并不起作用。但如果供求决定的价格高于价格上限，价格上限就对价格有制约作用，阻止了价格的上升。这时起作用的不是市场决定的均衡价格，而是政府规定的限制价格，即最高价格。

限制价格一定是低于均衡价格的。由于价格低，需求就大；由于价格低，供给就少。因此，在实行价格限制时，市场上必然出现供给小于需求的供给不足状况。可以用图 2－11 分析限制价格时供给不足的状况。

从图 2－11 中可以看出，产品由供求所决定的均衡价格为 OP_0，均衡数量为 OQ_0，政府规定了限制价格 OP_1，$OP_1<OP_0$，即限制价格低于均衡价格。这时需求量为 OQ_2，供给量为 OQ_1，$OQ_2>OQ_1$，产品供给不足，$OQ_2-OQ_1=Q_1Q_2$ 为供给不足的部分。

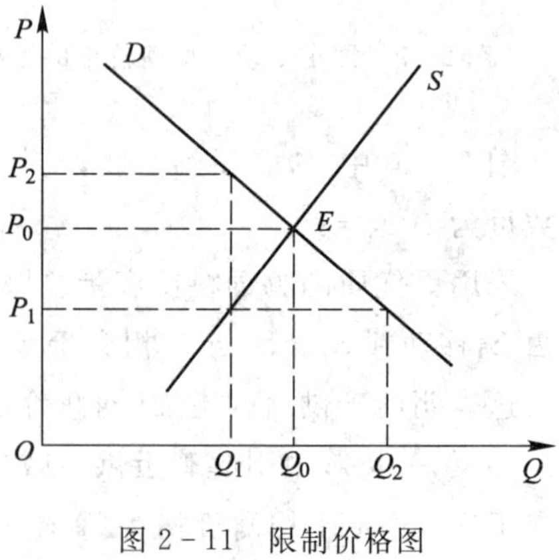

图 2－11 限制价格图

在实行限制价格时，价格起不到调节市场供求的作用。政府解决供给不足问题主要有两种办法：配给制和排队。配给制就是由政府有关部门决定谁可以得到紧缺的物品。当需求者多、供给不足时，政府有关部门只好用配给制的办法决定把物品分配给谁。这种配给制可以采用发放定量票证的办法，也可以按某种条件配给。这时要设立一个专门负责配给工作的机构，就造成成本增加。更为严重的是，主管配给的官员有了分配物品的权力，有可能出现腐败现象。排队就是采用先来后到的原则，到产品卖完为止。这时人们为了得到紧缺的物品就要把部分资源（如时间）用于排队，这就形成了资源浪费。

在实行限制价格时还必然出现黑市交易，即违法的市场交易。由于价格被固定，供给无法增加，黑市价格就由需求决定。这种价格一定会高于均衡价格。在图 2－11 中，当限制价

格为 P_1 时，供给量为 OQ_1，这时需求与供给相等的价格为 P_2。P_2 就是黑市价格，它不仅高于限制价格 P_1，而且还高于均衡价格 P_0。只要有限制价格，就会有黑市交易出现。黑市交易的存在破坏了正常的市场秩序。

（二）支持价格

支持价格又称价格下限，是政府为了扶植某种商品的生产而规定的这种商品的最低价格。如果买卖双方以低于支持价格的价格进行交易就为非法交易。

在政府规定支持价格时，如果市场均衡价格高于支持价格，价格仍由供求决定，支持价格实际上不起作用。但如果供求决定的价格低于支持价格，支持价格就对价格有制约作用，阻止了价格的下降。这时起作用的不是市场决定的均衡价格，而是政府规定的支持价格，即价格下限。

支持价格一定是高于均衡价格的。由于价格高，供给就多，需求就少。因此，在实行支持价格时，市场上必然出现供给大于需求的供给过剩状况。可以用图 2－12 分析实行支持价格时供给过剩的状况。

从图 2－12 中可以看出，产品由供求决定的均衡价格为 OP_0，均衡数量为 OQ_0，政府为支持该产品生产而规定的支持价格为 OP_1，$OP_1>OP_0$，即支持价格高于均衡价格。这时，需求量为 OQ_1，供给量为 OQ_2，$OQ_2>OQ_1$，即供给量大于需求量，$OQ_2-OQ_1=Q_1Q_2$ 为供给过剩部分。

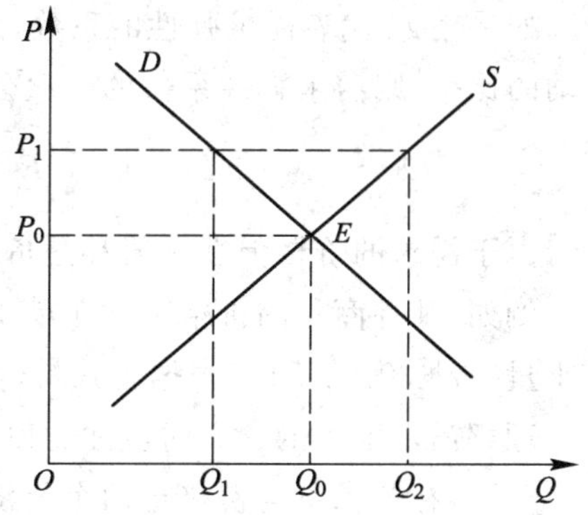

图 2－12 支持价格图

许多国家实行的农产品支持价格和最低工资都属于支持价格。就农产品支持价格而言，目的是稳定农业生产和农民的收入，有其积极意义，但这也导致了农产品供给过剩状况的出现，不利于市场调节下的农业结构调整。政府实行农产品支持价格，则供给过剩的农产品要由政府收购，这也增加了财政负担。就最低工资而言，有利于维护低收入者的利益，但增加了劳动供给，减少了劳动需求，有增加失业的副作用。

第四节 弹性理论

前面已经论述了供求决定价格，但并没有深入分析价格变动与供求之间量的关系。现实中，价格的变动会引起需求量或供给量的变动，但需求量或供给量对价格变动的反应程度是不同的。有些商品，例如某些奢侈品，价格变动的幅度小，而需求量或供给量变动的幅度大；另一些商品，例如粮食之类生活必需品，价格变动的幅度大，而需求量或供给量变动的幅度小。弹性理论正是说明价格变动与需求量或供给量变动之间量的关系的理论。弹性理论是价格理论的一个重要组成部分，也是供求分析的工具之一。

“弹性”是一个物理学名词，指一物体对外部力量的反应程度。经济学中，弹性指在经济变量之间存在函数关系时，因变量对自变量变化的反应程度，其大小可以用两者变化的百分比比例表示。弹性可以简单地理解为“对价格敏感的程度”。弹性的大小可用“弹性系数”表示。其公式为：

$$弹性系数=\frac{因变量变动的百分比}{自变量变动的百分比}$$

弹性分为需求弹性与供给弹性。需求弹性又分为需求的价格弹性、需求的收入弹性与需求的交叉弹性。这里重点分析需求价格弹性。

一 需求价格弹性的含义

需求的价格弹性又称需求弹性，指价格变动的比率所引起的需求量变动的比率，即需求量变动对价格变动的反应程度。在这里，价格是自变量，需求量是因变量。需求弹性的公式为：

$$需求弹性=\frac{需求量变动百分比}{价格变动百分比}$$

如果用 E_{d} 代表需求弹性的系数，用 $\Delta Q/Q$ 代表需求量变动的比率，用 $\Delta P/P$ 代表价格变动的比率，则需求弹性系数的一般公式就是：

$$E_{\mathrm{d}}=\frac{\Delta Q/Q}{\Delta P/P}=\frac{\Delta Q}{\Delta P}\cdot\frac{P}{Q}$$

由于需求的价格弹性一般都是负数，所以通常只取其绝对值。

例如，某种商品的价格变动 10%时，需求量变动 20%。这就是说，价格变动 10%引起需求量变动 20%，所以，根据公式，该商品的需求价格弹性系数为 2。

理解需求弹性的含义时应注意以下几点：

第一，在需求量与价格这两个经济变量中，价格是自变量，需求量是因变量。所以需求弹性就是指价格变动所引起的需求量变动的程度。

第二，需求弹性系数是价格变动的比率与需求量变动的比率的比值，而不是价格变动的绝对量与需求量变动的绝对量的比值。

第三，弹性系数的数值可以为正值，也可以为负值。一般情况下，价格与需求量呈反方向变动，所以需求弹性的弹性系数应为负值。但在实际运用时，为了方便，一般都取其绝对值。

第四，同一条需求曲线上不同点的弹性系数大小并不相同。

二 需求价格弹性的计算

计算某种商品的需求价格弹性一般就是计算需求曲线上某一段的弹性。下面用图 2-13说明需求弹性的计算。

从图 2-13 中可以看出，当某种商品价格从 5 元下降为 4 元时，需求量从 10 单位增加到 20 单位。因此，需求价格弹性为：

$$E_d=\left|\frac{(20-10)/10}{(4-5)/5}\right|=5$$

换一个角度，图 2-13 中表示的变动也可以表述为，当某种商品价格从 4 元上升到 5 元时，需求量从 20 单位减少到 10 单位。因此，需求价格弹性为：

$$E_d=\left|\frac{(10-20)/20}{(5-4)/4}\right|=2$$

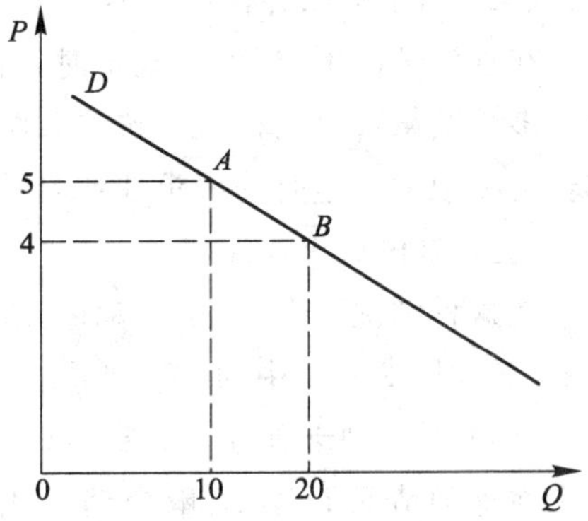

图 2-13　需求价格弹性的计算

两种计算结果是不一致的。实际上，从需求曲线上的 A 点到 B 点，价格的变动与需求量的变动是相同的，但根据需求价格弹性公式，价格下降与价格上升时计算出的价格弹性却不相同。这是因为计算价格变动和需求量变动时所用的分母不同，计算出的变动百分比就不同。为了克服这种不一致，计算需求弹性时，用变动前后的价格与需求量的平均数作为分母。这时，需求价格弹性的公式就是：

$$E_d=\left|\frac{\Delta Q/[(Q_1+Q_2)/2]}{\Delta P/[(P_1+P_2)/2]}\right|$$

这样，图 2-13 中，需求曲线上 A 至 B 之间的需求价格弹性就为：

$$E_d=\left|\frac{\Delta Q/[(Q_1+Q_2)/2]}{\Delta P/[(P_1+P_2)/2]}\right|$$

$$=\left|\frac{(10-20)/[(10+20)/2]}{(5-4)/[(5+4)/2]}\right|$$

$$=\left|\frac{-10/15}{1/4.5}\right|=3$$

这就是说，这种商品无论价格上升或下降，需求价格弹性都是 3。

这种计算需求价格弹性的方法称为中点法。用这种方法计算出的需求曲线上 AB 之间的需求价格弹性称为弧弹性。

三　需求价格弹性的分类

不同商品的需求价格弹性是不同的，根据各种商品需求弹性系数的大小，可以把需求弹性分为五类。

(一) 需求无弹性($E_d=0$)

在这种情况下，无论价格如何变动，需求量都不会变动。例如，糖尿病人对胰岛素这种药品的需求就是如此。胰岛素是糖尿病人维持生命所必需的，无论价格如何变化，需求量也不变。胰岛素的需求价格弹性为零。这时的需求曲线是一条与横轴垂直的线，如图2-14中的 D_1。

（二）需求无限弹性（$E_d \to \infty$）

在这种情况下，当价格既定时，需求量是无限的。例如，银行以一固定价格收购黄金，无论有多少黄金都可以按这一价格收购，银行对黄金的需求是无限的。这时，黄金的需求价格弹性为无限大。这时的需求曲线是一条与横轴平行的线，如图 2-14 中的 D_2。

（三）单位需求弹性（$E_d = 1$）

在这种情况下，需求量变动的比率与价格变动的比率相等。这时的需求曲线是一条正双曲线，如图 2-14 中的 D_3。

（四）需求缺乏弹性（$1 > E_d > 0$）

在这种情况下，需求量变动的比率小于价格变动的比率。生活必需品，如粮食、蔬菜等属于这种情况。这时的需求曲线是一条比较陡峭的线，如图 2-14中的 D_4。

（五）需求富有弹性（$E_d > 1$）

在这种情况下，需求量变动的比率大于价格变动的比率。奢侈品，如保健品、汽车、珠宝等属于这种情况。这时的需求曲线是一条比较平坦的线，如图 2-14 中的 D_5。

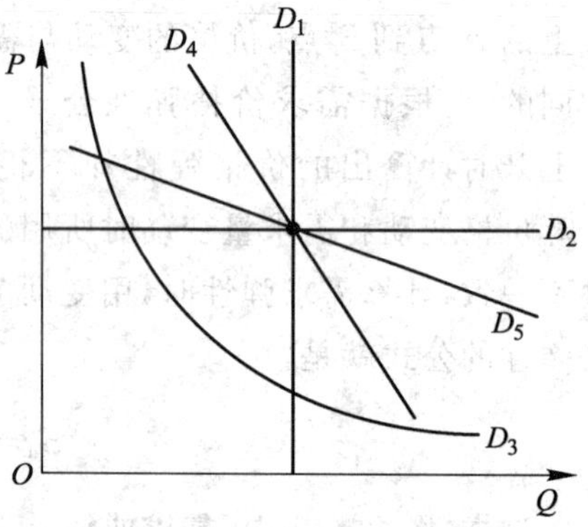

图 2-14 不同需求弹性的需求曲线

应该指出，前三种情况是需求弹性的特例，在现实生活中是很少见的，现实中常见的是后两种，即需求缺乏弹性和需求富有弹性。生活必需品的需求都是缺乏弹性的。奢侈品的需求一般都是富有弹性的。

四 影响需求价格弹性的因素

需求价格弹性的大小取决于以下因素。

（一）商品价格水平的高低

一般而言，商品价格越高，需求弹性越大；反之，商品价格越低，需求弹性越小。

（二）商品对消费者的必要程度

一般来说，生活必需品的需求价格弹性小，奢侈品的需求价格弹性大。例如，作为生活必需品的粮食，在现实中，价格虽有变化，但消费量不至于有太大的变化，因此其需求弹性很小。与此相比，当汽车的价格上升时，汽车的需求量会大幅度减少。当然，一种物品是必需品还是奢侈品并不都取决于物品本身固有的性质，而是在一定程度上取决于购买者的偏好。例如，对于一个把车看得比生命重要的疯狂车迷而言，汽车可能是缺乏弹性的必需品。

（三）商品的可替代品数量

一种商品的替代品数量越多，其需求弹性越大。因为价格上升时，消费者会转而购买其他替代品;价格下降时,消费者会购买这种商品来取代其他替代品。例如,据估算,美国消费者航空旅行的需求价格弹性为2.4,主要是因为航空旅行可以被汽车旅行、火车旅行等替代。如果只有一种商品能满足某种特殊需求,那么需求价格弹性就会很小,因为消费者可能不管价格如何都会坚持购买。例如,美国医疗保险,其需求价格弹性为0.31。

(四)购买商品支出占收入的比重

购买商品支出占收入比重大的商品需求价格弹性大,比重小的商品需求价格弹性小。因此,同一种商品对贫困家庭而言,其需求弹性较大;对富有家庭而言,其需求弹性较小。

(五)商品用途的广泛性

一种商品的用途是广泛的,其价格下降时,对它的需求量就会大量增加;否则,需求量不会大量增加。用途越广,需求价格弹性越大;反之,需求价格弹性越小。例如,美国电力的需求价格弹性是1.2,这与其用途广泛有关,而小麦的需求价格弹性仅为0.08,与其用途少有关。

(六)商品使用时间的长短

从商品使用时间的长短看,一般来说,使用时间长的耐用消费品需求价格弹性大,而使用时间短的非耐用消费品需求价格弹性小。例如,在美国,电冰箱、汽车这类耐用消费品的需求价格弹性在1.2～1.6之间,而报纸杂志这种一次性消费的印刷品需求价格弹性仅为0.1。

由于商品的需求价格弹性会因时间、消费者收入水平和地区而不同,所以,在考虑商品的需求价格弹性大小时,往往不能只考虑其中一种因素,而要全面考虑多种因素的综合作用。例如在我国,彩电、冰箱等刚出现时,需求价格弹性相当大,但随着居民收入水平的提高和这些商品的普及,其需求价格弹性逐渐变小了。

五 弹性理论的运用

弹性理论是十分重要的供求分析工具之一,对分析许多现实经济问题和制定经济决策十分重要。这里分析需求弹性与总收益的关系,从中可以看出如何运用弹性理论来制定正确的决策。

首先了解总收益的概念。总收益也称总收入,是厂商出售一定量商品所得到的全部收入,也就是价格与销售量的乘积。其公式为:

$$TR=P\cdot Q$$

式中,TR为总收益,P为价格,Q为销售量。

在理解总收益概念时要注意:

第一,总收益并不是出售商品赚到的钱,即不是利润,而是所得到的钱。总收益中包括了成本与利润,只有扣除成本之后的净收益才是利润。

第二,总收益也就是总支出,即总收益=总支出。因为从厂商的角度讲,总收益是出售一定量商品的总收入，而从家庭的角度讲，是为购买一定量商品而付出的总支出。所以说，分析需求弹性对厂商总收益的影响，实际上也就是分析需求弹性对家庭总支出的影响。

从总收益的计算公式可以看出，总收益取决于价格与销售量。价格的变动引起需求量的变动，为了简便，假设需求量也就是销售量，这样价格的变动也就引起了销售量的变动。因为总收益是价格与需求量的乘积，所以需求价格弹性发生变化，必然会引起总收益的变动。

由于不同商品的需求弹性不一样，对总收益的影响势必不同。这里主要探讨对于需求缺乏弹性的商品及需求富有弹性的商品，价格变动与总收益之间的关系。

（一）需求富有弹性的商品，需求弹性与总收益之间的关系

（1）如果某种商品的需求是富有弹性的，那么，当该商品的价格下降时，需求量（从而销售量）增加的幅度大于价格下降的幅度，所以总收益会增加。

以电视机为例。假定电视机的需求是富有弹性的，$E_d=2$。当价格为 5 000 元，即 $P_1=$ 5 000 元，销售量为 100 台，即 $Q_1=100$ 台时，总收益 TR_1 为：

$$TR_1=P_1\cdot Q_1=5\,000\times100=500\,000(\text{元})$$

现在假定电视机的价格下降 10%，即 $P_2=4\,500$ 元，因为 $E_d=2$，所以销售量增加 20%，即 $Q_2=120$ 台，这时总收益 TR_2 为：

$$TR_2=P_2\cdot Q_2=4\,500\times120=540\,000(\text{元})$$
$$TR_2-TR_1=540\,000-500\,000=40\,000(\text{元})$$

这表明，由于电视机价格下降，总收益增加了。

需求富有弹性的商品价格下降而总收益增加，就是人们一般所说的“薄利多销”的原因所在。“薄利”就是降价，降价能“多销”，“多销”则会增加总收益，所以能够实现薄利多销的商品是需求富有弹性的商品。

（2）如果某种商品的需求是富有弹性的，那么，当该商品的价格上升时，需求量（从而销售量）减少的幅度大于价格上升的幅度，所以总收益会减少。

仍以电视机为例。假定现在电视机的价格上升 10%，即 $P_2=5\,500$ 元，因为 $E_d=2$，所以销售量减少 20%，即 $Q_2=80$ 台，这时总收益 TR_2 为：

$$TR_2=P_2\cdot Q_2=5\,500\times80=440\,000(\text{元})$$
$$TR_2-TR_1=440\,000-500\,000=-60\,000(\text{元})$$

这表明，由于电视机价格上升，总收益减少了。

需求富有弹性的商品价格上升而总收益减少，说明了这类商品如果调价不当，则会带来损失。

根据富有弹性的商品涨价与降价所引起的总收益变化可以得出结论：如果某种商品是富有弹性的，则价格与总收益呈反方向变动，即价格上升，总收益减少；价格下降，总收益增加。可用图 2-15 说明这一结论。

在图 2-15 中，D 是某种需求富有弹性的商品的需求曲线。当价格为 OH 时，销售量为

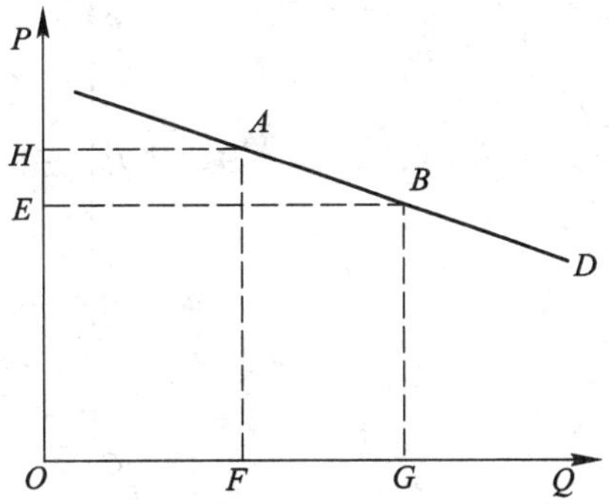

图 2－15　需求富有弹性与总收益

OF，总收益为 OFAH；当价格为 OE 时，销售量为 OG，总收益为 OGBE。由图 2－15 可以看出，当价格由 OH 降到 OE 时，$OGBE-OFAH>0$，总收益增加；当价格由 OE 上升为 OH 时，$OFAH-OGBE<0$，总收益减少。

（二）需求缺乏弹性的商品，需求弹性与总收益的关系

（1）如果某种商品的需求是缺乏弹性的，那么，当该商品的价格下降时，需求量（从而销售量）增加的幅度小于价格下降的幅度，所以总收益会减少。

以面粉为例。假定面粉是需求缺乏弹性的，$E_d=0.5$。当价格为 2 元时，即 $P_1=2$ 元，销售量为 100 千克，即 $Q_1=100$ 千克，此时总收益 TR_1 为：

$$TR_1=P_1\cdot Q_1=2\times100=200(\text{元})$$

现在假定面粉的价格下降 10%，即 $P_2=1.8$ 元，因为 $E_d=0.5$，所以销售量增加 5%，即 $Q_2=105$ 千克，这时总收益 TR_2 为：

$$TR_2=P_2\cdot Q_2=1.8\times105=189(\text{元})$$

$$TR_2-TR_1=189-200=-11(\text{元})$$

这表明，由于面粉价格下降，总收益减少了。

有句话叫“谷贱伤农”，意思是指丰收了，由于粮价下跌，农民的收入减少了。其原因就在于粮食是生活必需品，需求缺乏弹性。由于丰收而造成的粮价下跌，并不会使需求量同比例增加，从而总收益减少，农民受损失。

（2）如果某种商品的需求是缺乏弹性的，那么，当该商品的价格上升时，需求量（从而销售量）减少的幅度小于价格上升的幅度，所以总收益增加。

仍以面粉为例。现在假定面粉的价格上升了 10%，即 $P_2=2.2$ 元，因为 $E_d=0.5$，所以销售量下降 5%，即 $Q_2=95$ 千克，这时总收益 TR_2 为：

$$TR_2=P_2\cdot Q_2=2.2\times95=209(\text{元})$$

$$TR_2-TR_1=209-200=9(\text{元})$$

这表明由于面粉价格上升，总收益增加了。

根据缺乏弹性的商品涨价与降价所引起的总收益变化可以得出结论：如果某种商品是缺乏弹性的，则价格与总收益呈同方向变动，即价格上升，总收益增加；价格下降，总收益减少。可用图2－16说明这一结论。

在图 2－16 中，D 是某种需求缺乏弹性的商品的需求曲线。当价格为 OH 时，销售量为 OF，总收益为 OFAH；当价格为 OE 时，销售量为 OG，总收益为 OGBE。由图 2－16 可以看出，当价格由 OH 降到 OE 时，$OGBE-OFAH<0$，总收益减少；当价格由 OE 上升为 OH 时，$OFAH-OGBE>0$，总收益增加。

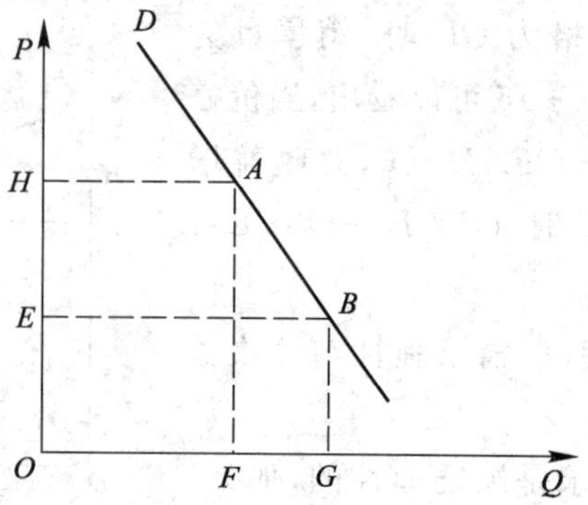

图 2-16 需求缺乏弹性与总收益

资料库

供求理论的创始人:阿尔弗雷德·马歇尔

阿尔弗雷德·马歇尔是当代经济学的创立者,现代微观经济学体系的奠基人,剑桥学派和新古典学派的创始人,19 世纪末 20 世纪初英国乃至世界最著名的经济学家。他是继亚当·斯密、大卫·李嘉图之后的又一位经济学集大成者。

1842 年,马歇尔出生于英国伦敦区一个朴实的中产阶级家庭,他父亲期望他能成为一个牧师。但他违背了父亲的意愿,去剑桥大学圣约翰学院学习数学并获得学士学位,随后被选为圣约翰学院教学研究员。之后,他先后担任布里斯托尔大学校长,牛津大学、剑桥大学讲师和教授。他参加过英政府组织的政策咨询活动,还曾是 1890—1894 年皇家劳工委员会颇有影响的成员。1880 年,他担任英国协会第六小组的主席,正式领导了创建英国(后改为皇家)经济学会的运动。1885—1908 年任剑桥大学政治经济学教授,也是英国正统经济学界无可争辩的领袖。

马歇尔于 1890 年发表的《经济学原理》,被看做是与亚当·斯密的《国富论》、李嘉图的《政治经济学及赋税原理》、凯恩斯的《就业、利息和货币通论》齐名的划时代著作。而马歇尔的《经济学原理》替换了古典经济学体系中供给与需求的概念,加之对个人效用观念的强调,构成了现代经济学的基础。这本书在马歇尔在世时就出版了 8 次之多,成为当时最有影响力的专著,多年来一直被奉为英国经济学的圣经。而他本人也被认为是英国古典经济学的继承和发展者,他及其追随者被称为新古典学派。同时由于他及其学生,如 J. M. 凯恩斯,J. S. 尼科尔森,A. C. 庇古,D. H. 麦格雷戈等先后长期在剑桥大学任教,因此也被称为剑桥学派。

本章小结

- 供求理论
  - 需求理论
    - 需求曲线与需求函数
    - 需求定理
    - 需求量的变动与需求的变动
  - 供给理论
    - 供给曲线与供给函数
    - 供给定理
    - 供给量的变动与供给的变动
  - 均衡价格
    - 供求定理
    - 价格干预
  - 弹性理论
    - 需求价格弹性的计算与分类
    - 需求价格弹性的影响因素
    - 弹性理论的运用

同步练习

一、单项选择题

1. 需求曲线是一条向(　　)倾斜的曲线。

A. 右上方　　B. 右下方　　C. 左下方　　D. 左上方

2. 供给曲线是一条向(　　)倾斜的曲线。

A. 右上方　　B. 右下方　　C. 左下方　　D. 左上方

3. 当汽油的价格上升时，对小汽车的需求量将(　　)。

A. 减少　　B. 不变　　C. 增加　　D. 不确定

4. 消费者预期某物品将来价格会上升，则该物品当前需求会(　　)。

A. 减少　　B. 不变　　C. 增加　　D. 不确定

5. 在同一条需求曲线上，价格与需求量的组合从 A 点移动到 B 点是(　　)。

A. 需求的变动　　B. 收入的变动　　C. 需求量的变动　　D. 成本的变动

6. 鸡蛋的供给量增加是指(　　)。

A. 由于鸡蛋的需求量增加而引起的增加　　B. 由于鸡蛋的价格上升而引起的增加

C. 由于消费者收入增加而引起的增加　　D. 由于生产成本下降而引起的增加

7. 均衡价格是指(　　)。

A. 供给等于需求时的价格　　B. 供给量等于需求量时的价格

C. 供给价格等于需求价格时的价格　　D. 供给曲线与需求曲线交点对应的价格

8. 某商品的均衡价格已经形成,若企业生产成本增加,原均衡价格将(　　)。

A. 不变　　B. 上升　　C. 下降　　D. 不确定

9. 限制价格的运用会导致(　　)。

A. 产品大量积压

B. 消费者随时可以购买到自己想要的产品

C. 黑市交易

D. 税收增加

10. 在下列关于需求价格弹性的表述中,正确的是(　　)。

A. 需求量变动对价格变动的反应程度

B. 价格变动的绝对值对需求量变动的绝对值的影响

C. 价格的变动量与需求变动量的比值

D. 需求变动量与价格变动量的比值

11. 已知某商品的 $0<E_d<1$,若该商品降价会使厂商总收益(　　)。

A. 减少　　B. 增加　　C. 不变　　D. 不确定

二、简答题

1. 需求量的变动与需求的变动有什么不同? 供给量的变动和供给的变动有什么不同?

2. 根据需求弹性理论解释"薄利多销"和"谷贱伤农"的含义。

三、计算题

某种商品原先的价格为 1 元,销售量为 1 000 千克,该商品的需求弹性系数为 2.4,如果降价至 0.8 元/千克,此时的销售量是多少? 降价后总收益是增加还是减少了? 增加或减少了多少?

实训项目

禁毒与经济学

现在全世界毒品泛滥已成为 21 世纪人类面临的严重威胁之一。许多国家花费巨大的人力与物力禁毒，但收效并不明显。因此，有的经济学家提出，用税收的手段，借助价格机制禁毒。即让毒品合理化，但征收极高的税收。这样，由于税收极高，毒品价格大幅度上升，吸毒者会减少。同时，政府收入增加，又可以帮助吸毒者戒毒。

问题：请从经济学（需求与供给）的角度讨论以上这种做法的可行性。

第三章 消费者行为理论

学习目标

知识目标

- 掌握边际效用递减规律
- 掌握无差异曲线的分析
- 理解基数效用论与序数效用论的联系与区别

能力目标

- 能够利用边际效用递减规律和无差异曲线分析社会生活中的现象
- 能够利用消费者均衡条件在实际生活中作出选择
- 能够利用替代效应和收入效应区分正常品、低档品和吉芬商品

案例导入

要玫瑰还是要面包?

情人节到了,大学生张明手里的机动资金还剩 50 元,这时他面临一个问题:是用这些钱买 5 枝昂贵的玫瑰花送给女友呢,还是带女友去学校附近的餐馆改善一下生活呢?

要想鱼与熊掌兼得是不可能的,因为两者之中任何一个选择都要花费约 50 元。那么,张明会做何选择呢?

同样是 50 元钱,张明会在心里作出比较,女友是一个喜欢浪漫的人,在吃饭与玫瑰花之间,她更喜欢玫瑰花,因此张明最后用这 50 元给女友买了 5 枝玫瑰花,果然使女友喜笑颜开。

需求与供给是经济学中极其重要的两个概念。需求的主体是消费者,供给的主体是生产者。在市场经济制度下,两者的经济行为均是为了实现利益最大化,其中消费者要实现效用最大化,生产者要实现利润最大化。本章研究消费者如何实现效用最大化,即实现消费者均衡。

第一节 基数效用论:边际效用分析

在经济学的发展历史中,为了衡量人的欲望和需求,经济学家创造性地提出了“效用”的概念。那么,什么是效用呢?

一 效用的概念

效用这一概念与人的欲望是联系在一起的,欲望是一种缺乏的感觉与求得满足的愿望,而效用则是消费者对商品满足自己欲望的能力的一种主观心理评价。或者说,效用是指消费者在消费商品时所感受到的满足程度。一种商品对消费者是否具有效用,取决于消费者是否有消费这种商品的欲望,以及这种商品是否具有满足消费者欲望的能力。

案 例

一只木碗的故事

一个穷人家徒四壁,只得头顶着一只旧木碗四处流浪。

一天,穷人到一只渔船上去帮工。不幸的是,渔船在航行中遇到了特大风浪,船上的人几乎都淹死了,穷人幸免于难。

穷人被海水冲到一个小岛上,岛上的酋长看见穷人头顶的木碗,感到非常新奇,便用一大口袋最好的珍珠宝石换走了木碗,派人把穷人送回了家。

一个富翁听到了穷人的奇遇,心中暗想:一只木碗都能换回这么多宝贝,如果我送去很多可口的食物,该换回多少宝贝!于是,富翁装了满满一船山珍海味和美酒,找到了穷人去过的小岛。

酋长接受了富人送来的礼物,品尝之后赞不绝口,声称要送给他最珍贵的东西。富人心中暗自得意,然而一抬头,猛然看见酋长双手捧着的“珍贵礼物”——木碗,不由得愣住了!

二 效用论的研究方法

既然效用是用来表示消费者在消费商品时所感受到的满足程度,于是,就产生了对这种“满足程度”即效用大小的度量问题。在这一问题上,西方经济学家先后提出了基数效用和序数效用的概念,并在此基础上,形成了分析消费者行为的两种方法,它们分别是基数效用论者的边际效用分析方法和序数效用论者的无差异曲线分析方法。

(一) 基数效用论

基数是指 1,2,3,…它是可以加总求和的。例如,你上午学习了一个小时经济学,下午又学习了两个小时,则用基数 1 加 2 等于 3,而且 2 是 1 的两倍,即下午学习经济学的时间是上午的 2 倍。

在 19 世纪和 20 世纪初期,西方经济学家普遍使用基数效用的概念。基数效用论者认为,效用如同长度、重量等概念一样,可以具体衡量并加总求和,具体的效用量之间的比较是有意义的。表示效用大小的计量单位被称做效用单位。例如,对某个同学来讲,去教室学习经济学和看一集电视剧的效用分别为 2 效用单位和 4 效用单位,则可以说这两种行为的效用之和为 6 效用单位,且后者的效用是前者效用的 2 倍。

(二) 序数效用论

序数是指第一、第二、第三……序数不能加总求和,只表示排序或等级。例如,序数第一、第二和第三,所要表明的仅仅是后者大于前者,至于第一、第二和第三本身各自的数量具体是多少，是没有具体意义的。

到了20世纪30年代，序数效用的概念为大多数西方经济学家所使用。序数效用论者认为，效用是一个有点类似于大、小或美、丑一样的概念，效用的大小是无法具体衡量的，效用之间的比较只能通过顺序或等级表示。消费者要回答的是偏好哪一种选择，即哪一种选择的效用大小排第一，哪一种选择的效用大小排第二。举例来说，消费者面临的问题是去教室学习经济学和看一集电视剧哪个选择排第一，哪个选择排第二，而不用度量这两种选择给消费者带来的效用各是多少，因为这两种选择在实际生活中度量起来也是比较困难的。

三 基数效用论

基数效用论者除了提出效用可以用基数衡量的假定外，还提出了用来分析消费者行为的工具——边际效用递减规律。那么，什么是边际效用递减规律呢？先来看以下这个案例。

案 例

欣赏歌曲的边际效用

小强是一名90后大学生，他特别喜欢周杰伦的歌，尤其是当他第一次听到周杰伦的《青花瓷》这首歌时，他简直被这首歌悠扬的曲调和淡雅的歌词所深深陶醉了。于是他反复听着这首歌，刚开始的时候觉得怎么听怎么好听，后来听了一阵后，觉得也就那么回事了，再后来一听到这首歌，都有烦到想吐的感受。

（一）几个相关的效用概念

基数效用论者将效用区分为总效用（Total Utility，可表示为 TU）和边际效用（Marginal Utility，可表示为 MU）。

1. 总效用

总效用是指消费者在一定时间内从一定数量商品的消费中所得到的效用量的总和。

例如，你早上起床后特别饿，吃第一个包子时感觉特别好吃，但吃了第一个包子后并未吃饱，所感到的心理满足为10个效用单位。吃了第二个包子后感觉正好饱了，心理满足程度增加到15个效用单位，则一个包子的总效用为10个效用单位，而两个包子的总效用为15个效用单位。

2. 边际效用

边际效用是指消费者在一定时间内增加一单位商品的消费所得到的效用量的增量。

仍以上述例子为例，第一个包子给你带来的边际效用为10个效用单位（因为10－0＝10），第二个包子带来的边际效用为5个效用单位（因为15－10＝5）。

（二）效用的度量

在西方经济学中，边际分析方法是最基本的分析方法之一，“边际”概念则是一个很重要的基本概念。边际量的一般含义是一单位自变量的变化量所引起的因变量的变化量。

$$边际量=\frac{因变量的变化量}{自变量的变化量}$$

在此，假定消费者对一种商品的消费数量为 Q，总效用函数为：

$$TU=f(Q)$$

相应的边际效用函数为：

$$MU=\frac{\Delta TU(Q)}{\Delta Q}=\lim_{\Delta Q\to 0}\frac{\Delta TU(Q)}{\Delta Q}=\frac{\mathrm{d}TU(Q)}{\mathrm{d}Q}$$

可以用表 3-1 进一步说明边际效用递减规律以及总效用和边际效用之间的关系。

表 3-1　包子的效用表

包子的消费数量	总效用	边际效用
0	0	
1	10	10
2	18	8
3	24	6
4	28	4
5	30	2
6	30	0
7	28	−2

由表 3-1 可见，当商品的消费量由 0 增加为 1 时，总效用由 0 增加为 10 效用单位，边际效用为 10 效用单位。当商品的消费量由 1 增加为 2 时，总效用由 10 效用单位上升为 18 效用单位，边际效用下降为 8 效用单位。依此类推，当商品的消费量增加为 6 时，总效用达最大值为 30 效用单位，而边际效用已递减为 0。此时，消费者对该商品的消费已达到饱和点。当消费量增加为 7 时，边际效用会进一步递减为负值即 −2，总效用便下降为 28 效用单位，见图 3-1。

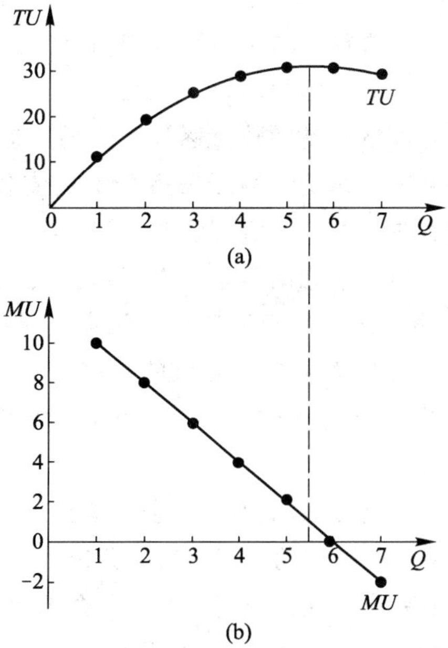

图 3-1　包子的效用图

（三）边际效用递减规律

边际效用递减规律的内容是：在一定时间内，在其他商品的消费数量保持不变的条件下，随着消费者对某种商品消费量的增加，消费者从该商品连续增加的每一消费单位中所得到的效用增量即边际效用是递减的。

（四）消费者均衡

消费者均衡是研究单个消费者如何把有限的货币收入分配在各种商品的购买上以获得最大的效用。

基数效用论认为消费者实现效用最大化的均衡条件是：如果消费者的货币收入水平是固定的，市场上各种商品的价格是已知的，那么，消费者应该使自己所购买的各种商品的边际效用与价格之比相等。或者说，消费者应使自己花费在各种商品购买上的最后一元钱所带来的边际效用相等。

假定：消费者用既定的收入 I 购买 n 种商品。$P_1, P_2, \cdots, P_n$ 分别为 n 种商品的既定价格，λ 为不变的货币的边际效用；$X_1, X_2, \cdots, X_n$ 分别表示 n 种商品的数量；$MU_1, MU_2, \cdots, MU_n$ 分别表示 n 种商品的边际效用，则上述消费者效用最大化的均衡条件可以用公式表示为：

$$\begin{cases} P_1X_1 + P_2X_2 + \cdots + P_nX_n = I \\ \dfrac{MU_1}{P_1} = \dfrac{MU_2}{P_2} = \cdots = \dfrac{MU_n}{P_n} = \lambda \end{cases}$$

课堂活动

已知小张的效用函数为 $U=xy$，他打算购买 x 和 y 两种商品，其每月收入为 120 元，两种商品价格 $P_x=2$ 元，$P_y=3$ 元，问：

(1) 为获得最大效用，他应该如何选择商品 x 和 y 的购买数量组合？

(2) 他获得最大效用时的总效用是多少？

（五）消费者剩余

在消费者购买商品时，消费者对每一单位商品所愿意支付的最高价格取决于这一单位商品的边际效用，由于商品的边际效用是递减的，所以消费者对某种商品愿意支付的最高价格也是随数量逐步下降的。但是，消费者对每一单位商品所愿意支付的最高价格并不等于消费者实际按市场价格支付的金额。例如，啤酒的市场价格为每听 5 元，某消费者在购买第一听啤酒时，他愿意支付的最高价格为 8 元，于是在购买这听啤酒时，就创造了额外 3 元的剩余。在以后的购买过程中，随着啤酒的边际效用递减，他为购买第二听、第三听、第四听啤酒所愿意支付的最高价格分别为 7 元、6 元和 5 元。这样，他为购买 4 听啤酒所愿意支付的最高总金额为 $8+7+6+5=26$(元)，但他实际按市场价格支付的总金额为 $5\times4=20$(元)。两者的差额为 $26-20=6$(元)，这个差额就是消费者剩余。

由此可见，消费者剩余是消费者的主观心理评价，它反映消费者通过购买和消费商品所感受到的状态的改善。这一分析可以扩展到整个市场，得到整个市场的消费者剩余。因此，消费者剩余通常被用来度量社会福利和分析社会福利问题，消费者剩余越大，说明一个国家的社会福利越好，反之则相反。

案　例

运用消费者剩余理论学会杀价

当你在水果摊看到刚上市的荔枝时,新鲜饱满的荔枝激起了你强烈的购买欲望,并且这种欲望溢于言表。卖水果的人看到你看中了他的荔枝,就会考虑以较高的价格卖给你。其实,你对荔枝的较强的购买欲望,表明你愿意支付更高的价格,从而有更多的消费者剩余。所以,当你询问价格的时候,他可能会故意提高价格,由于你的消费者剩余较多,或许你对这个价格还挺满意,毫不犹豫把荔枝买了下来。结果,你的消费者剩余转化为水果摊主的利润。

商家想方设法把消费者剩余转化为利润的例子在日常生活中比比皆是,即使是大公司也不例外。例如,在我国,奶粉这种产品一直是低价销售,每袋奶粉的价格大约在10元钱上下。改革开放以来,外国生产商大量进入中国,它们也运用消费者剩余的概念寻觅发大财的机会。一些奶粉生产商了解到中国奶粉的价格低,但是有一部分中国母亲生下孩子后,由于缺乏人奶,她们对适合婴儿食用的高质量奶粉的需求十分迫切。于是,这些外国公司研制出添加各种营养成分的较高质量的奶粉,使用更为漂亮、防潮的包装方式,以每袋80元至100元的价格销售。年轻的中国母亲为了婴儿的健康成长,愿意花较多的钱去买质量较好的婴儿奶粉。这样,中国母亲在购买婴儿奶粉时的消费者剩余就转移到了外国生产商的口袋里。

资料来源:张立娟,王彩霞编著,《每天学点经济学》,金城出版社,2009年。

第二节　序数效用论:无差异曲线分析

一　无差异曲线与商品边际替代率

(一) 无差异曲线的概念

无差异曲线是用来表示消费者偏好相同的各种商品所有数量组合的曲线。或者说,它是表示能够给消费者带来相同效用水平或满足程度的各种商品所有数量组合的曲线。为了简化分析,假定消费者只消费两种商品。

表3-2是某消费者关于商品1和商品2的无差异表,表中列出了关于这两种商品各种不同的组合。该表由三个子表即表a、表b和表c组成,每一个子表中都包含3个商品组合,且假定每一个子表中3个商品组合的效用水平是相等的。以表c为例:表c中有A、B、C三个商品

组合。在A组合中，商品1和商品2的数量各为5和12；在B组合中，商品1和商品2的数量各为6和9；在C组合中，商品1和商品2的数量各为7和8。而且，消费者对这三个商品组合的偏好程度是无差异的。同样的，消费者对子表a和子表b中的所有三个商品组合的偏好程度也都是相同的。而且，表3－2中9个商品组合给消费者带来的满足程度也都是相同的。

表3－2 某消费者的无差异表

组合 \ 商品数量	表a		表b		表c	
	X_1	X_2	X_1	X_2	X_1	X_2
A	2	11	3	12	5	12
B	3	6	4	8	6	9
C	4	5	5	6	7	8

但需要注意的是，子表a、子表b和子表c三者各自所代表的效用水平是不一样的。只要对表中的商品组合进行仔细观察和分析，根据商品数量“多比少好”的原则，就可得出结论：子表a所代表的效用水平低于子表b，子表b又低于子表c。

（二）无差异曲线的图形

根据表3－2，以商品1的数量X_1为横轴，商品2的数量X_2为纵轴绘制的无差异曲线如图3－2所示。

曲线I_1，I_2，I_3，依次代表与子表a、子表b和子表c相对应的三条无差异曲线。

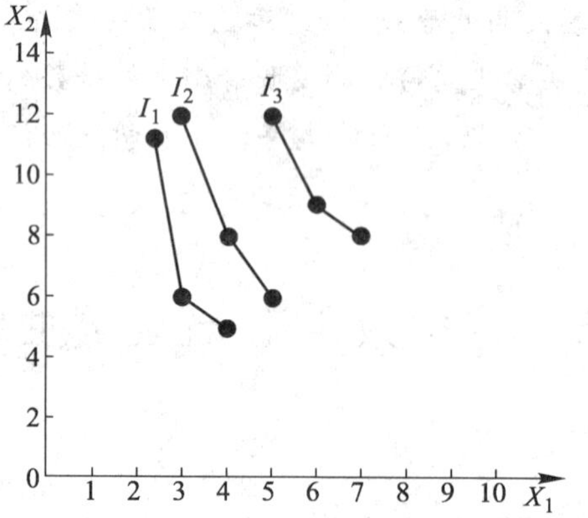

图3－2 无差异曲线

课堂活动

试考虑以下问题，并总结出无差异曲线的特点。

（1）一个坐标平面上可以有多少条无差异曲线？两条无差异曲线上任意两点的效用是否相同？同一条无差异曲线上任意两点的效用是否相同？

（2）图3－2的I_1，I_2，I_3三条曲线中，哪条曲线效用最大？

（3）在同一坐标平面图上的任意两条无差异曲线会不会相交？

（三）商品的边际替代率

1. 商品边际替代率的概念

若保持效用水平不变，当消费者的选择沿着一条既定的无差异曲线上下滑动时，两种商品的数量组合会不断发生变化。这就说明，在维持效用水平不变的前提条件下，消费者在增加一种商品消费数量的同时，必然会放弃一部分另一种商品的消费数量，即两商品的消费数量之间存在着替代关系。

商品的边际替代率（Marginal Rate of Substitution，可表示为 MRS）是指在维持效用水平不变的前提下，消费者增加一单位某种商品的消费数量时所需要放弃的另一种商品的消费数量。商品 1 对商品 2 的边际替代率的计算公式为：

$$MRS_{12}=-\frac{\Delta X_2}{\Delta X_1}=-\lim_{\Delta Q\to 0}\frac{\Delta X_2}{\Delta X_1}=-\frac{\mathrm{d}X_2}{\mathrm{d}X_1}$$

其中，ΔX_1 和 ΔX_2 分别为商品 1 和商品 2 的变化量。

2. 商品边际替代率递减规律

商品边际替代率递减规律的内容是：在维持效用水平不变的前提下，随着一种商品消费数量的连续增加，消费者为得到每一单位这种商品所需要放弃的另一种商品的消费数量是递减的。之所以会发生商品边际替代率递减的现象，其原因在于：随着一种商品消费数量的逐步增加，消费者想要获得更多这种商品的愿望就会递减，从而他为了多获得一单位的这种商品而愿意放弃的另一种商品的数量就会越来越少。

二　预算线

用无差异曲线描述的消费者的消费愿望仅仅是消费者行为的一个方面，另一方面，消费者在购买商品时，必然会受到自己的收入水平和市场上商品价格的限制，这就是预算约束。预算约束可以用预算线来说明。

（一）预算线的概念

预算线又称预算约束线、消费可能线和价格线。预算线表示在消费者收入和商品价格既定的条件下，消费者的全部收入所能购买到的两种商品的各种数量组合。

（二）预算线方程

假定以 I 表示消费者的既定收入，以 P_1 和 P_2 分别表示商品 1 和商品 2 的价格，以 X_1 和 X_2 分别表示商品 1 和商品 2 的数量，若消费者将全部收入用于购买两种商品，则相应的预算线方程式为：

$$P_1X_1+P_2X_2=I$$

图 3-3 为预算线的图示，请你思考，对于图中的 A，B，C 三点，其对应的 $P_1X_1+P_2X_2$ 与 I 的大小关系如何？

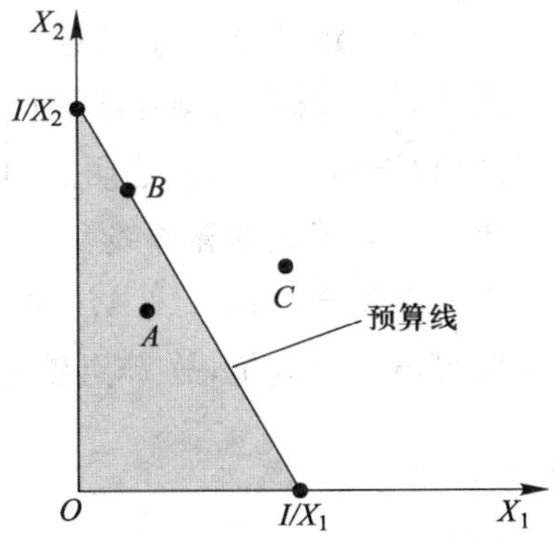

图 3-3　预算线

三 消费者均衡

（一）消费者均衡应满足的条件

有了描述消费者消费意愿的无差异曲线和描述消费者消费能力的预算线，将二者结合在一起，即可分析消费者追求效用最大化的购买行为。

消费者的最优购买行为必须满足两个条件：

第一，必须是能够给消费者带来最大效用的商品组合；

第二，必须位于给定的预算线上。

（二）图形分析

假定消费者的偏好、消费者的收入和两种商品的价格给定，那么，消费者应该如何选择最优的商品组合，以获得最大的效用呢？

如图 3－4 所示，为了简化分析，首先从无差异曲线中选出三条曲线 U_1、U_2 和 U_3。其次，由于消费者的收入和两种商品的价格给定，便给定了该消费者的一条预算线 AB，则只有预算线 AB 和无差异曲线 U_2 的切点 E，才是消费者在既定的预算约束下能够获得最大效用的均衡点，相应的最优购买组合为(X_1^*, X_2^*)。

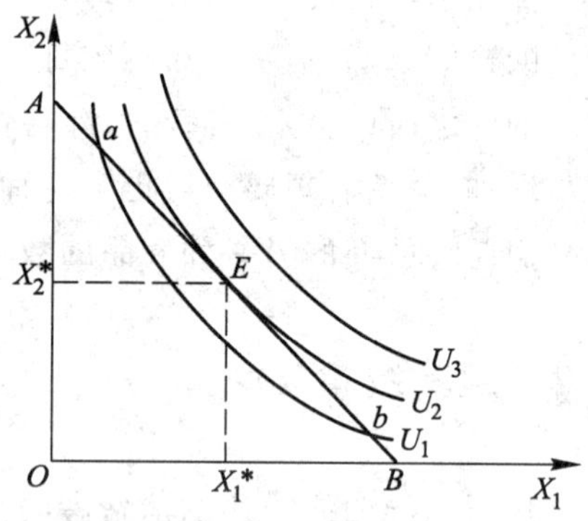

图 3－4 消费者均衡

为什么唯有 E 点才是消费者效用最大化的均衡点呢？原因是：

(1) 无差异曲线 U_3 上任意一点在既定预算之下无法达到。

虽然曲线 U_3 代表的效用水平高于无差异曲线 U_2，但它与既定的预算线 AB 既无交点又无切点。这说明消费者在既定的收入水平下无法实现无差异曲线 U_3 上任何一点所对应商品组合的购买。

(2) 无差异曲线 U_1 上任意一点的商品组合效用未达到最大化。

虽然 U_1 与既定的预算线 AB 相交于 a、b 两点，表明消费者利用现有收入可以购买 a、b 两点的商品组合。但是，这两点的效用水平低于无差异曲线 U_2，因此理性的消费者不会用全部收入去购买无差异曲线 U_1 上 a、b 两点的商品组合。

只有在既定的预算线 AB 和无差异曲线 U_2 相切的 E 点，消费者才在既定的预算约束条件下获得最大的满足，故 E 点就是消费者实现效用最大化的均衡点。用公式表示为：

$$MRS_{12}=\frac{P_1}{P_2}=\frac{MU_1}{MU_2}$$

它表示：在既定的预算约束下，为了实现最大的效用，消费者应该选择最优的商品组合，使得两商品的边际替代率等于两商品的价格之比。

课堂活动

以上一节计算题为例：

已知小张的效用函数为$U=xy$，他打算购买x和y两种商品，其每月收入为120元，两种商品价格$P_x=2$元，$P_y=3$元，问：

(1) 为获得最大效用，他应该如何选择商品x和y的购买数量组合？

(2) 他获得最大效用时的总效用是多少？

比较这两种算法，说说基数效用论和序数效用论得出的结论有何区别？

第三节　消费者行为理论的应用

课堂活动

假定你是一个家庭主妇，下面有两种电视机，右边那台电视机的价格明显要远高于左边那台的价格。现在思考以下两个问题：

(1) 若家庭收入比较低而且左边电视的价格下降了，你会在两者之间做何选择？

(2) 当家庭收入有了较大的提高，同时左边电视的价格也下降了，你又会在两者之间做何选择？

从以上的例子中，我们可以发现一种商品价格的变化会引起该商品需求量的变化，那么是什么因素导致这种变化呢？为什么家庭收入上升时，左边电视机的需求量会下降呢？这里首先要对商品进行分类。

一　商品的分类

经济学中，商品可以分为正常商品和低档商品两类。正常品是指消费量随收入的上升而上升的物品。低档品，又称为劣等品，指消费量随收入的上升而下降的物品。

正常品和低档品的区别在于：正常品的需求量与消费者的收入水平呈同方向变动，即正常品的需求量随着消费者收入水平的提高而增加，随着消费者收入水平的下降而减少。低档品的需求量与消费者的收入水平呈反方向变动，即低档品的需求量随着消费者收入水平的提高而减少，随着消费者收入水平的下降而增加。

课堂活动

在日常生活中，人们经常说“低档品”，它是指价格低廉、质量较差的商品，这与经济学中的“低档品”是否相同？

二 正常品的替代效应和收入效应

当一种商品的价格发生变化时，会对消费者产生两种影响：一是使消费者的实际收入水平发生变化。在这里，实际收入水平的变化被定义为效用水平的变化。二是使商品的相对价格发生变化。这两种变化都会改变消费者对该种商品的需求量。

其中，由商品的价格变动引起的实际收入水平变动，进而由实际收入水平变动所引起的商品需求量的变动，称为收入效应。由商品的价格变动所引起的商品相对价格的变动，进而由商品的相对价格变动所引起的商品需求量的变动，称为替代效应。

例如，在消费者购买猪头肉和酱牛肉两种商品的情况下，当猪头肉的价格上升时，一方面，对于消费者来说，虽然货币收入不变，但是现有货币收入的购买力减弱，也就是说实际收入水平下降。实际收入水平的下降，会使消费者改变对这两种商品的购买量，使得原来的效用水平下降，这就是收入效应。另一方面，猪头肉价格的上升，使得猪头肉相对于酱牛肉来说比以前昂贵了。商品相对价格的这种变化，会使消费者增加对酱牛肉的购买而减少对猪头肉的购买，这就是替代效应。显然，替代效应不考虑实际收入水平变动的影响，所以替代效应不改变消费者的效用水平。

那么，若猪头肉的价格下降而酱牛肉的价格保持不变，情况会怎样呢？请你试着作出分析。

从上例可以看出，一种商品价格变动所引起的该商品需求量变动的总效应可以被分解为替代效应和收入效应两部分，即总效应＝替代效应＋收入效应。

三 低档品的替代效应和收入效应

（一）一般低档品的替代效应和收入效应

低档品的替代效应与价格呈反方向变动，收入效应与价格呈同方向变动，而且在大多数场合，收入效应的作用小于替代效应的作用，所以总效应与价格呈反方向变动，相应的需求曲线是向右下方倾斜的。

但是，在少数场合，某些低档商品收入效应的作用会大于替代效应的作用，于是，就会出现违反需求曲线向右下方倾斜规律的现象。这类商品就是吉芬商品。

（二）吉芬商品的替代效应和收入效应

回想第二章中提到的“吉芬商品”，当灾荒发生后，土豆的价格上升导致贫困家庭的实际收入大幅度下降，变得更穷的人们更买不起其他食品，不得不大量增加对低档品——土豆的购买，导致收入效应的作用超过替代效应的作用，造成土豆价格上升需求量反而增加的特殊现象。

因此，吉芬商品是一种特殊的低档商品。作为低档商品，吉芬商品的替代效应与价格呈反方向变动，收入效应则与价格呈同方向变动。吉芬商品的特殊性就在于：其收入效应的作用很大，以至于超过了替代效应的作用，从而使得总效应与价格呈同方向变动。这也就是吉芬商品的需求曲线呈现向右上方倾斜的特殊形状的原因。

（三）不同商品的效应比较

不同商品的效应比较见表 3－3。

表 3－3　商品价格变化所引起的替代效应和收入效应

商品类别	替代效应与价格的关系	收入效应与价格的关系	总效应与价格的关系	需求曲线的形状
正常商品	反方向变化	反方向变化	反方向变化	向右下方倾斜
低档商品	反方向变化	同方向变化	反方向变化	向右下方倾斜
吉芬商品	反方向变化	同方向变化	同方向变化	向右上方倾斜

资料库

困扰亚当·斯密的“价值悖论”

亚当·斯密以后的两百多年里是自由资本主义发展的鼎盛时期，那时垄断还是个别现象。当资本主义进入垄断阶段之后，经济学理论已无法对其进行解释。

“钻石极其昂贵，但过去很长时间它只能用做装饰品；水很便宜，但却是生活中必不可少的”。对于这个在经济学说史上困扰了亚当·斯密和其他古典经济学家的价值悖论，你是怎样解释的呢？让我们先来回顾一下这个价值悖论的历史吧。

早在两百多年前，亚当·斯密（1723—1790）就在《国富论》第一卷第四章中提出了著名的价值悖论：“水的用途最大，但我们不能以水购买任何物品，也不会拿任何物品与水交换。反之，金刚钻虽几乎无任何使用价值可言，但须有大量其他货物才能与之交换。”19 世纪 70 年代，三位经济学家——门格尔、杰文斯和瓦尔拉斯分别说明了商品价格由其边际效用来决定，而不是由它们的全部效用决定，因为水是丰富的，增加一单位水很便宜，而钻石是极端稀缺的，增加钻石是昂贵的。

我们现在通常的解释是:商品的价格是由其边际效用决定的而不是由总效用决定的。水的总效用是巨大的,没有水,我们就无法生存。但水可以连续不断地获取,因而其边际效用很小。相反,相对于水而言,钻石的总效用并不大,但难以得到,多得到一个单位都十分不容易,因此其边际效用大。根据消费者均衡条件,消费者分配收入的方式是使购买每种商品每元支出的边际效用保持相等。人们也是根据这一原则来把收入在钻石和水之间进行分配的:钻石的边际效用大,水的边际效用小,所以只有钻石的价格高,水的价格低,用于钻石和水的每元支出的边际效用才能相等。所以钻石价格大于水的价格。

本章小结

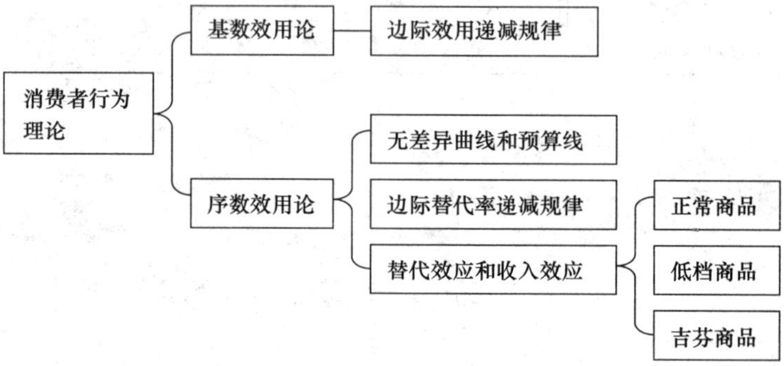

同步练习

一、单项选择题

1. 下列(　　)指的是边际效用。

A. 某人吃了两个面包,共获得满足程度为 15 个效用单位

B. 某人吃了第二个面包,满足程度从 10 个效用单位增加到了 15 个效用单位,增加了 5 个效用单位

C. 某人吃了四个面包后不想再吃了

D. 某人吃了两个面包,平均每个面包带给他的满足程度为 7.5 个效用单位

2. 消费最后一单位 A 商品的边际效用是 12,消费最后一单位 B 商品的边际效用是 8,则当 A 商品和 B 商品分别是下列哪一组价格时可能会达到消费者均衡?(　　)

A. 4 元和 6 元　　B. 6 元和 4 元　　C. 8 元和 12 元　　D. 16 元和 9 元

3. 假定你花掉全部支出分别购买一定数量的商品 X 和商品 Y,使得它们最后一单位的边际效用分别为 40 和 20。再假定:① 商品 X 和商品 Y 的价格分别为 8 元和 4 元;② 消费一单位商品 X 和一单位商品 Y 分别要花掉你 3 小时和 1 小时的时间;③ 你的时间每小时值 2 元。由此可知(　　)。

A. 你应该用商品 X 替代商品 Y,直至花在两种商品上的每小时获得的边际效用相等

B. 现有的商品 X 和商品 Y 的购买量最佳

C. 应减少商品 Y 的消费,增加商品 X 的消费

D. 应减少商品 X 的消费,增加商品 Y 的消费

4. 消费预算线表示(　　)。

A. 消费者为多获得一单位 B 商品而愿意放弃的 A 商品的数量

B. 在无差异曲线图上所有的均衡点

C. 在既定的价格下,用既定的货币收入可以购买的两类商品所有可能的最大数量组合

D. 为消费者带来相同效用水平的两种商品所有可能的数量组合

5. 无差异曲线上的每一点上的(　　)。

A. 货币收入是相同的　　B. 两种商品的价格是相同的

C. 总效用是相同的　　D. 以上全都正确

6. 已知商品 X 的价格为 1.5 元,商品 Y 的价格为 1 元,如果消费者从这两种商品的消费中得到最大效用时,商品 X 的边际效用是 30,那么商品 Y 的边际效用应该是(　　)。

A. 20　　B. 30　　C. 45　　D. 55

7. “如果一种商品的价格下降,则人们会购买更多这种相对便宜的商品来替代其他商品”,这句话说的是(　　)。

A. 收入效应　　B. 替代效应　　C. 互补商品　　D. 替代商品

8. “某种商品的价格下降增加了消费者的实际收入或提高了其购买能力,使他们能够买更多的该商品”,这句话说的是(　　)。

A. 收入效应　　B. 替代效应　　C. 互补商品　　D. 替代商品

二、简答题

你先拥有了一只鞋,当你获得与之相配的另一只鞋时,这第二只鞋的边际效用似乎超过了第一只鞋的边际效用,这是不是违反了边际效用递减规律?

三、计算题

1. 据下表计算:

面包的消费量	总效用	边际效用
1	25	20
2	30	?
3	?	5

（1）消费第二个面包时的边际效用是多少？

（2）消费三个面包的总效用是多少？

2. 大学生小张即将参加三门功课的期终考试，他能够用来复习功课的时间只有 6 小时，又知每门功课占用的复习时间和相应会有的成绩如下表所示：

小时数 分数	0	1	2	3	4	5	6
经济学分数	30	44	65	75	83	88	90
数学分数	40	52	62	70	77	83	88
统计学分数	70	80	88	90	91	92	93

为使这三门功课的成绩总分最高，他应该怎样分配复习时间？并说明理由。

3. 某消费者收入为 120 元，用于购买 X 和 Y 两种商品，X 商品的价格 $P_X=20$ 元，Y 商品的价格 $P_Y=10$ 元：

（1）计算该消费者购买商品 X 和 Y 有多少种数量组合，各种组合中 X 商品和 Y 商品的数量各是多少？

（2）绘出该消费者的消费可能线。

（3）所购买的 X 商品数量为 4，Y 商品数量为 6 时，应该是哪一点？该点在不在消费可能线上？它说明了什么？

（4）所购买的 X 商品数量为 3，Y 商品数量为 3 时，应该是哪一点？该点在不在消费可能线上？它说明了什么？

实训项目

春晚是不是越办越差了？

大约从 20 世纪的 80 年代初期开始，我国老百姓在过春节的年夜饭中增添了一道诱人的内容，那就是春节联欢晚会。1982 年第 1 届春节联欢晚会的出台，在当时娱乐事业尚不发达的我国引起了极大的轰动。晚会的节目成为全国老百姓在街头巷尾和茶余饭后津津乐道的题材。

晚会年复一年地办下来了，投入的人力物力越来越大，技术效果越来越先进，场面设计越来越宏大，节目种类也越来越丰富。但不知从哪一年起，人们对春节联欢晚会的评价却越来越差了，原先在街头巷尾和茶余饭后的赞美之词变成了一片骂声，春节联欢晚会成了一道众口难调的大菜，晚会也陷入了“年年办，年年骂；年年骂，年年办”的怪圈。

问题：请用本章的消费者行为理论分析，为什么第一届春节联欢晚会让我们欢呼雀跃，但随着春晚的每年举办，尽管节目本身的质量在整体提升，人们对晚会节目的感觉却越来越差了呢？

第四章　生产与成本理论

学习目标

知识目标

- 掌握总产量、边际产量、平均产量的含义及其之间的关系
- 理解可变生产要素投入的合理区域
- 掌握等产量线的特征、生产要素的最佳组合和规模经济
- 掌握短期成本的概念、分类和相互关系
- 理解利润最大化原则

能力目标

- 能够用生产理论分析企业要素投入的最佳组合
- 能够利用成本与收益理论分析企业利润最大化的实现条件

案例导入

王永庆与台塑的成功

台塑是王永庆成功经营的大企业。这个企业生产聚氯乙烯(PVC)塑胶粉。开始时,该企业规模仅为月产量100吨,尽管产量很低,仍然供大于求,台湾地区的需求仅为每月20吨。产量低,平均成本无法实现最低,价格降不下来,台湾地区仅有的20吨市场需求也被日本商家占领。扩大产量,产品销路又成问题。王永庆处于两难境地。这时台塑的股东纷纷要求退股,王永庆毅然卖掉自己的大部分企业,买断了台塑的产权,独自经营。

王永庆知道,企业困难的关键在于产量上不去,平均成本降不下来。如果只考虑需求,减少产量,平均成本会更高,更缺乏市场竞争力。因此,扩大产量使平均成本降到最低是转败为胜的关键。于是,他决定把产量扩大到平均成本最低的月产1 200吨。这时平均成本最低,而且由于当时台湾是世界烧碱的主要生产基地之一,生产烧碱中被弃置不用的氯气可用于生产PVC。这样,在实现了最低成本时,其货币成本还低于世界其他国家,有了这种优势就可以打入世界市场。结果,王永庆成功了。

王永庆的成功说明,在确定企业规模时一定要达到平均成本最低的产量,即实现规模经济。

市场经济下,生产者行为的目的是实现利润最大化,就是要使扣除成本后的收益达到最大化,而收益取决于价格和产量。本章首先介绍生产理论,研究生产要素投入量与产量之间的关系以及生产者均衡的实现,然后分析企业的成本,最后提出利润最大化的原则。

第一节 生产理论

决定供给的是生产,在论述了决定需求的消费者行为理论后,我们介绍决定供给的生产者行为理论,即生产理论。

一 生产与生产函数

（一）企业

产品与劳务是由生产者提供的。生产者称为企业或厂商。企业是能够作出统一生产决策的单位。在研究生产者行为时,假设生产者是具有完全理性的经济人,其生产目的是实现利润最大化。

企业利润最大化的实现涉及技术效率和经济效率。

技术效率是投入的生产要素与产量的关系,即如何在生产要素既定时使产量最大,或者换句话说,在产量既定时使投入的生产要素最小。这就是如何使用各种生产要素的问题。

经济效率是成本与收益的关系。要使利润最大化，就要使扣除成本后的收益达到最大化。这就要进行成本-收益分析，并确定利润最大化的原则。

技术效率和经济效率都是生产效率的问题，但前者是从纯粹生产技术的角度说明如何使用各种生产要素，而后者则要考虑生产要素的价格，如何使用生产要素才能使生产成本最低，以实现利润最大化。技术效率是基础，只有在技术效率的基础上同时实现经济效率，才是最终目的。利润最大化要同时实现技术效率和经济效率。

（二）短期和长期

分析企业技术效率时，要区分短期与长期。

短期是企业不能全部调整所有生产要素投入的时期。在短期内，企业的生产要素投入分为固定投入与可变投入。固定投入如厂房、设备、管理人员，在短期内不能改变。企业所能改变的只是可变投入，如原料、燃料、工人等。

在长期中，企业可以调整一切生产要素投入，即长期是指一切生产要素可以调整的时期，所以就没有可变投入与固定投入之分。

在理解短期与长期时，要注意：第一，二者的区别不是时间的长短，而是生产要素能否完全调整；第二，对于不同行业的企业来说，短期与长期的时间不一样。

（三）生产、生产要素与生产函数

企业为获得最大利润，就必须进行生产。所谓生产，就是对各种生产要素进行组合以制成产品的行为。在生产中要投入各种生产要素并生产出产品，所以生产也就是把投入变为产出的过程。

生产要素是指生产中所使用的各种资源。这些资源可以分为劳动、资本、土地和企业家才能。劳动是指劳动力所提供的服务，可以分为脑力劳动与体力劳动。劳动力是劳动者的能力，由劳动者提供。资本是指生产中所使用的资金、厂房、设备、原料等资本品。土地是指生产中所使用的各种自然资源，是在自然界所存在的，如土地、水、自然状态的矿藏、森林等。企业家才能是指企业家对整个生产过程的组织与管理工作。经济学家特别强调企业家才能，认为把劳动、土地、资本组织起来，能进行有效率的生产的关键正是企业家才能。生产是这四种生产要素协作的过程，产品则是这四种生产要素共同发挥作用的结果。

生产要素的数量与组合和它所能生产出来的产量之间存在一定的依存关系。生产函数正是表明一定技术水平下，生产要素的数量与某种组合和它所能生产出来的最大产量间依存关系的函数。

如果用 Q 代表总产量，L、K、N、E 分别代表劳动、资本、土地、企业家才能四种生产要素，则生产函数的一般形式为：

$$Q=f(L,K,N,E)$$

在分析生产要素与产量的关系时，土地一般是固定不变的，企业家才能难以估算。因此，生产函数又可以写为：

$$Q=f(L,K)$$

这一函数式表明，在一定技术水平时，生产产量 Q，需要一定数量劳动与资本的组合。同样生产函数也表明，在劳动与资本的数量与组合已知时，就可推算出最大的产量。

（四）柯布-道格拉斯生产函数

20 世纪 30 年代初，美国经济学家 P. 道格拉斯与数学家 C. 柯布根据美国 1899—1922 年的工业生产统计资料，得出了这一时期美国的生产函数为：

$$Q=AL^{\alpha}\cdot K^{1-\alpha}$$

这就是经济学中著名的"柯布-道格拉斯生产函数"。在这个生产函数中，A 与 α 为常数，其中：$1>\alpha>0$。

柯布与道格拉斯计算出：$A=1.01$，$\alpha=0.75$，所以柯布-道格拉斯生产函数可以具体化为：

$$Q=1.01L^{0.75}\cdot K^{0.25}$$

这说明在生产中，劳动所作出的贡献为全部产量的 3/4，资本为 1/4。根据统计资料的验证，这个估算是符合实际情况的。

二 短期生产函数：一种可变生产要素的合理投入

在短期中，当固定投入不能改变，只有可变投入能改变时，产量的变动服从边际产量递减规律。这是分析短期中一种生产要素的最佳投入时的出发点。

（一）总产量、平均产量与边际产量

总产量是指一定量的某种生产要素所生产的全部产量。通常表示为 TP。

平均产量是指平均每单位某种生产要素所生产的产量。通常表示为 AP。

边际产量是指某种生产要素增加一单位所增加的产量。通常表示为 MP。

如果用 Q 代表某种生产要素的量，用 ΔQ 代表某种生产要素的增加量，则上述三种产量可以分别表示为：

$$TP=AP\cdot Q$$

$$AP=TP/Q$$

$$MP=\Delta TP/\Delta Q$$

（二）总产量、平均产量与边际产量间的关系

假设生产某种产品时所用的生产要素是劳动与资本。其中资本是固定不变的，劳动是可变的。根据上述关系可制出表 4-1。

表 4-1 劳动投入与总产量、平均产量和边际产量间的关系

资本量 K	劳动量 L	劳动增量 ΔL	总产量 TP	平均产量 AP	边际产量 MP
10	0	1	0	0	0
10	1	1	6	6	6
10	2	1	13.5	6.75	7.5

续表

资本量 K	劳动量 L	劳动增量 ΔL	总产量 TP	平均产量 AP	边际产量 MP
10	3	1	21	7	7.5
10	4	1	28	7	7
10	5	1	34	6.8	6
10	6	1	38	6.3	4
10	7	1	38	5.4	0
10	8	1	37	4.6	−1

根据表 4-1 可绘出图 4-1。

图 4-1 中，横轴 OL 代表劳动量，纵轴 OP 代表产量。TP 为总产量曲线，AP 为平均产量曲线，MP 为边际产量曲线，分别表示随劳动量变动总产量、平均产量与边际产量变动的趋势。从图中可以看出总产量、平均产量和边际产量间的关系有以下特点。

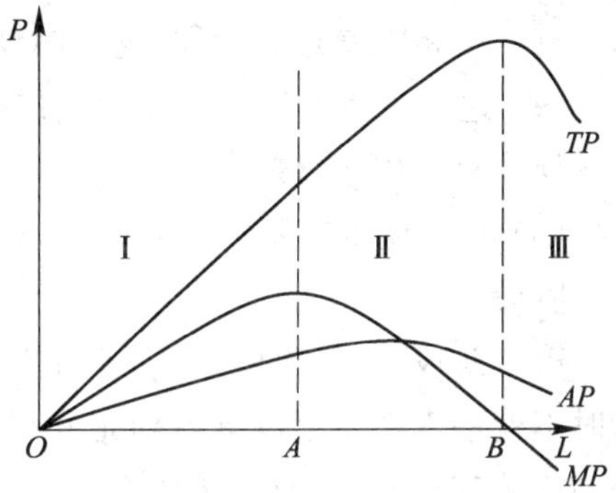

图 4-1 总产量曲线、平均产量曲线和边际产量曲线

1. 总产量、平均产量和边际产量的变动规律

在资本量不变的情况下，随着劳动量的增加，最初总产量、平均产量和边际产量都是递增的，但各自增加到一定程度后就分别递减。所以，总产量曲线、平均产量曲线和边际产量曲线都是先上升而后下降。这反映了边际产量递减规律。

2. 边际产量和平均产量的关系

由图 4-1 可以看出，边际产量曲线与平均产量曲线相交于平均产量曲线的最高点。在相交时，边际产量等于平均产量，即 $MP=AP$，且平均产量达到最大；在相交之前，边际产量大于平均产量，即 $MP>AP$，平均产量是递增的；在相交之后，边际产量小于平均产量，即 $MP<AP$，平均产量是递减的。

3. 边际产量和总产量的关系

由图 4-1 可以看出，当边际产量等于零，即 $MP=0$ 时，总产量达到最大；当边际产量为正值，即 $MP>0$ 时，总产量递增；当边际产量为负值，即 $MP<0$ 时，总产量就会递减。

（三）边际产量递减规律

边际产量递减规律是指：在技术水平不变的情况下，当把一种可变的生产要素增加到其他一种或几种数量不变的生产要素上时，最初这种生产要素的增加会使产量增加，但当它的增加超过一定限度时，增加的产量将递减，最终还会使产量绝对减少。如在农业中，当土地等生产要素不变时，增加施肥量，或者在工业中，当厂房、设备等生产要素不变时，增加劳动力都会出现这种现象。

边际产量递减规律成立的原因是:在产品的生产过程中,不变要素投入和可变要素投入之间存在一个最佳组合比例。由于不变要素投入量总是固定的,随着可变要素投入量的逐渐增加,生产要素的组合逐渐接近最佳组合比例,可变要素的边际产量递增。生产要素的组合达到最佳组合比例时,可变要素的边际产量达到最大值。此后,随着可变要素投入量继续增加,生产要素的组合逐渐偏离最佳组合比例,可变要素的边际产量递减。

在理解边际产量递减规律时,应注意以下几点:

(1) 这一规律发生作用的前提是技术水平不变。

技术水平不变是指生产中所使用的技术没有发生重大变革。现在,技术进步的速度很快,但并不是每时每刻都有重大的技术突破,技术进步总是间歇式进行的,只有经过一定时期的准备后,才会有重大的进展。无论在农业还是工业中,短期内一种技术水平一旦形成,总会有一个相对稳定的时期,这一时期就可称为技术水平不变时期。

(2) 这一规律所指的情况是生产中使用的生产要素分为可变与不变要素两类,也就是这一规律只适用于短期分析。

(3) 在其他生产要素不变时,一种生产要素增加所引起的产量或收益的变动可以分为三个阶段:

第一阶段:产量递增,即这种可变生产要素的增加使产量或收益增加。这是因为,在开始时不变的生产要素没有得到充分利用,这时增加可变的生产要素,可以使不变的生产要素得到充分利用,从而使产量递增。

第二阶段:边际产量递减,即这种可变生产要素的增加仍可使总产量增加,但增加的比率,即增加的每一单位可变生产要素的边际产量是递减的。这是因为,在这一阶段,不变生产要素已接近于充分利用,可变生产要素的增加已不能像第一阶段那样使产量迅速增加。

第三阶段:产量绝对减少,即这种可变生产要素的增加使总产量减少。这是因为,这时不变生产要素已经得到充分利用,再增加可变生产要素只会降低生产效率,减少总产量。

资料库

马尔萨斯和食物危机预言

经济学家马尔萨斯(1766—1834)曾经预言:随着人口的膨胀,越来越多的劳动力耕种土地,地球上有限的土地最终将无法提供足够的食物。这是因为,一方面劳动的边际产出与平均产出下降;另一方面,更多的人口需要更多的食物,因此,最终人口增长比例会超过食物供给增加比例,必然会产生大的饥荒。

幸运的是,人类的历史并没有按马氏的预言发展,因为马氏的预言暗含了两个假设条件:农业技术不变和人均占有耕地面积下降。在马氏生活的时代,工业化进步程度尚未提供成熟的可以替代耕地的农业技术,来大幅度提高单位耕地面积的产量,克服人多地少和边际收益递减带来的困难。如果没有现代耕地农业技术的出现和推广，没有从外部输入食物或向外部输出人口，英国和欧洲一些工业化国家确实会面临马尔萨斯所预言的问题。事实上，时至今日，一些没有任何农业技术改进的非洲国家仍然是高出生率和收入停滞并存，陷入马氏的预言而无力自拔。在我国几千年传统农业历史时期，农业技术不断改进，但没有突破性进展。在没有战乱和大范围饥荒的正常时期，人口增长速度远高于耕地面积增加速度。由于越来越多的人口不得不在越来越小的人均耕地面积上劳作，劳动生产率和人均粮食产量难免下降。这被认为是我国几千年传统农业社会周期振荡的可能的重要原因。

然而，令马尔萨斯没有想到的是，技术的飞速进步，如高产抗病的良种、高效的化肥、先进的收割机械、电力和其他能源、生物技术等，改变了许多国家的食物生产方式，极大地提高了劳动生产率，使农业和食品的增长率显著超过人口增长率。

另外，由于战争、疾病、自然灾害、观念变化及政策（如我国的计划生育政策）等方面的原因，人口也并没有按照马氏所预言的那样出现爆炸式增长。对于中国来说，由于长期的计划生育政策，13 亿人口的到来整整推迟了 4 年；而欧洲的一些国家甚至出现了人口增长率为负的现象。

因此，从历史事实看，马氏预言建立在边际收益递减规律基础上，对于观察工业化特定阶段的经济运行矛盾具有一定的价值，但由于没有考虑到技术进步等因素，必然使得马氏预言最终破灭。

（四）生产要素合理投入区域

在确定一种生产要素的合理投入时，根据总产量、平均产量和边际产量的关系，可以把图 4－1 分为三个区域。

1. 三大区域

Ⅰ区域：从原点到平均产量最高点，即劳动量从 O 点增加到 A 点这一阶段。这一阶段平均产量一直在增加，边际产量大于平均产量。这说明在这一阶段，相对于不变的资本量而言，劳动量不足，所以劳动量的增加可以使资本得到充分利用，从而使产量递增。由此可见，劳动量最少要增加到 A 点对应的数量，否则资本无法得到充分利用。从表 4－1 可知 A 点对应的劳动量为 4 单位。

Ⅱ区域：从平均产量最高点到总产量最大点，即劳动量从 A 点增加到 B 点这一阶段。这一阶段平均产量开始下降，边际产量递减，即增加劳动量仍可使总产量增加，但增加的比率是递减的。在劳动量增加到 B 点时，总产量可以达到最大。从表 4－1 可知，B 点对应的劳动量为 7 单位。

Ⅲ区域：是边际产量为零以后的阶段，即劳动量增加到 B 点以后的阶段。这一阶段，边际产量为负数，总产量绝对减少。由此可见，劳动量的增加超过 B 点之后是不利的。

2. 可变生产要素合理投入区域

从以上分析可知，理性的厂商不会选择Ⅰ区域和Ⅲ区域进行生产，所以只有Ⅱ区域才是可变生产要素投入的合理区域，即劳动量的数值应在Ⅱ区域（A 至 B）为宜。但应在Ⅱ区域的哪一点上呢？这就要考虑其他因素。首先，要考虑企业的目标。如果企业的目标是使平均产量达到最大，那么劳动量增加到 A 点就可以了；如果企业的目标是使总产量达到最大，那么劳动量就可以增加到 B 点。其次，如果企业以利润最大化为目标，就要考虑成本、产品价格等因素。因为平均产量最大时，并不一定利润最大；总产量最大时，利润也不一定最大。劳动量增加到哪一点所达到的产量能实现利润最大化，还必须结合成本与产品价格来分析。

三 长期生产函数：两种可变生产要素的最佳组合

一般情况下，生产中各种生产要素投入的比例和组合是不同的，带来的产量也是不同的。理性的生产者会选择最佳投入组合进行生产。生产要素的最佳组合，与消费者均衡是很相似的。消费者均衡是研究消费者如何把既定的收入分配于两种产品的购买与消费上，以达到效用最大化。生产要素的最佳组合，是研究生产者如何把既定的成本（即生产资源）分配于两种生产要素的购买与生产上，以达到利润最大化。因此，研究这两个问题所用的方法也基本相同，即边际分析法与等产量线分析法。

（一）生产要素最佳组合的边际分析

企业为了实现生产要素的最佳组合，一定要考虑购买各种生产要素所能获得的边际产量与所付出的价格。这样，生产要素最佳组合的原则是：在成本与生产要素价格既定的条件下，应该使所购买的各种生产要素的边际产量与价格的比例相等。即要使每一单位货币无论购买哪种生产要素都能得到相等的边际产量。

假定所购买的生产要素是资本与劳动。用 K 代表资本，MP_K 代表资本的边际产量，P_K 代表资本的价格，Q_K 代表购买的资本量；用 L 代表劳动，MP_L 代表劳动的边际产量，P_L 代表劳动的价格，Q_L 代表购买的劳动量；M 代表成本，MP_M 代表货币的边际产量，则生产要素最佳组合的条件可表示为：

$$P_K \cdot Q_K + P_L \cdot Q_L = M$$

$$MP_K / P_K = MP_L / P_L = MP_M$$

第一个式子是限制性条件，说明企业所拥有的货币量是既定的，购买资本与劳动的支出不能超过这一货币量，也不能小于这一货币量。超过这一货币量的购买是无法实现的，而小于这一货币量的购买也达不到资源既定时的产量最大化。

第二个式子是生产要素最佳组合的条件，即所购买的生产要素的边际产量与其价格之比相等，也就是说每一单位货币不论用于购买资本，还是购买劳动，所得到的边际产量都相等。生产要素最佳组合也可称为生产者均衡。

（二）生产要素最佳组合的等产量线分析

用等产量线分析生产要素最佳组合时，首先要了解两个基本概念：等产量线与等成本线。

1. 等产量线

生产理论中的等产量线与前面分析的效用论中的无差异曲线很相似。不过它代表的不是相同的满足程度，而是相同的产量。

等产量线是指在技术水平不变的条件下，两种生产要素的不同数量组合可以带来相等产量的一条曲线。或者说，是表示某一固定数量的产品，可以用所需要的两种生产要素的不同数量组合生产出来的一条曲线。

假如，现在有劳动与资本两种生产要素，它们有 a、b、c、d 四种组合方式，这四种组合方式都可以达到相同的产量。这样，可制出表 4－2。

表 4－2　等产量线表

组合	资本(*K*)	劳动(*L*)
a	6	1
b	3	2
c	2	3
d	1	6

根据表 4－2 可绘出图 4－2。

图 4－2 中，横轴 *OL* 代表劳动量，纵轴 *OK* 代表资本量，*Q* 为等产量线，即线上任何一点所表示的资本与劳动不同数量的组合，都能生产出相等的产量。

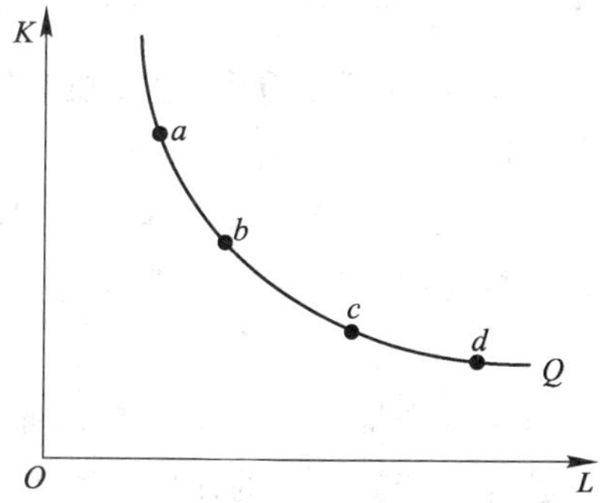

图 4－2　等产量线

等产量线与无差异曲线的特征相似，这些特征如下：

第一，等产量线是一条向右下方倾斜的线，其斜率为负值。这表明，在生产者的资源与生产要素价格既定的条件下，为了达到相同的产量，在增加一种生产要素时，必须减少另一种生产要素。两种生产要素的同时增加，是资源既定时无法实现的；两种生产要素的同时减少，不能保持相等的产量水平。

第二，在同一平面图上，可以有无数条等产量线。同一条等产量线代表相同的产量水平，不同的等产量线代表不同的产量水平。离原点越远的等产量线所代表的产量水平越高，离原点越近的等产量线所代表的产量水平越低。可以用图 4－3 说明这一点。

图 4－3 中，Q_1，Q_2，Q_3是三条不同的等产量线，它们分别代表不同的产量水平，其顺序为：$Q_1 < Q_2 < Q_3$。

第三，在同一平面图上，任意两条等产量线不能相交。因为在交点上两条等产量线代表了相同的产量水平，与第二个特征相矛盾。

第四，等产量线是一条凸向原点的线。这是由边际技术替代率递减所决定的。

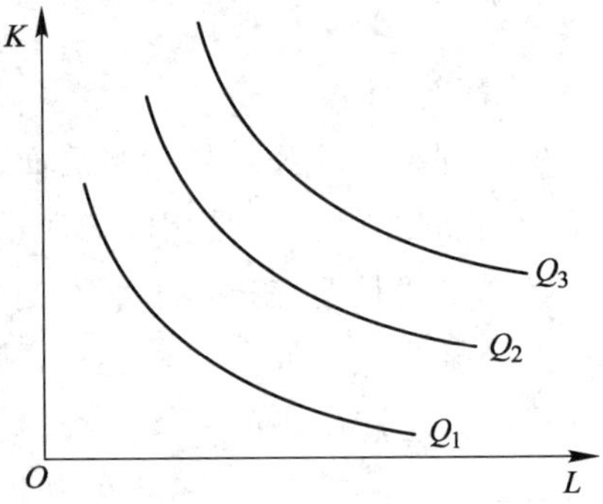

图 4-3 等产量线组

边际技术替代率是在维持相同的产量水平时，减少一种生产要素的数量，与增加的另一种生产要素的数量之比。如果以 ΔL 代表劳动的增加量，ΔK 代表资本的减少量，$MRTS_{LK}$ 代表以劳动代替资本的边际技术替代率，则有：

$$MRTS_{LK}=\Delta K/\Delta L$$

边际技术替代率应该是负值，因为一种生产要素增加，另一种生产要素就要减少。但为了方便起见，一般取其绝对值。

可用表 4-2 的数字说明边际技术替代率的变动，并根据表 4-2 制出表 4-3。

表 4-3 边际技术替代率表

组合变动情况	ΔL	ΔK	$MRTS_{LK}$
a→b	1	3	3
b→c	1	1	1
c→d	3	1	0.33

从表 4-3 可以看出，边际技术替代率是递减的。这是因为，根据边际产量递减规律，随着劳动量的增加，它的边际产量在递减。这样，每增加一定数量的劳动所能代替的资本量越来越少，即 ΔL 不变时，ΔK 越来越小。边际技术替代率递减反映了边际产量递减规律。边际技术替代率也就是等产量线的斜率。等产量线的斜率递减决定了它是一条凸向原点的曲线。

虽然等产量线上所有各点劳动与资本的数量组合都可以生产出相同的产量，但生产者不会选择等产量线上的任何一种组合进行生产。因为按有些点上劳动与资本的数量组合所进行的生产是不经济的。下面用图 4-4 说明这一点。

在图 4-4 中，Q_3 上 c 点、d 点劳动与资本的数量组合都可以生产同样的产量，但显而易见，d 点上所用的劳动与资本量都多于 c 点。这样，选择 d 点上的数量组合进行生产就是不经济的。这样劳动与资本的数量组合就有一个合理的范围，这个范围可以用脊线表示。

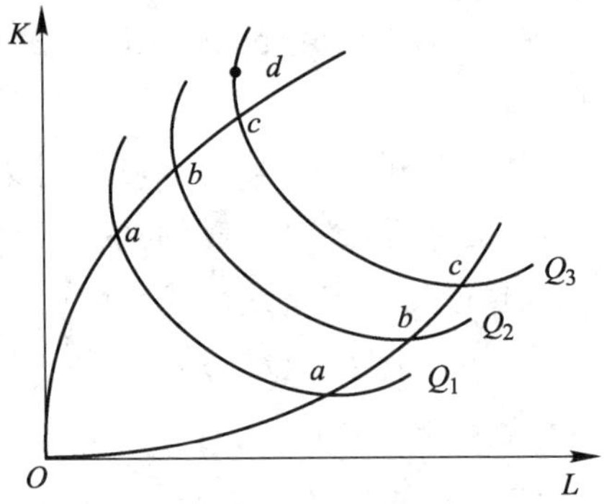

图 4-4 脊线图

图 4-4 中的三条等产量线 Q_1，Q_2，Q_3 上，在 aa，bb，cc 点之内，等产量线的斜率是负值，从而增加一种生产要素可以减少另一种生产要素，替代是

有效的。在 aa，bb，cc 点之外，等产量线的斜率是正值，即为了维持相同的产量要同时增加两种生产要素。把 a，b，c 与原点连接起来的两条线就是脊线。脊线说明了两种生产要素的有效替代范围，即在脊线之内，两种生产要素的替代是有效的；在脊线之外，要素的替代是不可能的。

2. 等成本线

等成本线类似于消费可能线，是企业决定生产要素组合的限制条件。

(1) 等成本线的含义。等成本线又称企业预算线，它是一条表明在生产者的成本与生产要素价格既定的条件下，生产者所能购买到的两种生产要素最大数量组合的线。

等成本线表明了企业进行生产的限制条件，即它购买的生产要素所花的钱不能大于或小于所拥有的货币成本，大于货币成本是无法实现的，小于货币成本又无法实现产量最大化。等成本线可以表示为：

$$M = P_K \cdot Q_K + P_L \cdot Q_L$$

M 为货币成本，P_L、P_K、Q_L、Q_K 分别为劳动与资本的价格与购买量。

因为 M、P_L、P_K 为固定的常数，所以，给出 Q_L 的值，就可以得出 Q_K。当然，给出 Q_K 的值，也可得出 Q_L。

设：$M=600$ 元，$P_L=20$ 元，$P_K=10$ 元。

则有：$Q_L=0$，$Q_K=60$；$Q_K=0$，$Q_L=30$。这样，就可以绘出图 4-5。

图 4-5 中，如用全部货币购买劳动，可以购买 30 单位（A 点），如用全部货币购买资本，可以购买 60 单位（B 点），连接 A 点和 B 点则为等成本线。该线上的任何一点，都是在货币成本与生产要素价格既定条件下，能购买到的劳动与资本的最大数量的组合。例如 C 点，购买 10 单位劳动和 40 单位资本，正好用完 600 元。该线内的任何一点所表示的劳动与资本的数量组合都是可以实现的，但不是最大数量的组合，即没有用完货币成本。如 D 点，购买 10 单位劳动和 20 单位资本，只用了 400 元。在该线外的任意一点，所购买的劳动与资本的数量组合无法实现，因为所需要的货币超过了既定的成本。如 E 点，购买 20 单位劳动和 40 单位资本，要支出 800 元，无法实现。

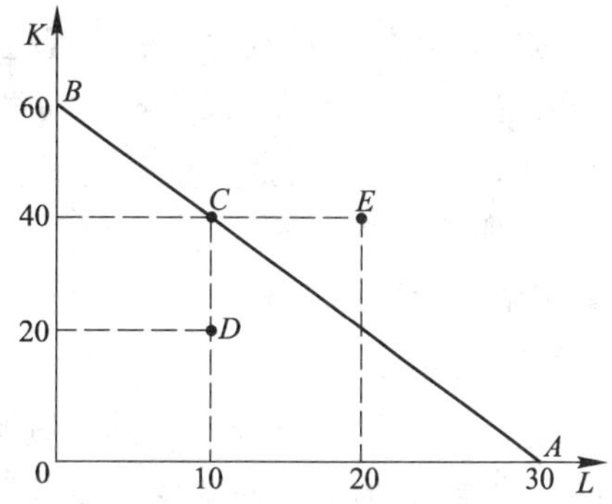

图 4-5 等成本线

(2) 等成本线的移动。如果生产者的货币成本变动（或者生产要素价格也变动），则等成本线会平行移动。当生产要素价格保持不变时，货币成本增加，等成本线向右上方平行移动；货币成本减少，等成本线向左下方移动，如图 4-6 所示。

图 4-6 中，AB 是原来的等成本线。当货币成本增加时，等成本线移动到 A_1B_1；当货币成本减少时，等成本线移动到 A_2B_2。

3. 生产要素的最佳组合

现在把等产量线与等成本线结合起来分析生产要素的最佳组合。

如果把等产量线与等成本线绘在一个图中，那么等成本线必定与无数条等产量线中的一条相切于一点。在这个切点上，就实现了生产要素的最佳组合。可用图 4－7 说明生产要素最佳组合的实现。

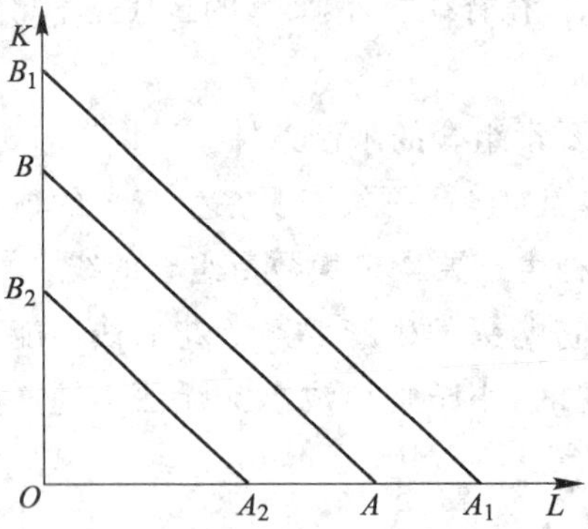

图 4－6 等成本线的移动

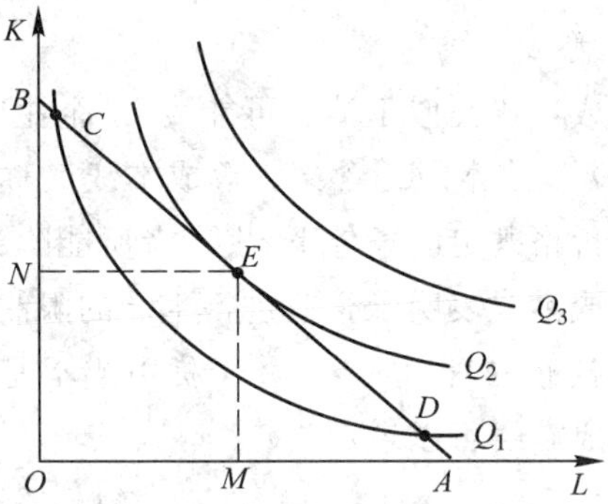

图 4－7 生产要素最佳组合的实现

图 4－7 中，Q_1，Q_2，Q_3 为三条等产量线，其产量的大小顺序为 $Q_1 < Q_2 < Q_3$。AB 为等成本线。AB 线与 Q_2 相切于 E 点，这时实现了生产要素的最佳组合。也就是说，在生产者的货币成本与生产要素价格既定的条件下，OM 数量的劳动与 ON 数量的资本组合，能实现利润最大化，即实现既定产量下成本最小或既定成本下产量最大。

为什么只有在 E 点时才能实现生产要素的最佳组合？

从图 4－7 看，C，D，E 点都是相同的成本，这时 C 点和 D 点在 Q_1 上，而 E 点在 Q_2 上，$Q_2 > Q_1$，所以 E 点时的产量是成本既定时的最大产量。在 Q_2 上各点的产量是相同的，除 E 点外，其他的点都在 AB 线之外，其对应要素组合的成本大于 E 点，所以 E 点对应的成本是产量既定时的最小成本。

4. 扩张线

如果生产者的货币成本增加，则等成本线向右上方平行移动，不同的等成本线与不同的等产量线相切，形成不同的生产要素最佳组合点，将这些点连接就得出扩张线。当生产者沿着这条线扩大生产时，可以始终实现生产要素的最佳组合，从而使生产规模沿着最有利的方向扩大。可以用图 4－8 来表示扩张线。

图 4－8 中，A_1B_1、A_2B_2、A_3B_3 是三条不同的等成本线，从 A_1B_1 到 A_3B_3，等成本线向右上方移动，说明生产者的货币成本在增加。A_1B_1、A_2B_2、A_3B_3 分别与等产量线 Q_1、Q_2、Q_3 相切于 E_1、E_2、E_3，把 E_1、E_2、E_3 与原点连接起来的 OE 就是扩张线。

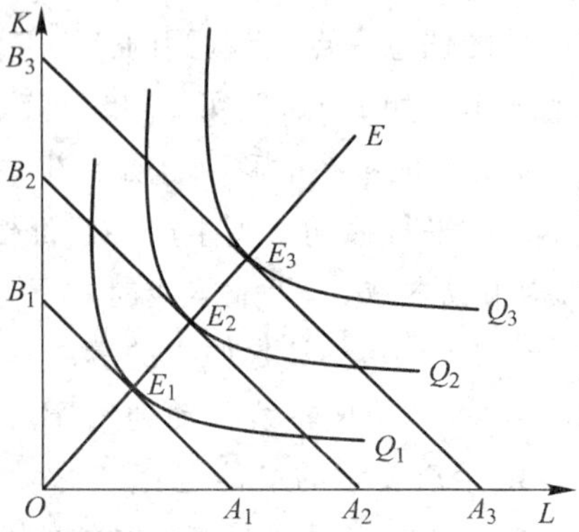

图 4－8 扩张线

（三）规模收益

在长期中，企业可以调整所有生产要素的投入。当企业同时变动劳动与资本量时会出现什么情况呢？企业按相同的比例改变各种投入要素的量也就是企业规模的变动。企业规模变动对产量的影响就是规模收益的问题。规模收益是指生产要素按相同的比例增加所引起的产量的增加。

生产要素按相同的比例增加，即企业规模扩大，产量的增加会大于、等于或小于生产规模的变动。收益的变动有三种情况：规模收益递增、规模收益不变和规模收益递减。

如果产量增加的比率大于生产规模扩大的比率，就是规模收益递增，或称规模经济。例如，当生产规模扩大 1 倍，产量的增加大于 1 倍时，就是规模经济。

如果产量增加的比率等于生产规模扩大的比率，就是规模收益不变。例如，当生产规模扩大 1 倍，产量也增加 1 倍时，就是规模收益不变。

如果产量增加的比率小于生产规模扩大的比率，就是规模收益递减，或称规模不经济。例如当生产规模扩大 1 倍，产量增加小于 1 倍时，就是规模收益递减。

生产规模的扩大之所以会引起产量的不同变动，可以用内在经济与内在不经济解释。

内在经济是指一个企业在生产规模扩大时由自身内部所引起的产量增加。

引起内在经济的原因主要有：

第一，可以使用更加先进的机器设备。机器设备这类生产要素有其不可分割性。当生产规模小时，无法购置先进的大型设备，即使购买了也无法充分发挥作用。只有在大规模生产中，大型的先进设备才能发挥其作用，使产量更大幅度地增加。

第二，可以实现专业化生产。在大规模生产中，专业可以分得更细，分工也会更细，这样就会提高工人的技术水平，提高生产效率。

第三，可以提高管理效率。各种规模的生产都需配备必要的管理人员，在生产规模小时，这些管理人员无法得到充分利用，而生产规模扩大，可以在不增加管理人员的情况下增加生产，从而就提高了管理效率。

第四，可以对副产品进行综合利用。在小规模生产中，许多副产品往往被作为废物处理，而在大规模生产中，就可以对这些副产品进行再加工，做到“变废为宝”。

第五，在生产要素的购买与产品的销售方面也会更加有利。大规模生产所需各种生产要素多，产品也多，这样，企业就会在生产要素与产品销售市场上获得垄断地位，从而可以压低生产要素收购价格或提高产品销售价格，从中获得好处。

第六，技术创新能力的提高。大企业有雄厚的人力与财力，也能承担更大的风险，所以技术创新能力更强。技术创新是提高企业生产率的关键。

当然，生产规模也不是越大越好。如果一个企业由于本身生产规模过大而引起产量或收益减少，就是内在不经济。引起内在不经济的原因主要是：

第一，管理效率降低。生产规模过大则会使管理机构由于庞大而不灵活，管理上也会出现各种漏洞，从而使产量和收益反而减少。

第二，生产要素价格与销售费用增加。生产要素的供给并不是无限的，生产规模过大必然大幅度增加对生产要素的需求，从而使生产要素的价格上升。同时，生产规模过大，产品大量增加，也增加了销售的困难，需要增设更多的销售机构与人员，增加了销售费用。因此，生产规模并不是越大越好。

从以上分析可以看出，企业规模的扩大既会带来好处，也会引起不利的影响。在长期中企业调整各种生产要素的投入时，要实现适度规模。

适度规模就是使生产规模的扩大正好令收益递增达到最大。当收益递增达到最大时就不再增加生产要素，并使这一生产规模维持下去。对于不同行业的企业来说，适度规模的大小是不同的，并没有统一的标准。

课堂活动

德国经济学家舒马赫曾写过《小的是美好的》一书，主张企业不要过大。与此同时，现实中许多大企业成绩显赫，成为世界500强企业。我们到底是应该把企业做大，还是做小呢？请以我国某一行业为例，分析如何才能提高行业的规模经济效益。

第二节 成本理论

企业的生产经营活动必然产生成本。企业要实现利润最大化的目标，就必须考虑成本与收益。

一 成本及其类型

某私营企业主小王用自己的20万元资金办了一个服装厂，会计编制了一份会计报表。他的经济学家朋友看了报表后，也列了一张报表，见表4-4。

表4-4 某服装厂经济报表 单位：万元

会计报表		经济学家的报表	
销售收益	100	销售收益	100
设备折旧	10	设备折旧	10
厂房租金	11	厂房租金	11
原材料	40	原材料	40
电力等	6	电力等	6
工人工资	25	工人工资	25
贷款利息	5	贷款利息	5
		业主应得工资	3
		自有资金利息	1
总成本	97	总成本	101
利润	3	利润	−1

从表4-4可以看出，经济学家与会计师计算的成本与利润不同。为什么？

企业进行生产与经营的各种支出称为成本。我们知道，当企业把这些资源用于生产某种产品时，就放弃了这些资源的其他用途。因此，可以从两个不同的角度来考察成本：企业生产的实际支出，以及为了这种生产所放弃的其他可能用途的收益。前者称为会计成本，后者称为机会成本。

（一）会计成本与机会成本

会计成本是指企业生产与经营中的各种实际支出。因为这些支出一笔一笔地记在会计账簿中，所以称为会计成本。同时，因为这些支出是过去的支出，所以也称为历史成本；这种成本在企业中是显而易见的，也称为显性成本。例如，支付给员工的工资，购买原料、燃料等的支出，厂房设备的折旧费等。

当人们把一种资源用于一种用途时，就放弃了其他用途。所放弃的用途的可能收益就是把资金用于一种用途的机会成本。机会成本是作出一项决策时所放弃的其他可供选择用途的最大收益。

例如，某人有10万元资金，可供选择的用途及各种用途可能获得的收入是：开商店获利2万元，开饭店获利3万元，炒股票获利3.5万元，进行期货投机获利4万元。如果某人选择把10万元用于期货投机，则放弃的其他可供选择的用途是开商店、开饭店和炒股票。在所放弃的用途中，最好的用途是炒股票（可获利3.5万元）。所以，在选择进行期货投机时，机会成本就是炒股票的收益。或者说，选择进行期货投机获利4万元的机会成本是所放弃的炒股票可能获得的收益3.5万元。

在理解机会成本时应注意以下问题：

第一，机会成本不同于实际成本，它不是作出某项选择时实际支付的费用或损失，而是一种观念上的成本或损失。在前例中，某人作出期货投机选择时的机会成本是放弃的炒股票的收益，或者说获利4万元时机会成本是3.5万元。但这绝不意味着为了获利4万元，必须支出3.5万元，或实际损失了3.5万元。10万元的资金只能在进行期货投机获利4万元与炒股票获利3.5万元中选择其一，这是因为资源是有限的。"鱼与熊掌不可兼得"，选择了一个，就必须放弃另一个。在这种情况下，作出一项选择时，机会成本并不是实际支出或损失，仅仅是观念上的损失，或放弃的另一种可能收益。

第二，机会成本是作出一种选择时所放弃的其他若干种可能的选择中收益最高的一种。例如，上例中选择期货投机时所放弃的用途有三种，其中收益最高的用途是炒股票，所以用10万元进行期货投机的机会成本是放弃炒股票的收益，而不是其他用途的收益。

机会成本并不是实际支出，没有反映在会计账目上，也称为隐性成本。这是人们常常忽视机会成本的重要原因。

当考虑到会计成本和机会成本时，利润就分为会计利润和经济利润。

我们知道，企业的总收益减去总成本就是利润，但成本包括会计成本和机会成本，成本的含义不同，利润也就不同。总收益减去会计成本就是会计利润，总收益减去会计成本再减去机会成本就是经济利润。会计成本与机会成本之和称为经济成本，所以，总收益减去经济成本就是经济利润。也就是：

$$总收益-会计成本=会计利润$$

$$总收益-会计成本-机会成本=经济利润$$

从以上公式可以看出，会计利润与经济利润不同。在正常情况下，机会成本大于零，所以会计利润大于经济利润。企业的利润最大化不是会计利润最大化，而是经济利润最大化。

例如，在服装厂的例子中，服装厂每年收益为 100 万元，会计成本为 97 万元，总收益 100 万元减去会计成本 97 万元，会计利润为 3 万元。这个企业当然也有机会成本。经营者小王在服装厂的工作也有机会成本，这就是他所放弃的在其他地方工作能得到的工资。如果他不经营这家企业而去找工作，可以得到每年 3 万元的工资，那么他经营这家企业的机会成本是 3 万元。小王的 20 万元自有资金并不实际支付利息，不计入会计成本，但把这笔资金用于企业经营就放弃了这笔资金能带来的其他收入。最简单的就是放弃了存入银行可得到的利息。所以，他放弃的自有资金的利息也是机会成本，在本例中为 1 万元。两项机会成本合计 4 万元。会计成本为 97 万元，机会成本为 4 万元，经济成本为 101 万元，总收益减去经济成本，经济利润为－1 万元，即亏损 1 万元。

可见，在不考虑机会成本时，这家企业是盈利的。但考虑机会成本时，这家企业是亏损的。企业经营的目的是实现经济利润最大化。如果经济利润为负，尽管会计利润为正，这个企业也不值得经营下去。这说明在企业决策中机会成本的重要性。

案　例

排队等待加油的机会成本

由于 1980 年春汽油价格管制的原因，契夫隆加油站被要求将汽油价格降低至低于其他主要加油站的水平，从而使得一项实验得以进行。在这项实验中，消费者揭示了有关其时间的机会成本的信息。

在这项实验中，有 109 位在契夫隆加油站的消费者和 61 位在其他附近竞争对手加油站的消费者接受了调查。消费者可以在无须等候或稍等片刻购买高价汽油和在契夫隆加油站等待 15 分钟左右购买廉价汽油之间作出选择。

许多被调查者选择排队等待购买契夫隆加油站的汽油，可能是因为他们认为其等待的时间价值低于购买廉价汽油所节省的钱。假定某人在契夫隆加油站需等待 20 分钟，购买 10 加仑汽油，每加仑汽油节省 0.25 美元，则共计可以节省 2.5 美元，其时间成本是每 20 分钟 2.5 美元，或者是每小时 7.5 美元。假设另外一个人选择了在其他加油站购买汽油，而无须等待，可见他的时间的机会成本必定高于每小时 7.5 美元。可以预计，个人的收入越高，他排队购买汽油的时间机会成本就越高。

这个例子表明消费者或厂商的决策是典型地基于经济成本或机会成本的，而并非是基于会计成本的。每个人都可以在契夫隆加油站加油以节约钱，从而产生会计利润，但许多人并不这样做，因为机会成本太高。

（二）短期成本与长期成本

在前面的论述中，我们说明了短期和长期的区分。在短期中，企业不能根据自己所要达到的产量来调整其全部生产要素的投入，就是说它只能调整可变生产要素（如劳动力、原料等）的投入，而不能调整固定生产要素（厂房、设备等）的投入。短期成本就是企业在短期中进行生产的支出。

在长期中，企业可以根据自己要达到的产量调整全部生产要素的投入。长期中企业没有可变投入和固定投入之分，一切投入的生产要素都是可变的。所以，长期成本就是企业用于生产要素投入所支出的所有费用。

短期成本与长期成本有不同的变动规律，在企业决策中有不同意义，所以这里分别分析这两种成本。

二 短期成本分析

（一）短期成本的分类

1. 短期总成本

短期总成本是短期内生产一定量产品所需要的成本总和。短期总成本分为固定成本与可变成本。

固定成本是指企业在短期内必须支付的不能调整的生产要素的费用。这种成本不随产量的变动而变动，是固定不变的。其中主要包括厂房和设备的折旧，以及管理人员的工资。

可变成本是指企业在短期内必须支付的可以调整的生产要素的费用。这种成本随产量的变动而变动，是可变的。其中主要包括原材料、燃料的支出以及生产工人的工资。

如果用 STC 表示短期总成本，用 FC 表示固定成本，用 VC 表示可变成本，则有：

$$STC=FC+VC$$

2. 短期平均成本

短期平均成本是短期内生产每一单位产品平均所需要的成本。短期平均成本分为平均固定成本与平均可变成本。

平均固定成本是平均每单位产品所消耗的固定成本。

平均可变成本是平均每单位产品所消耗的可变成本。

如果用 SAC 表示短期平均成本，用 AFC 表示平均固定成本，用 AVC 表示平均可变成本，用 Q 表示产量，则有：

$$SAC=STC/Q=AFC+AVC$$

$$AFC=FC/Q$$

$$AVC=VC/Q$$

3. 短期边际成本

短期边际成本就是在短期内企业每增加一单位产量所增加的总成本量。

如果用 SMC 表示短期边际成本，用 ΔQ 代表增加的产量，则有：

$$SMC=\Delta STC/\Delta Q$$

（二）各类短期成本的变动规律及其关系

为了分析各类短期成本的变动规律及其关系，下面列出表 4-5。

表 4-5 各类短期成本表

产量 Q	固定成本 FC	可变成本 VC	短期总成本 STC	短期边际成本 SMC	平均固定成本 AFC	平均可变成本 AVC	短期平均成本 SAC
0	120	0	120	—	∞	0	∞
1	120	34	154	34	120	34	154
2	120	63	183	29	60	31.5	91.5
3	120	90	210	27	40	30	70
4	120	116	236	26	30	29	59
5	120	145	265	29	24	29	53
6	120	180	300	35	20	30	50
7	120	230	350	50	17.1	32.9	50
8	120	304	424	74	15	38	53
9	120	420	540	116	13.3	46.7	60

1. 短期总成本、固定成本及可变成本

固定成本在短期中是固定不变的，不随产量的变动而变动，即使产量为零时，也仍然存在固定成本。可用图 4-9 说明这种关系。

图 4-9 中横轴 OQ 代表产量，纵轴 OC 代表成本。FC 为固定成本曲线，固定成本曲线不从原点出发（$Q=0$ 时，$FC\neq0$），它与横轴平行，表示不随产量的变动而变动，是一个固定数。

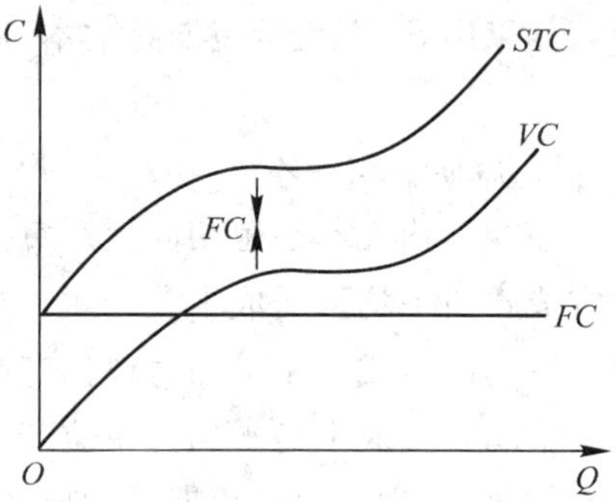

图 4-9 短期总成本、固定成本与可变成本的关系

可变成本随产量的变动而变动。它变动的规律是：最初在产量开始增加时，由于固定生产要素与可变生产要素的效率没有得到充分发挥，因此可变成本的增加率大于产量的增长率。以后随着产量的增加，固定生产要素与可变生产要素的效率得到充分发挥，可变成本的增加率小于产量的增加率。最后，由于边际产量递减规律，可变成本的增加率又大于产量增加率。

图 4-9 中，可变成本曲线 VC 从原点出发（$Q=0$ 时，$VC=0$），表示没有产量时就没有可变成本。该曲线向右上方倾斜，表示可变成本随产量的变动而同方向变动。特别应注意的是，它最初比较陡峭，表示这时可变成本的增加率大于产量的增加率。这条曲线随后较为平坦，表示可变成本的增加率低于产量的增加率。这条曲线最后又比较陡峭，表示可变成本的

增加率又高于产量的增加率。

总成本是固定成本与可变成本之和。固定成本不会等于零,因此总成本必然大于零。而且,因为总成本中包括可变成本,所以总成本的变动规律与可变成本相同。

图 4－9 中,*STC* 为短期总成本曲线,它不从原点出发,而从固定成本曲线与纵轴的交点出发,表示没有产量固定成本也不为零,短期总成本最小时也等于固定成本。*STC* 曲线向右上方倾斜也表明短期总成本随产量的增加而增加,其形状与可变成本曲线相同,说明短期总成本与可变成本变动规律相同。*STC* 曲线与 *VC* 曲线之间的距离也可以表示为固定成本。

2. 短期平均成本、平均固定成本及平均可变成本

平均固定成本随着产量的增加而减少,这是因为固定成本总量不变,产量增加,分摊到每一单位上的固定成本也就减少了。它变动的规律是起初减少的幅度很大,以后减少的幅度越来越小。如图 4－10 所示,*AFC* 为平均固定成本曲线,它起先比较陡峭,说明在产量开始增加时,它下降的幅度很大,以后越来越平坦,说明随着产量的增加,它下降的幅度越来越小。

平均可变成本变动的规律是:起初随着产量的增加,生产要素的效率逐渐得到发挥,因此平均可变成本减少;但产量增加到一定程度后,平均可变成本由于边际产量递减而增加。图 4－10 中,*AVC* 为平均可变成本曲线,它先下降而后上升,呈“U”形,表明随着产量增加先下降而后上升的变动规律。

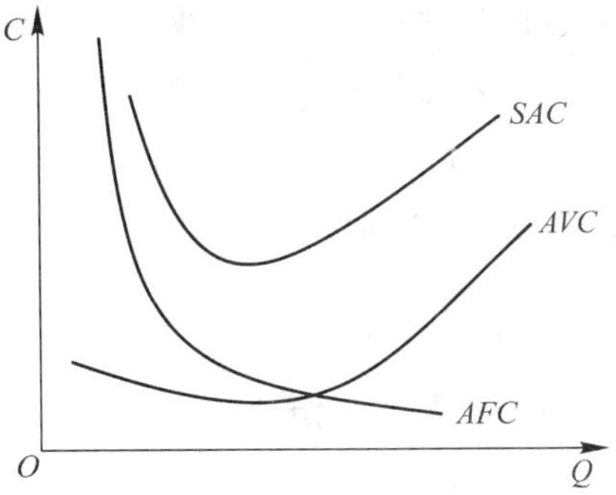

图 4－10　短期平均成本、平均可变成本与平均固定成本变动规律

短期平均成本的变动规律是由平均固定成本与平均可变成本决定的。当产量增加时,平均固定成本迅速下降,加之平均可变成本也在下降,因此短期平均成本迅速下降。以后,随着平均固定成本越来越小,它在平均成本中也越来越不重要,这时平均成本随平均可变成本的变动而变动,即随产量的增加而下降,产量增加到一定程度后,又随着产量的增加而增加。图 4－10 中,*SAC* 为短期平均成本曲线,它也是一条先下降而后上升的“U”形曲线,表明随产量增加先下降而后上升的变动规律。但它开始时比平均可变成本曲线陡峭,说明下降的幅度比平均可变成本大,以后的形状与平均可变成本曲线基本相同,说明变动规律类似平均可变成本。

3. 短期边际成本、短期平均成本及短期平均可变成本

短期边际成本的变动规律是:开始时,边际成本随产量的增加而减少,当产量增加到一定程度时,就随产量的增加而增加。如图 4－11 所示,*SMC* 为短期边际成本曲线,是一条先下降而后上升的“U”形曲线。

可以用图 4－11 说明短期平均成本、短期边际成本与短期平均可变成本之间的关系。

先分析短期边际成本与短期平均成本的关系。在图 4－11 中，短期边际成本曲线 SMC 与短期平均成本曲线 SAC 相交于短期平均成本曲线 SAC 的最低点 N。在相交点 N 点，短期边际成本等于短期平均成本，即 $SMC=SAC$，SAC 最小。在两曲线相交之前（N 点左侧），短期边际成本小于短期平均成本，即 $SMC<SAC$，SAC 一直递减。在两曲线相交之后（N 点右侧），短期边际成本大于短期平均成本，即 $SMC>SAC$，SAC 一直递增。

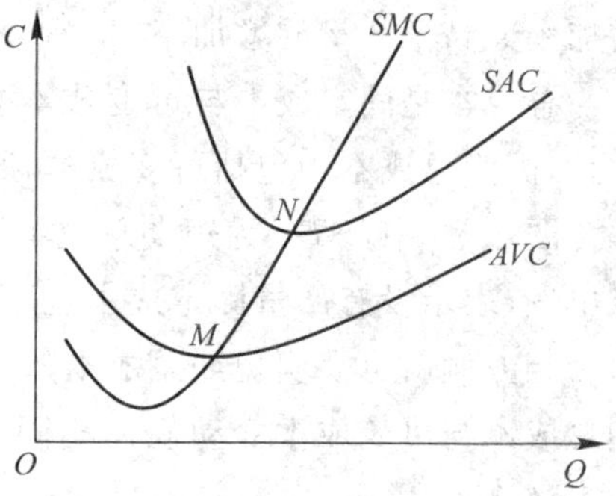

图 4－11 短期平均成本、平均可变成本与短期边际成本关系图

SMC 与 SAC 相交的 N 点称为收支相抵点。这时价格为短期平均成本，短期平均成本等于短期边际成本，即 $P=SMC=SAC$，生产者的成本（包括正常利润在内）与收益相等。

短期边际成本曲线 SMC 与平均可变成本曲线 AVC 相交于 AVC 的最低点 M。在相交点 M 点，短期边际成本等于平均可变成本，即 $SMC=AVC$，AVC 最小。在两曲线相交之前（M 点左侧），短期边际成本小于平均可变成本，即 $SMC<AVC$，AVC 一直递减。在两曲线相交之后（M 点右侧），短期边际成本大于平均可变成本，即 $SMC>AVC$，AVC 一直递增。M 点称为停止营业点，即在这一点上，价格只能弥补平均可变成本，这时所损失的是不生产也要支付的平均固定成本。如低于这一点，不能弥补可变成本，则生产者无论如何也不会继续生产了。

三 长期成本分析

在长期中，一切投入要素都是可变的，所以没有固定成本与可变成本之分。下面分析长期总成本、长期平均成本与长期边际成本。

（一）长期总成本

长期总成本是长期中生产一定量产品所需要的成本总和。长期总成本随产量的变动而变动。没有产量时没有长期总成本。随着产量的增加，长期总成本增加。在开始生产时，要投入大量生产要素，而产量少时，这些生产要素无法得到充分利用，因此长期总成本增加的比率大于产量增加的比率。当产量增加到一定程度后，生产要素开始得到充分利用，这时长期总成本增加的比率小于产量增加的比率，这也是规模经济效益。最后，由于产量增加到一定程度后，规模收益递减，长期总成本增加的比率又大于产量增加的比率。可用图 4－12说明长期总成本的变动规律。

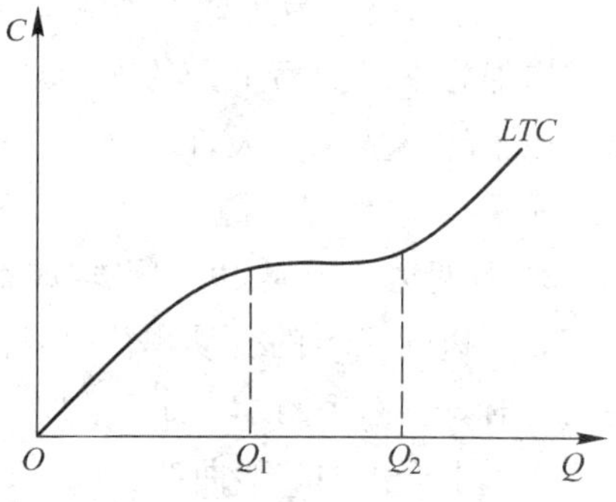

图 4－12 长期总成本曲线

图 4－12 中，LTC 为长期总成本曲线，该曲线从

原点出发，向右上方倾斜，表示长期总成本随产量的增加而增加。产量在 O 至 Q_1 之间时，长期总成本曲线比较陡峭，说明成本的增加比率大于产量的增加比率；产量在 Q_1 至 Q_2 之间时，长期总成本曲线比较平坦，说明成本的增加比率小于产量的增加比率；产量在 Q_2 以上时，长期总成本曲线比较陡峭，说明成本的增加比率又大于产量增加的比率。

（二）长期平均成本

长期平均成本是指长期中平均每单位产品的成本。

1. 长期平均成本曲线的构成

在长期中企业可以根据短期平均成本调整长期平均成本，因此就可以从短期平均成本曲线推导出长期平均成本曲线。可用图 4－13 来说明。

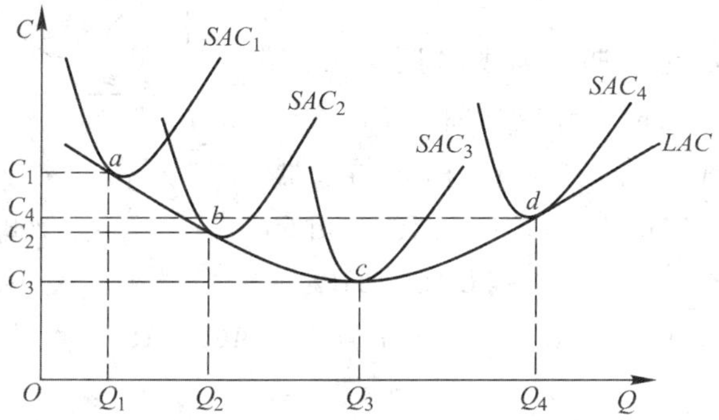

图 4－13 长期平均成本曲线

假设某生产者在短期内有四种不同的生产规模可供选择。这四种规模的短期平均成本曲线是图 4－13 中的 SAC_1、SAC_2、SAC_3、SAC_4。

长期平均成本曲线把各条短期平均成本曲线包在其中，因此，长期平均成本曲线又称包络曲线。各条短期平均成本曲线与长期平均成本曲线都有一个切点，短期平均成本曲线 SAC_3 与长期平均成本曲线相切于共同的最低点 C。在此之左，SAC_1，SAC_2 分别与长期平均成本曲线相切于这两条曲线最低点左边的 a 点和 b 点，在此之右，SAC_4 与长期平均成本曲线相切于 SAC_4 最低点右边的 d 点。在长期中，生产者按这条曲线制定生产计划，确定生产规模，因此这条长期平均成本曲线又称计划曲线。

2. 长期平均成本曲线的特征

从图 4－13 可以看出，长期平均成本曲线 LAC 也是一条先下降而后上升的“U”形曲线。这就说明，长期平均成本变动的规律也是随着产量的增加，先减少而后增加。这是由于最初随着产量的增加，规模收益递增，平均成本减少；C 点以后，随着产量的增加，出现规模收益递减，平均成本增加。这与短期平均成本的变动规律相同。

但长期平均成本曲线与短期平均成本曲线也有区别，这就在于长期平均成本曲线无论是在下降时还是上升时都比较平坦，这说明在长期中平均成本无论是减少还是增加变动都较慢，这是由于在长期中全部生产要素可以随时调整，从规模收益递增到规模收益递减有一个较长的规模收益不变阶段，而在短期中，规模收益不变阶段很短，甚至没有。

（三）长期边际成本

长期边际成本是长期中增加一单位产品所增加的成本。长期边际成本也是随着产量的增加先减少而后增加的，因此，长期边际成本曲线也是一条先下降而后上升的"U"形曲线，但它也比短期边际成本曲线平坦。

长期边际成本与长期平均成本的关系和短期边际成本与短期平均成本的关系相同。在长期平均成本下降时，长期边际成本低于长期平均成本；在长期平均成本上升时，长期边际成本高于长期平均成本；在长期平均成本最低点，长期边际成本等于长期平均成本。可用图 4－14 说明长期边际成本与长期平均成本的关系。

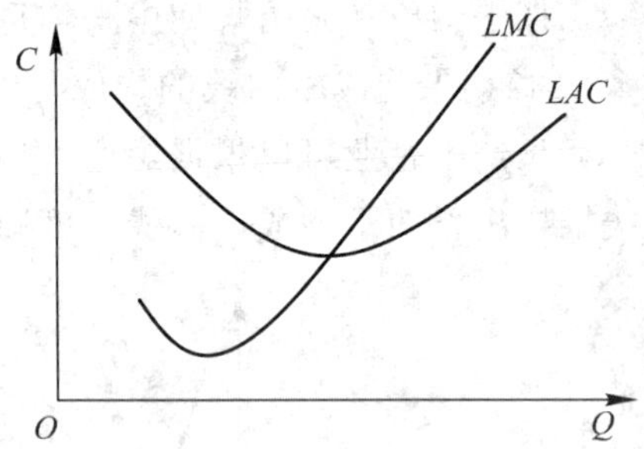

图 4－14 长期边际成本与长期平均成本关系图

图 4－14 中，*LMC* 为长期边际成本曲线，*LAC* 为长期平均成本曲线。长期边际成本曲线 *LMC* 与长期平均成本曲线 *LAC* 相交于 *LAC* 曲线的最低点。在相交点，$LMC=LAC$，*LAC* 曲线最低；在相交之前，*LMC* 在 *LAC* 之下，即 $LMC<LAC$，*LAC* 一直递减；在相交之后，*LMC* 在 *LAC* 之上，即 $LMC>LAC$，*LAC* 一直递增。

四 收益与利润最大化

经济效率是成本与收益之间的关系。因此，在分析了成本之后，就要分析收益，并在此基础上确定利润最大化原则。

（一）总收益、平均收益与边际收益

收益是指企业卖出产品得到的全部收入，即价格与销售量的乘积。收益中既包括了成本，又包括了利润。收益可以分为总收益、平均收益和边际收益。

总收益是企业销售一定量产品所得到的全部收入。平均收益是企业销售每一单位产品平均所得到的收入。边际收益是指企业每增加销售一单位产品所增加的收入。

用 *TR* 代表总收益，用 *AR* 代表平均收益，用 *MR* 代表边际收益，用 *Q* 代表销售量，用 ΔQ 代表增加的销售量，则三者的关系为：

$$TR=AR\cdot Q$$

$$AR=TR/Q$$

$$MR=\Delta TR/\Delta Q$$

在理解收益的概念时应注意以下几个问题：

第一，收益不等于利润，收益中既有用于购买各种生产要素而支出的成本费用，也有除去成本费用所余下的利润。还要强调的是，由于用于企业家才能的成本费用就是正常利润。所以按经济学家的分析，正常利润也是成本的一种。

第二，收益是产量与价格的乘积。

以 P 代表价格，则总收益（TR）与总产量（TP）、平均收益（AR）与平均产量（AP）、边际收益（MR）与边际产量（MP）之间的关系是：

$$TP \cdot P = TR$$

$$AP \cdot P = AR$$

$$MP \cdot P = MR$$

如果不考虑价格因素，总收益、平均收益、边际收益的变动规律与总产量、平均产量、边际产量的变动规律及曲线形状是相同的。

第三，在不同的市场结构中，收益变动的规律并不完全相同，边际收益曲线与平均收益曲线的形状也并不相同。这在后面还会讲述。

（二）利润最大化原则

在经济分析中，利润最大化的原则是边际收益等于边际成本，即 $MR=MC$。

为什么在边际收益等于边际成本时能实现利润最大化？

如果边际收益大于边际成本，表明企业每多生产一单位产品所增加的收益大于生产这一单位产品所增加的成本。这时，对该企业来说，还有潜在的利润没有得到，企业增加生产是有利的，也就是说没有达到利润最大化。

如果边际收益小于边际成本，表明企业每多生产一单位产品所增加的收益小于生产这一单位产品所增加的成本。这对该企业来说就会造成亏损，更谈不上利润最大化了，因此企业必然要减少产量。

无论是边际收益大于边际成本还是小于边际成本，企业都要调整其产量，说明这两种情况下都没有实现利润最大化。只有在边际收益等于边际成本时，企业才不会调整产量，表明已把该赚的利润都赚到了，即实现了利润最大化。企业对于利润的追求受到市场条件的限制，不可能实现无限大的利润。这样，利润最大化的条件就是边际收益等于边际成本。企业应根据这一原则确定自己的产量。

资料库

“三季稻不如两季稻”的经济学原理

边际产量递减规律在各部门都存在，但在农业中最突出。三季稻不如两季稻正说明了这一点。1958 年的“大跃进”是不讲理性的，当时时髦的口号是“人有多大胆，地有多高产”。于是，一些地方把传统的两季稻改为三季稻，结果总产量反而减少了。在农业生产仍采用传统生产技术的情况下，土地、设备、水利资源、肥料等都是固定生产要素。两季稻改为三季稻并没有改变这些固定生产要素，只是增加了可变生产要素——劳动与种子。两季稻是农民长期生产经验的总结，它行之有效，说明在传统农业技术条件下，固定生产要素已经得到充分利用。改为三季稻后，土地过度利用引起肥力下降，设备、肥料、水利资源等由两次使用改为三次使用，每次使用的数量都不足。这样，三季稻的总产量就低于两季稻。如四川省把三季稻改为两季稻后，全省粮食产量反而增加了。江苏省邗江县 1980 年的试验结果表明，两季稻每亩总产量达 1 007 千克，而三季稻只有 755 千克，更不用说两季稻还节省了生产成本。群众总结的经验是“三三见九，不如二五一十”。这就是对边际产量递减规律的形象说明。

当然，如同一切规律一样，边际产量递减规律发生作用也是有条件的。只有在生产技术没有发生重大变化和固定生产要素不变的情况下才正确。在长期中，如果生产技术进步或固定生产要素增加（或者一切生产要素都是可变的），边际产量递减规律也就不起作用了，所以，也不能把边际产量递减规律绝对化。

本章小结

- 生产与成本理论
  - 生产理论
    - 生产与生产函数
    - 短期生产函数
    - 长期生产函数
  - 成本理论
    - 成本及其类型
    - 短期成本分析
    - 长期成本分析
    - 收益与利润最大化

同步练习

一、单项选择题

1. 生产函数表示（　　）。

A. 一定数量的投入，至少能生产多少产品

B. 生产一定数量的产品，最多要投入多少生产要素

C. 投入与产出的关系

D. 以上都对

2. 如果连续增加某种生产要素，在总产量达到最大值的时候，边际产量曲线与（　　）相交。

A. 平均产量曲线　　B. 纵轴

C. 横轴　　D. 总产量曲线

3. 在总产量、平均产量和边际产量的变化过程中，(　　)首先发生。

A. 边际产量下降　　B. 平均产量下降

C. 总产量下降　　D. B和C

4. 等产量线上某一点的切线的斜率等于(　　)。

A. 预算线的斜率　　B. 等成本线的斜率

C. 边际技术替代率　　D. 边际报酬

5. 当某厂商雇用第3个人时，其每周产量从213个单位增加到236个单位，雇用第4个人时每周产量从236个单位增加到301个单位，则其面临的是(　　)。

A. 规模收益递减　　B. 边际成本递减

C. 边际收益递增　　D. 边际收益递减

6. 某企业有房屋、设备等固定资产1 000万元，折旧率6%；银行长期贷款100万元，年利率5%；生产工人工资总额120万元；管理人员工资10万元；原料、材料、动力费用1 500万元，则其总固定成本为(　　)万元。

A. 60　　B. 65　　C. 75　　D. 1 000　　E. 1 100

7. 有关等成本线变动的描述正确的是(　　)。

A. 在两种要素价格不变的条件下，成本增加使等成本曲线向右上方平移

B. 在两种要素价格不变的条件下，成本减少使等成本曲线向左下方平移

C. 在成本和另一种要素价格不变的条件下，一种要素的价格变动将导致等成本线旋转

D. 以上均正确

8. 产量的增加量除以生产要素的增加量的值等于(　　)。

A. 平均产量　　B. 边际成本　　C. 边际产量　　D. 平均成本

9. 生产要素(投入)和产量水平的关系称为(　　)。

A. 生产函数　　B. 生产可能性曲线

C. 平均成本曲线　　D. 总成本曲线

10. 使用50个单位的劳动，某厂商可以生产1 800单位的产量，使用60个单位的劳动，该厂商可以生产2 100单位的产量，额外一单位劳动的边际产量是(　　)。

A. 3　　B. 30　　C. 35　　D. 36

11. 生产的第二阶段始于(　　)，止于(　　)。

A. $AP_L=0, MP_L=0$　　B. $AP_L=MP_L, MP_L=0$

C. $AP_L=MP_L, MP_L<0$　　D. $AP_L>0, MP_L=0$

12. 下面对短期边际成本和短期平均成本的关系描述正确的是(　　)。

A. 如果短期平均成本下降，则短期边际成本下降

B. 如果短期平均成本下降，则短期边际成本小于短期平均成本

C. 如果短期边际成本上升，则短期平均成本上升

D. 如果短期边际成本上升，则短期边际成本小于短期平均成本

13. 与短期平均成本曲线呈“U”形有关的原因是（　　）。

A. 边际报酬递减规律　　B. 外部经济与不经济

C. 要素生产率　　D. 固定成本占总成本的比重

14. 随着产量的增加，平均固定成本将（　　）。

A. 先降后升　　B. 先升后降　　C. 保持不变　　D. 一直趋于下降

15. 在短期内，随着产量的增加，*AFC* 也会越来越小，于是 *AC* 曲线和 *AVC* 曲线之间的垂直距离会越来越小，（　　）。

A. 直至两曲线相交　　B. 绝不会相交

C. 相交于 *AFC* 的最低点　　D. 以上说法不正确

16. 若生产 10 单位产品的总成本是 100 美元，第 11 单位的边际成本是 21 美元，那么（　　）。

A. 第 11 单位产品的 *TVC* 是 21 美元　　B. 第 10 单位的边际成本大于 21 美元

C. 第 11 单位的平均成本是 11 美元　　D. 第 12 单位的平均成本是 12 美元

17. 当（　　）时，厂商如果要使成本最低，应该停止营业。

A. $AC<AR$　　B. $P<AFC$　　C. $AR<AVC$　　D. $MR<MC$

18. 在长期中，下列成本中哪一项是不存在的（　　）。

A. 可变成本　　B. 平均成本　　C. 机会成本　　D. 隐含成本

19. *LAC* 曲线（　　）。

A. 通过 *LMC* 曲线的最低点

B. 随 *LMC* 曲线下降而下降

C. 当 $LMC<LAC$ 时下降，而当 $LMC>LAC$ 时上升

D. 随 *LMC* 曲线上升而上升

二、简答题

1. 简述短期内总产量、平均产量和边际产量的变化规律及相互关系。
2. 画图分析生产要素最佳组合的实现。
3. 简述短期成本的种类及相互间的关系。
4. 简述利润最大化的原则。

三、计算题

1. 已知厂商的生产函数为 $Q=L^{3/8}\cdot K^{5/8}$，又设 $P_L=4$ 元，$P_K=5$ 元，求该厂商生产 200 单位产品时，应使用多少单位的 *L* 和 *K* 才能使成本降至最低？

2. 已知函数 $Q=LK$，当 $Q=10$，$P_L=4$，$P_K=1$ 时，求：(1) 厂商的最佳生产要素组合。(2) 最小成本是多少？

3. 已知某厂商的需求函数为 $Q=6\ 750-50P$，总成本函数为 $TC=12\ 000+0.025Q^2$，

求：(1) 利润最大化时的产量和价格。(2) 最大利润是多少？

实训项目

门庭冷落的保龄球场为什么不停止营业

在现实中，我们经常会看到一些保龄球场门庭冷落，但仍然在营业，这时打保龄球的价格相当低，甚至低于成本，经营者们为什么这么做？

在短期中，保龄球场经营的成本包括固定成本和可变成本。保龄球场的场地、设备、管理人员是短期中无法改变的固定投入，用于场地租金、设备折旧和管理人员工资的支出是固定成本。固定成本已经支出无法收回，也称沉没成本。保龄球场营业所支出的各种费用是可变成本，如电费、服务员的工资等。如果不营业，这种成本不存在；营业量增加，这种成本增加。由于固定成本已经支出，无法收回，所以保龄球场在决定短期内是否营业时，考虑的是可变成本。

假定每场保龄球的平均成本是 20 元，其中固定成本为 15 元，可变成本为 5 元。当每场保龄球价格为 20 元以上时，收益大于平均成本，经营当然有利。当价格等于 20 元时，收益等于成本，这时称为收支相抵点，仍然可以营业。当价格低于 20 元时，收益低于成本。乍一看，保龄球场应该停止营业。但当人们了解到短期成本中的成本包括固定成本和可变成本时，决策就不同了。

假设现在每场保龄球价格为 10 元，是否营业呢？由于可变成本是 5 元，在弥补了可变成本之后，仍可剩 5 元，这 5 元可以弥补固定成本。固定成本 15 元无论经营与否都要支出，能弥补 5 元，当然比一点也不弥补好。因此，要继续营业。这时企业考虑的不是利润最大化，而是损失最小化。

当价格下降到与可变成本相等的 5 元时，保龄球场经营不经营是一样的。经营正好弥补可变成本，不经营这笔可变成本可以不支出。因此，价格等于平均可变成本之点被称为停止营业点。在这一点之上，只要价格高于平均可变成本，就可以营业。在这一点之下，价格低于平均可变成本，无论如何不能营业。

门庭冷落的保龄球场仍在营业，说明价格高于平均可变成本。这就是这种保龄球场不停业的原因。

有许多行业是固定成本高而可变成本低，例如旅游、饭店、游乐场所等。所以，现实中这些行业价格可以降得很低，但这种低价格实际上仍然高于平均可变成本。因此，仍然营业比不营业有利，至少可以弥补部分固定成本，实现损失最小化。

问题：你能否举出其他例子说明固定成本和可变成本对企业经营的影响呢？

第五章　厂商均衡理论

学习目标

知识目标

- 掌握完全竞争市场的条件
- 掌握完全竞争市场厂商的短期均衡状况并加以运用
- 理解垄断及其成因
- 掌握完全垄断厂商的短期均衡状况和长期均衡状况并灵活运用
- 了解垄断竞争市场和寡头垄断市场的形式、特点

能力目标

- 能够用厂商均衡理论分析不同市场上企业短期与长期均衡的实现条件
- 能够区分不同行业所属的市场结构类型，并分析行业中各企业应采取的竞争策略

案例导入

钻石帝国:戴比尔斯

你可能听说过这样的说法,衡量钻石有四要素:切工、色泽、纯净度和克拉;订婚戒指一定要用钻戒。这是为什么?事实上,这些说法并不古老,在20世纪30年代前,人们对此闻所未闻。它们的出现只是一个公司市场营销的结果。这个公司就是世界钻石垄断者:戴比尔斯。在过去的一百多年中,除了戴比尔斯之外,没有任何一个企业能够担当起“帝国”这两个字,戴比尔斯是全球最大的钻石开采和销售企业,曾经一度控制着全球90%的钻坯市场,它让“钻石恒久远,一颗永流传”的广告语家喻户晓,并用自己的行动证明了垄断是暴利的唯一源泉。

1888年,南非的英国殖民领袖、狂热的理想主义者塞西尔·罗兹和他的同伴们创立了戴比尔斯公司。自创立以来,戴比尔斯便成为钻石的代名词。戴比尔斯是全球采钻业中的龙头老大,经营全球19个钻石矿,生产全球超过半数的钻石,从这些钻矿开采出来的钻石,以及由其他渠道得到的钻石,全部由戴比尔斯以伦敦为基地的中央统售机构售出。戴比尔斯进行钻石估价,并把全球大部分的未切割钻石销售给钻石切割中心,由切割中心把这些钻石切磨加工,使之能用于首饰中。

戴比尔斯公司只允许125个钻石切割公司向其直接购买钻石原石,这125个钻石切割公司全部都是戴比尔斯中央统售机构的客户,行业内的人把它们称为“戴比尔斯125”。

出售的价格完全是由单方面决定的,戴比尔斯将钻石搭配出售,大小质量各异的钻石被放在密封的塑料袋里,上面有标价。“戴比尔斯125”是没有权利讲价的,他们只能决定是购买还是不购买。只有在单颗钻石的重量在10.8克拉以上时,才有极其微小的讲价空间。戴比尔斯这么做其实是从源头上控制了钻石的价格。

有报道指出,钻石的产量其实非常丰富,只是戴比尔斯集团依靠资源垄断和广告营销,将钻石捧上奢侈品的最高宝座,塑造了一个经典的神话。

每个企业都面临着不同的市场。不同市场上的企业都要决定应该如何确定自己的产量与价格,以便实现利润最大化。这就是企业的竞争策略。厂商均衡理论就是针对这一问题进行分析的。

第一节 市场的类型

市场是指从事某种商品买卖的交易场所或接触点。市场可以是一个有形的买卖商品的场所,也可以是一个利用现代化通信工具进行商品交易的接触点。在分析市场结构时,市场就是指行业,一个行业就是一个市场。例如,服装行业就是服装市场,餐饮行业就是餐饮市场。不同的企业处于不同的市场,其竞争目标与手段都不同。所以,市场结构对企业竞争战略影响重大。

一 划分市场结构的标准

市场结构是指市场的垄断与竞争程度。所谓竞争，是指买者和卖者都没有能力影响市场价格也即没有市场势力。所谓垄断，是指某个企业可以影响商品的市场价格，也就是说该企业有市场势力。市场的竞争与垄断程度不同形成不同的市场结构。一般根据以下标准来划分市场结构。

（一）行业的市场集中程度

市场集中程度指大企业在市场上的控制程度，用市场占有率表示。一个行业，企业规模越大，企业的数量越少，大企业的市场占有份额越大，这些企业对市场控制程度越高，即市场集中程度越高，这个市场的垄断程度就越高。反之，一个行业，企业规模越小，企业的数量越多，即使出现几个较大的企业，市场占有份额也不大，这些企业对市场控制程度低，即市场集中程度低，这个市场的竞争程度就高。

一般用四家集中率标准来判断一个市场的集中程度。四家集中率是某一市场中最大四家企业的销售额在整个市场销售额中所占的比例。这四家企业的市场占有率越高则这个市场的垄断程度就越高；反之，这个市场的竞争程度就越高。如果用 R 代表四家集中率，用 T 代表整个市场的销售额，A_1，A_2，A_3，A_4 分别代表这个市场上最大四家企业的销售额，则四家集中率的计算公式为：

$$R=(A_1+A_2+A_3+A_4)/T$$

假设电力市场销售总额为 1 000 亿元。市场上最大四家企业的销售额分别是：华电集团销售额为 200 亿元，国电集团销售额为 160 亿元，大唐集团销售额为 140 亿元，华能集团销售额为 100 亿元，则这个行业的四家集中率就是：

$$R=(200+160+140+100)\div 1\,000=60\%$$

这就是说，电力市场的四家集中率为 60%。如果需要，也可以计算三家集中率，五家集中率，或其他集中率。

案　例

寡头垄断的中国牙膏市场

识别垄断竞争和寡头垄断市场结构有一个很关键的指标，即四家集中率——某一行业中最大四家企业的销售额在整个市场销售额中所占的百分比。这个集中率的取值范围很广，在完全竞争市场几乎为零，在垄断市场为100%。比率超过60%为寡头垄断市场；比率小于40%为垄断竞争市场。

国内牙膏市场实际上形成了三大板块：一是外资及合资强势品牌板块，主要由高露洁、佳洁士、黑人、中华组成。二是民族传统品牌板块，包括两面针、冷酸灵、黑妹、蓝天六必治、田七等。三是新兴品牌，如LG竹盐、纳爱斯、Lion、舒爽等。

虽然理论上是三大板块，实际上2008年2月的市场份额调查显示，排在前四位的品牌——高露洁、佳洁士、黑人、中华的合计市场份额已经超过70%。仅从这一点看，中国牙膏市场已形成寡头垄断局面。

（二）行业的进入限制

一个行业的进入门槛越低，即进入限制越低，企业越容易进入，从而竞争程度越高。反之，一个行业进入门槛越高，即进入限制越高，企业进入越困难，从而垄断程度越高。

进入限制源自自然原因和立法原因。

自然原因是指资源控制与规模经济。如果某企业控制了某行业的关键资源，其他企业得不到这种资源，就无法进入该行业。例如，南非戴比尔斯公司控制了全世界钻石资源的80%，其他企业就很难进入钻石行业。在一些行业中，规模经济特别重要，只有产量极大，平均成本才能降到最低。这些行业的企业规模很大，只要有几个这样的企业就可以满足整个市场的需求。其他企业要进入这个行业很不容易，从而进入的限制很高。例如，自来水行业只有一家企业时，平均成本才能最低，其他企业就无法进入。

立法原因是指法律限制进入某些行业。这种立法限制主要采取三种形式。一是特许经营。政府通过立法把某个行业的经营权交给某个企业，其他企业不得从事这个行业的经营。例如，许多国家的邮政由国家邮政局独家特许经营，烟草实行专卖等。二是许可证制度。有一些行业由政府发放许可证，没有许可证不得进入，这就增加了进入的难度。例如，在一些城市，开出租车要有许可证，在许多国家当执业医生要有行医执照，这些都使相关行业进入不易。三是专利限制。专利是给予某种产品在一定时期内的排他性垄断权，其他企业未获取专利许可权不得从事相关产品的生产，就无法进入相关行业。

（三）产品差别

产品差别是同一种产品在质量、牌号、形式、包装等方面的差别。一种产品不仅要满足人们的实际需要，还要满足人们的心理需要。每个人由于收入水平、社会地位、文化教育、宗教信仰、历史传统不同，偏好也不同，他们对同一种产品的细微差别都有一定要求。例如，同样是西装，收入高的人要求穿名牌，以显示自己的社会身份，他们愿意为此付出较多的金钱。产品差别正是为了满足消费者的不同偏好，形成不同的细分市场。每种有差别的产品都以自己的某些特色吸引不同的消费者，这样，有特色的产品就在喜爱这一特色的消费者中形成了自己的垄断地位。正是在这种意义上，经济学家认为，产品差别引起垄断，所以产品差别越高的市场，垄断程度越高；产品差别越低的市场，竞争程度越高。

（四）市场上厂商的数量

市场上厂商数量越多，竞争程度可能越高，否则竞争程度越低。如果一个市场上厂商数量多，每个厂商的交易量只占市场交易量很小的份额或比重，对市场价格缺乏控制能力，竞争能力较小，厂商之间的竞争则相对比较激烈；反之，如果市场上厂商数量很少，每个厂商在市场上都占有重要地位，就容易形成垄断。

二 市场结构类型

根据上述标准，可以把市场结构分为四种类型：完全竞争市场、垄断竞争市场、寡头垄断市场和完全垄断市场。可用表 5－1 概括市场结构的类型。

表 5－1 市场结构类型表

市场结构	市场集中程度	进入限制	产品差别	厂商数量	举例
完全竞争市场	零	无	无	极多	农产品
垄断竞争市场	较低	无	有	大量	餐饮、服装
寡头垄断市场	高	高	有	少数	汽车
			无		钢铁
完全垄断市场	最高	不能进入	特殊产品	唯一	自来水

（一）完全竞争市场

完全竞争市场是一种竞争不受任何阻碍和干扰的市场结构。这种市场没有垄断。

形成这种市场的条件是企业数量众多，而且每家企业规模都很小（由于这种行业的特点是小规模为适度规模），从而市场集中度低，没有任何企业能控制整个市场。价格由整个市场的供求决定，每家企业都不能通过改变自己的产量影响市场价格，只能是价格的接受者。进入无限制和产品无差别使这种市场上不会出现垄断。产品无差别是其最主要的特征，也是区别于其他市场的主要特征。在现实中，纯粹的完全竞争市场是不存在的。农产品市场与完全竞争市场的条件相似，因此农产品市场被视为完全竞争市场来研究。

（二）垄断竞争市场

垄断竞争市场是既有垄断又有竞争，垄断与竞争相结合的市场。

垄断竞争市场与完全竞争市场的相同之处是市场集中度低，而且无进入限制。垄断竞争与完全竞争市场的关键区别是是否存在产品差别，即完全竞争产品无差别，而垄断竞争产品有差别。垄断竞争市场形成的关键是产品差别的存在。产品有差别就会引起垄断，即有差别的产品会在喜爱这种差别的消费者中形成自己的垄断地位。但各种有差别的产品又是同一种产品，相互间有相当强的替代性，从而仍存在竞争。企业规模小和进入无限制也保证了这个市场上竞争的存在。垄断竞争市场是现实生活中最广泛存在的市场类型，例如，服装业、餐饮业等。

（三）寡头垄断市场

寡头垄断市场是整个市场中只有几家大企业的市场。

寡头垄断市场的行业特点是规模大才能实现最低成本。换言之，形成寡头垄断市场的关键是规模经济。由于要实现规模经济,每家企业的规模都很大,市场集中程度高,大企业对市场控制力强,可以通过变动产量影响价格。由于这种市场上每家企业规模都很大,其他企业就难以进入。已进入这个市场的几家企业形成几个寡头企业。在这种市场上垄断程度高,但由于不是一家企业垄断,所以在几家寡头企业之间仍存在激烈竞争。产品差别这一特征对形成寡头垄断市场并不重要。有些寡头垄断市场,如汽车、彩电等行业,产品是有差别的。有些寡头垄断市场,如钢铁、石油等行业,产品是无差别的。无论产品是否有差别,只要规模经济是重要且必需的,就会形成寡头市场。

(四) 完全垄断市场

完全垄断市场是只有一家企业控制整个市场的供给的市场结构。

形成垄断的关键条件是进入限制,即任何其他企业无法进入这个市场。这种限制可以源自自然原因,例如,在某个行业中只有一家企业时才能实现平均成本最低,或者某企业垄断了某个行业的关键资源。这种垄断称为自然垄断。进入限制也可来自立法,例如特许专营或专利权。这种垄断称为立法垄断。此外,垄断的另一个条件是没有相近的替代品,如果有替代品,则有替代品与之竞争。例如,当铁路、民航和汽车长途运输之间有替代性时,这些部门就难以真正形成垄断。

以上四种市场结构是基本市场结构类型,还有些市场介于两种市场结构类型之间,因此,要根据划分市场结构的四条标准和具体情况来确定不同企业所处的市场类型。

第二节 完全竞争市场的厂商均衡

完全竞争市场是一种竞争不受任何干扰与限制的市场结构。在这种市场上企业很多,每家企业规模都很小,无法通过调整产量影响市场价格。这是下面分析这类市场上单个企业均衡时的出发点。

一 完全竞争市场的价格、需求曲线、平均收益与边际收益

首先应认识到,一个行业与一个厂商是不同的。在完全竞争市场上,整个行业和一个厂商面临着不同的需求曲线。

对整个行业来说,需求曲线是一条向右下方倾斜的曲线,供给曲线是一条向右上方倾斜的曲线。整个行业产品的价格就由整个行业产品的需求与供给决定,即需求曲线与供给曲线的交点决定产品的价格,如图 5-1(a)所示。

但对个别企业来说情况则不同。当市场均衡价格确定后,对个别企业来说,这一价格就是既定的,无论其如何增加产量都不能影响市场价格,每个企业只能是既定价格的接受者。换句话说,在既定的价格下,市场对个别企业产品的需求是无限的,即市场对一个企业产品的需求弹性是无限的。因此,市场对个别企业产品的需求曲线是一条由既定市场价格出发

的与横轴平行的线，如图 5-1(b)所示。

可用图 5-1 说明市场价格的决定与个别企业的需求曲线。

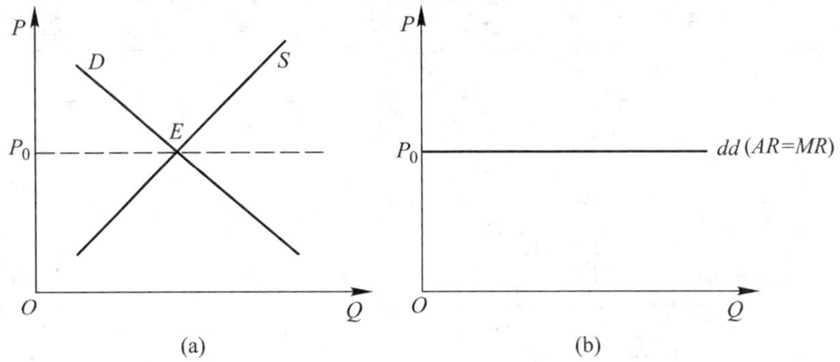

图 5-1 完全竞争市场的行业均衡与一个企业的需求曲线

图 5-1 中，(a)图说明了整个行业的供求如何决定价格，这时的价格水平为 P_0。(b)图为个别企业的情况，这时价格为市场的既定价格 P_0，在这种价格下，市场对个别企业产品的需求是无限的，因此需求曲线为 dd。

企业按既定的市场价格出售产品，每单位产品的售价也就是每单位产品的平均收益，所以价格等于平均收益。

在完全竞争市场条件下，个别企业产品销售量的变动并不能影响市场价格。这就是说，企业每增加一单位产品的销售，市场价格仍然不变，从而每增加一单位产品销售的边际收益也不变，所以平均收益与边际收益相等。

设总收益为价格与产量(即销售量)的乘积，即：

$$TR = P \cdot Q$$

如果市场上每千克鸡蛋的价格为 4 元，则销售 10 千克鸡蛋的总收益为：

$$TR = P \cdot Q = 4 \times 10 = 40(\text{元})$$

平均收益是总收益与销售量的商，即：

$$AR = TR/Q = PQ/Q = P$$

上式说明，平均收益一定等于价格。

边际收益是增加一单位销售量所增加的收益，因为对一个企业来说，无论销售量增加多少，市场价格是不变的，所以：

$$MR = \frac{\mathrm{d}(TR)}{\mathrm{d}Q} = \frac{\mathrm{d}(PQ)}{\mathrm{d}Q} = P$$

因为： $AR = P, MR = P$

所以： $AR = MR$

必须注意的是，在各种类型的市场上，平均收益与价格都是相等的，因为每单位产品的售价就是其平均收益。但只有在完全竞争市场上，对个别企业来说，平均收益、边际收益与价格才相等。因为只有在完全竞争市场上，个别企业销售量的增加才不影响价格。

可以用表5-2说明完全竞争市场上，价格、平均收益与边际收益相等的关系。

表5-2 鸡蛋市场上价格、总收益、平均收益与边际收益表

销售量	价格	总收益	平均收益	边际收益
0	4	0	4	4
1	4	4	4	4
2	4	8	4	4
3	4	12	4	4
4	4	16	4	4
5	4	20	4	4
6	4	24	4	4

正因为价格、平均收益和边际收益都是相等的，所以平均收益曲线、边际收益曲线与需求曲线都是同一条线，即图5-1(b)中的 dd。这条需求曲线的需求价格弹性系数为无限大，即在产品市场价格既定时，对个别企业产品的需求是无限的。

二 完全竞争市场的短期均衡

在短期内，企业不能根据市场需求调整产量，因此从整个行业看，有可能出现供给小于需求或供给大于需求的情况。从整个行业的市场看，如果供给小于需求，则价格高；如果供给大于需求，则价格低。短期均衡就是要分析这两种情况下个别企业产量的决定与盈利状况。

首先分析市场供给小于需求，价格水平高的情况，如图5-2所示。

图5-2中，市场价格为 ON，对个别企业来说，需求曲线 dd 是从 N 引出的一条平行于横轴的线。这条需求曲线同时也是平均收益曲线 AR 与边际收益曲线 MR。SMC 为短期边际成本曲线，SAC 为短期平均成本曲线。

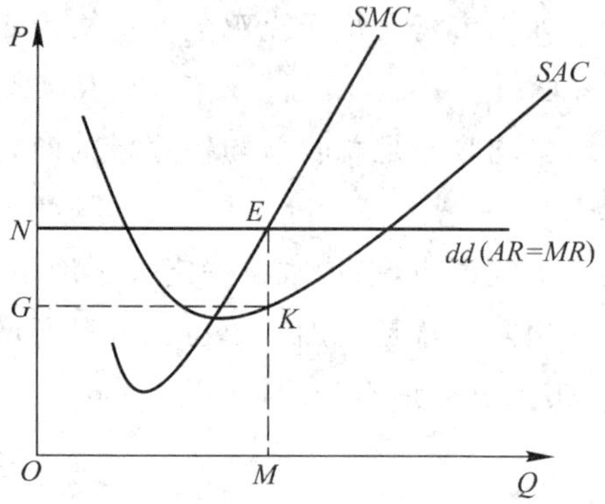

图5-2 完全竞争市场的短期均衡（供<求）

企业实现利润最大化的原则是边际收益等于边际成本。因此，边际收益曲线与短期边际成本曲线的交点 E 就决定了产量为 OM。这时，企业的总收益为平均收益乘以产量，即图5-2中的 $OMEN$。总成本为平均成本乘以产量，当产量为 OM 时平均成本为 MK，即 OG，所以总成本为图5-2中的 $OMKG$。从图5-2看，总收益大于总成本，即 $OMEN > OMKG$，所以存在超额利润，超额利润就是图5-2中的 $GKEN$。

再来分析市场供给大于需求，价格水平低的情况，如图5-3所示。

图 5-3 中，因为行业供大于求，市场价格水平低，为 ON。这时企业的产量仍由边际收益曲线与短期边际成本曲线的交点决定，即产量为 OM。这时，企业的总收益为平均收益乘以产量，即图 5-3 中的 $OMEN$。总成本为平均成本乘以产量，当产量为 OM 时平均成本为 MK，即 OG，所以总成本为图 5-3 中的 $OMKG$。从图 5-3 看，总收益小于总成本，即 $OMEN<OMKG$，所以存在亏损，亏损就是图 5-3 中的 $NEKG$。

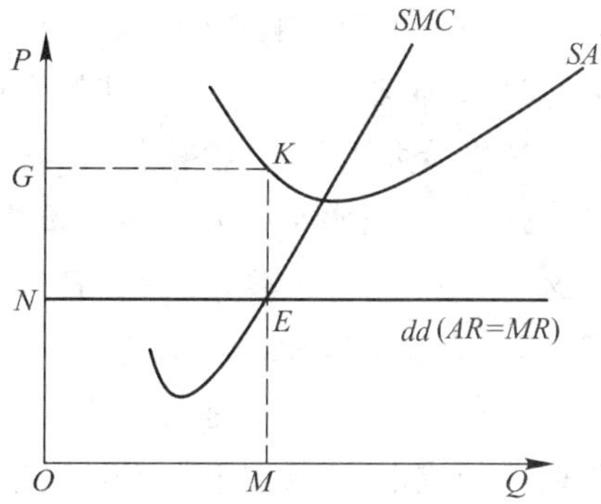

图 5-3 完全竞争市场的短期均衡（供>求）

在短期中，企业均衡的条件是边际收益等于边际成本，即：

$$MR=MC$$

这就是说，个别企业是从自己利润最大化的角度决定产量的，而在 $MR=MC$ 时就实现了企业利润最大化。

那么，如果整个行业供大于求，市场价格低，个别企业处于亏损状态，它还会生产吗？这就涉及上一章所讲的停止营业点的问题。下面用图 5-4 说明。

在图 5-4 中，市场价格 P_1 低于均衡价格 P_2，企业发生亏损。这时，企业是否生产取决于平均可变成本 AVC 的状况。价格 P_1 所决定的需求曲线 dd 与 AVC 相交于 E_1，E_1 就是停止营业点。也就是说，当价格为 P_1 时，所得到的收益正好抵偿平均可变成本。因为短期中固定成本是不变的，无论是否生产都要支出，所以只要收益可以弥补可变成本，企业就应继续生产。但如果价格低于 P_1，企业连可变成本也无法弥补，就无论如何不能生产了。这就是 E_1 作为停止营业点的意义。停止营业点是由平均可变成本与价格水平决定的，在这一点上平均可变成本等于价格水平。

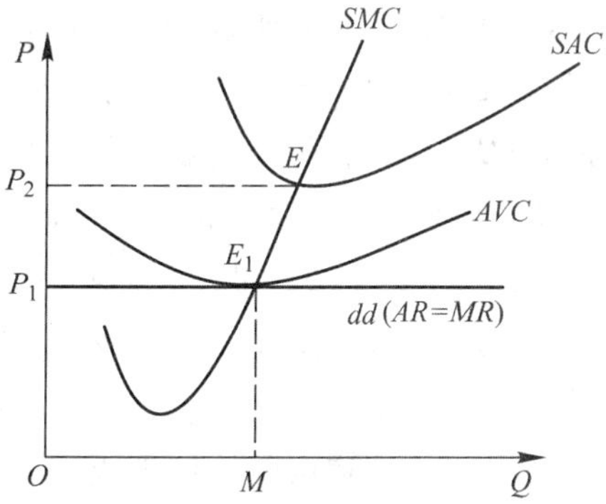

图 5-4 完全竞争市场上短期中企业的停止营业点与供给曲线

在停止营业点之下，企业停止生产；在停止营业点之上，企业随价格上升而增加产量，因此停止营业点之上的短期边际成本曲线（E_1 以上 SMC 的部分）就是完全竞争市场上一个企业的供给曲线。

三 完全竞争市场的长期均衡

在长期中，完全竞争市场上各个企业都可以根据市场价格充分调整产量，也可以自由进入或退出该行业。企业在长期中要作出两个决策：生产多少，以及退出还是进入这一行业。

各个企业的决策会影响整个行业的供给，从而影响市场价格。具体来说，当供给小于需求，价格高时，各企业会扩大生产，其他企业也会涌入该行业，从而整个行业供给增加，价格水平下降。当供给大于需求，价格低时，各企业会减少生产，有些企业会退出该行业，从而整个行业供给减少，价格水平上升。最终价格水平会达到使各个企业既无超额利润又无亏损的状态。这时，整个行业的供求均衡，各个企业也不再对产量进行调整，于是就实现了长期均衡。可用图 5－5 说明这种长期均衡。

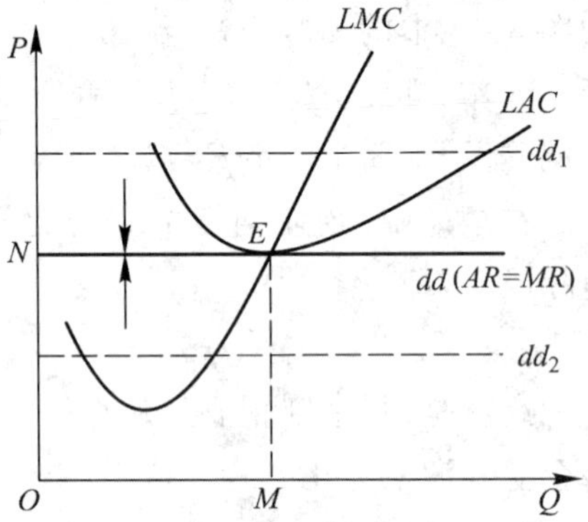

图 5－5 完全竞争市场上个别企业的长期均衡

在图 5－5 中，*LMC* 是长期边际成本曲线，*LAC* 是长期平均成本曲线。虚线 dd_1 是整个行业供给小于需求时个别企业的需求曲线，虚线 dd_2 是整个行业供给大于需求时个别企业的需求曲线。如上所述，当整个行业供小于求时，由于价格高，会引起整个行业供给增加，从而价格水平下降，个别企业的需求曲线 dd_1 向下移动。当整个行业供大于求时，由于价格低，会引起整个行业供给减少，从而价格水平上升，个别企业的需求曲线 dd_2 会向上移动。这种调整的结果使个别企业的需求曲线最终移动到 *dd*。这时，长期边际成本曲线（*LMC*）与边际收益曲线（*MR*，即 *dd*）相交于点 *E*，决定了产量为 *OM*。这时总收益为平均收益乘以产量，即图 5－5 中的 *OMEN*，总成本为平均成本乘以产量，也就是图 5－5 中的 *OMEN*。这样，总收益等于总成本，企业既无超额利润又无亏损，因此也就不再调整产量，即实现了长期均衡。

由图 5－5 可以看出，当实现了长期均衡时，长期边际成本曲线（*LMC*）、长期平均成本曲线（*LAC*）相交于 *E* 点。这就表明，长期均衡的条件是：

$$MR = AR = MC = AC$$

在理解长期均衡时应注意以下两点：

第一，长期均衡的 *E* 点就是收支相抵点。这时成本与收益相等，企业所能获得的只能是作为生产要素之一的企业家才能的报酬——正常利润。在完全竞争市场上，竞争激烈，长期中企业无法实现超额利润，只要获得正常利润就是实现了利润最大化。

第二，实现长期均衡时，平均成本与边际成本相等。我们知道，平均成本与边际成本相等，也就是两条曲线相交时，平均成本一定处于最低点。这就说明，在完全竞争条件下可以实现成本最小化，从而实现经济效率最高。

四 对完全竞争市场的评价

经济学家们根据对完全竞争市场均衡的分析提出，在完全竞争条件下，价格可以充分发挥其“看不见的手”的作用，调节整个经济的运行。通过这种调节能够实现以下几点：第一，社会的供给与需求相等，从而资源得到最优配置，生产者的成本不会有不足或过剩，消费者的需求也得到满足。第二，在长期均衡时平均成本处于最低点，这说明通过完全竞争与资源的自由流动，使生产要素的效率得到最有效的发挥。第三，平均成本最低决定了产品价格也是最低的，这对消费者是有利的。从以上内容看，完全竞争市场是最理想的市场结构。

但是，也有许多经济学家指出，完全竞争市场也有其缺点：第一，产品无差别，这样，消费者的多种需求无法得到满足。第二，完全竞争市场上生产者的规模都很小，这样，企业就没有能力实现重大的科学技术突破，从而不利于技术进步。第三，在现实社会中完全竞争的情况是很少出现的，而且，一般来说，竞争最终也必然引起垄断。

课堂活动

20 世纪 80 年代初，一些城市为了保证居民的菜篮子供应，由政府出资举办大型养鸡场，但成功者少，这些大型养鸡场在市场上反而竞争不过农民养鸡专业户，许多养鸡场最后以破产告终。请运用完全竞争市场理论分析政府举办大型养鸡场为什么失败。

第三节　完全垄断市场的厂商均衡

一　完全垄断市场的需求曲线、平均收益与边际收益

在完全垄断市场上，一家企业就是整个行业，因此，整个行业的需求曲线就是一家企业的需求曲线。这时，需求曲线就是一条表明需求量与价格呈反方向变动的向右下方倾斜的曲线。

在完全垄断市场上，每一单位产品的卖价也就是它的平均收益，因此价格仍等于平均收益，即：

$$P=AR$$

但在完全垄断市场上，当销售量增加时产品的价格会下降，从而边际收益减少，这样平均收益大于边际收益。如前所述，收益变动规律与产量变动规律相同。根据平均产量与边际产量的关系，当平均产量或平均收益下降时，边际产量或边际收益小于平均产量或平均收益。

可用表 5－3 说明平均收益、价格、边际收益之间的关系。

表 5－3　完全垄断市场上价格、总收益、平均收益与边际收益的关系

销售量	价 格	总收益	平均收益	边际收益
1	6	6	6	6
2	5	10	5	4
3	4	12	4	2
4	3	12	3	0
5	2	10	2	−2
6	1	6	1	−4

从表 5-3 可以看出，价格随销售量增加而下降，价格与平均收益相等，但平均收益并不等于边际收益。平均收益是下降的，因此边际收益小于平均收益。如图 5-6 所示，需求曲线与平均收益曲线仍然是重合的，是一条向右下方倾斜的线，而边际收益曲线则是平均收益曲线之下另一条向右下方倾斜的线。

在图 5-6 中，*dd*(*AR*)是需求曲线与平均收益曲线，*MR* 是边际收益曲线。

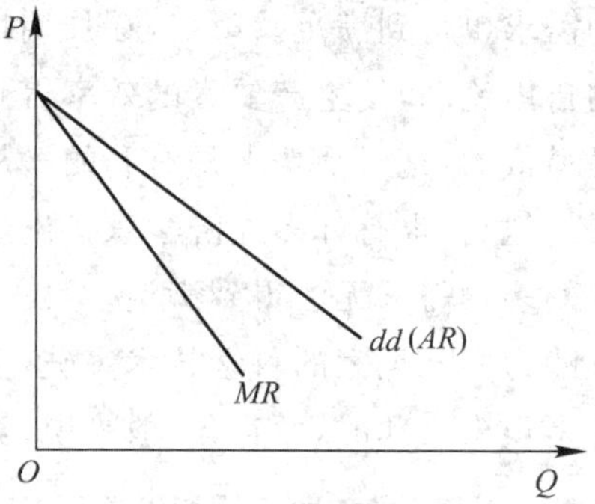

图 5-6 完全垄断市场的平均收益曲线与边际收益曲线

二 完全垄断市场的短期均衡

在完全垄断市场上，企业可以通过对产量和价格的控制实现利润最大化。但居于完全垄断地位的企业也并不能为所欲为，要受市场需求状况的限制。如果价格太高，消费者会减少需求，或购买其他替代品。在短期内，企业对产量的调整也受到限制，因为在短期内，固定生产要素(厂房、设备等)无法调整。在完全垄断市场上，企业仍然需要根据边际收益与边际成本相等的原则决定产量，产量决定后，短期中难以完全根据市场需求进行调整。这样，可能出现供大于求、供小于求或供求相等的状况。在供大于求的情况下，会有亏损；在供小于求的情况下，会有超额利润；供求相等时，则只有正常利润。

下面用表 5-4 说明完全垄断市场上企业的产量、价格、总收益、总成本、总利润、边际收益与边际成本的情况。

表 5-4 垄断市场短期均衡表

产量	价格	总收益	总成本	总利润	边际收益	边际成本
0	110	0	120	−120	—	—
1	101	101	154	−53	101	34
2	92	184	183	1	83	29
3	83	249	210	39	65	27
4	74	296	236	60	47	26
5	65	325	265	60	29	29
6	56	336	300	36	11	35
7	47	329	350	−21	−7	50
8	38	304	424	−120	−25	74

从表 5-4 可以看出：

第一，当产量为 5 单位时，边际收益等于边际成本（都为 29），总利润最大。即当 $MR=MC$ 时，$Q=5$，$\pi=60$。

第二，当产量为 7 单位时，总利润为负数，即有亏损，这时是否生产取决于停止营业点，即总收益是否可以弥补总成本中的可变成本部分。

还可以用图 5-7 的(a)、(b)、(c)说明供小于求、供等于求、供大于求三种情况。

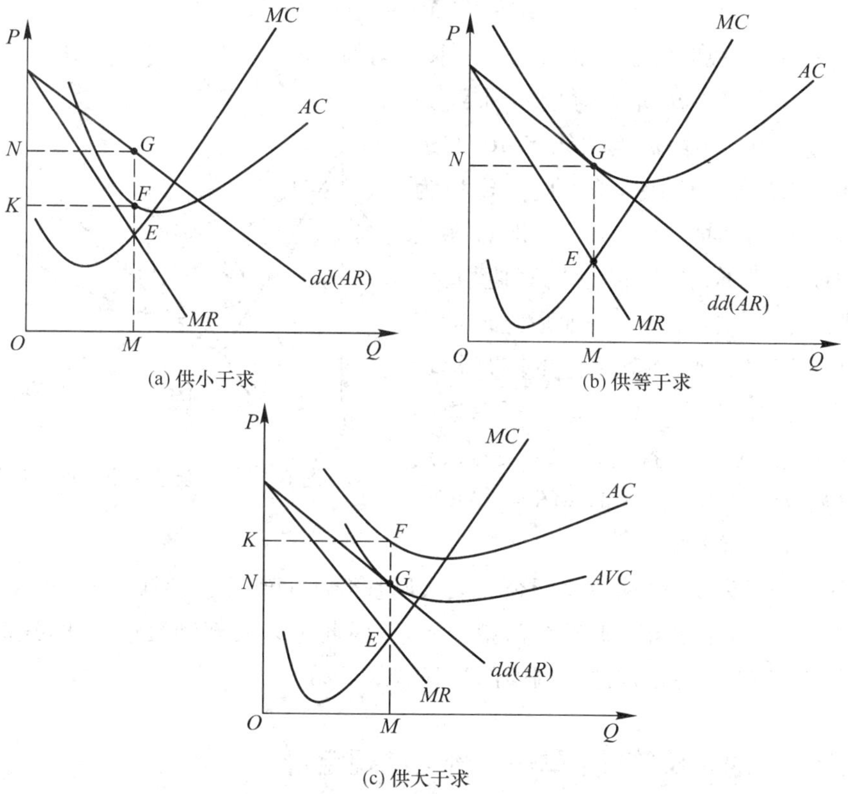

(a) 供小于求　(b) 供等于求　(c) 供大于求

图 5-7　完全垄断市场的短期均衡

在图 5-7(a)中，边际收益曲线（MR）与边际成本曲线（MC）的交点 E 决定产量为 OM，从 M 点向上的垂线与需求曲线 dd 相交于 G，决定了价格水平为 ON。这时总收益为平均收益（即价格）与产量的乘积，即 $OMGN$。总成本为平均成本与产量的乘积，即 $OMFK$。总收益大于总成本，$KFGN$ 为超额利润。

在图 5-7(b)中，总收益与总成本相等，都为 $OMGN$，所以收支相抵，只有正常利润。

在图 5-7(c)中，总成本 $OMFK$ 大于总收益 $OMGN$，亏损为 $NGFK$。这时平均可变成本曲线 AVC 与平均收益曲线 AR 相切于 G 点，即总收益可以弥补可变成本，才可以维持 OM 产量。所以 G 为停止营业点，如果价格再低，就无法再生产。

所以，完全垄断市场上短期均衡的条件是：

$$MR=MC$$

三 完全垄断市场的长期均衡

在长期中，垄断企业可以通过调节产量与价格实现利润最大化。这时企业均衡的条件是边际收益与长期边际成本和短期边际成本都相等，即：

$$MR=LMC=SMC$$

下面用图 5-8 说明完全垄断市场上的长期均衡。

在图 5-8 中，在短期平均成本曲线为 SAC_1 时，产量为短期边际成本曲线 SMC_1 与边际收益曲线 MR 交点所决定的 OQ_1，价格为 P_1。在产量为 OQ_1 时，$MR \neq LMC$，即边际收益不等于长期边际成本，所以只是短期均衡，而不是长期均衡。在长期内，企业通过调整产量实现 $MR=LMC$。假设企业把生产规模调整为短期平均成本曲线 SAC_2，这时短期边际成本曲线 SMC_2 与边际收益曲线 MR 交点决定了产量为 OQ_2，价格为 P_2，这时 $MR=LMC=SMC_2$，实现了长期均衡。

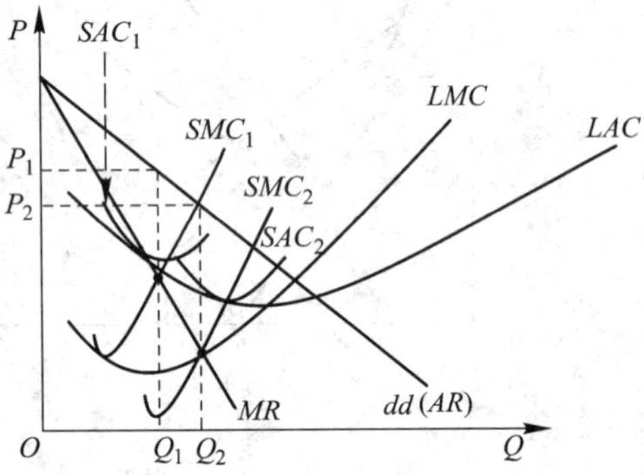

图 5-8 完全垄断市场的长期均衡

上述图形分析说明，短期内垄断企业无法调整全部生产要素，因此不一定能实现利润最大化。但在长期中，企业可以调整全部生产要素，因此可以实现利润最大化，这时就存在垄断利润。图 5-8 说明的正是这种调整的过程和最后结果。

四 垄断企业的定价策略：单一定价与歧视定价

在以上所分析的情况中，垄断企业对卖给不同消费者的相同产品确定了相同的价格，即卖出的每一单位产品价格都是相同的。这种定价策略称为单一定价策略。

在完全垄断市场上，垄断企业实现利润最大化的关键是确定一个合理的价格。我们知道，由于垄断企业控制了一个市场的全部供给，完全控制了市场，所以可以通过改变产量来决定价格，既可以减少产量定高价，也可以增加产量定低价。但垄断者在定价时必须考虑市场需求，因为需求也是决定价格的重要因素之一。垄断者可以定高价，但消费者可以拒绝购买，这样也就无法实现利润最大化。在市场上，消费者用自己的货币“选票”影响价格的决定。在实行单一定价策略时，垄断企业可以采用高价少销的办法，也可以采用低价多销的办法。采用哪一种定价策略取决于利润最大化目标，并受需求与供给双方的制约。

一般来说，当某种产品需求缺乏弹性时，垄断企业采用高价少销办法是有利的。这时尽管销售量少，但价格高，可通过实现高利润率实现利润最大化。因为需求缺乏弹性时，价格上升幅度大而需求量减少的幅度小，高价不会减少很多需求量，从而总收益增加，利润增加。当某种产品需求富有弹性时，垄断企业采用低价多销是有利的，这时可以实现薄利多销。

在完全垄断市场上还有另一种定价策略——歧视定价。歧视定价就是同样的产品向不同的消费者收取不同的价格。例如，如果电力部门（自然垄断者）向所有用电户收取相同的价格就是单一定价。如果电力部门向工业用户收取高价，向居民用户收取低价，同样的一度电就有两种不同的价格，这就是歧视定价。

歧视定价可以实现更大的利润，其基本原则是对需求富有弹性的消费者收取低价，而对需求缺乏弹性的消费者收取高价。这样，需求富有弹性的消费者在低价时会增加需求量，总收益增加；需求缺乏弹性的消费者在高价时不会减少需求量，总收益也增加。例如，在电力的例子中，工业用户对电的需求极为缺乏弹性，价格高也无法减少用电量，但居民用户对电的需求富有弹性（可用煤气等替代），价格低可以增加用电量，这样利润就增加了。

一般根据价格差别的程度把价格歧视分为三种类型：

第一，一级价格歧视，又称完全价格歧视。这是根据不同消费者为购进每一单位产品所愿付出的最高价格来定价，并据此确定每一单位产品的价格。完全价格歧视就是每一单位产品都有不同的价格。例如，一个医术高超的医生对每个患者收取不同的医疗费就属于这种情况。在这种情况下，消费者剩余全部转变为垄断者获得的超额利润。

第二，二级价格歧视。这是根据不同购买量确定不同的价格。最常见的就是批发价低于零售价，因为批发购买数量较大而零售购买数量较少。电力部门对一定量电力消费（比如0～150度）实行一种价格，对再增加的电力消费（比如150～300度）实行另一种价格。这种情况下，垄断企业可以把部分消费者剩余转变为超额利润。

第三，三级价格歧视。这是垄断企业对不同市场的不同消费者实行不同的价格。例如，电力部门对工业用电与居民用电实行不同的价格。工业用户对电的需求缺乏弹性，价格高也无法减少用电量；居民用户对电的需求富有弹性，价格高会减少用电量，而价格低会增加用电量。这样，电力部门获取的利润就更多。

在现实中，一级价格歧视比较罕见，常见的是二级价格歧视与三级价格歧视。

与单一定价相比，歧视定价获得的利润更多，但为什么垄断者不能普遍采用歧视定价呢？因为实行歧视定价必须有两个条件：第一，实行歧视定价的产品不能转售。如果产品可以转售，歧视定价就没有意义了，因为低价购买者可以把这种产品转手卖出而获利，企业就得不到好处。第二，能用一个客观而具有可操作性的方法把消费者分为需求缺乏弹性者和需求富有弹性者。

案 例

麦当劳连锁店的折扣券

麦当劳连锁店一直采取向消费者发放折扣券的促销策略。他们对来麦当劳就餐的顾客发放麦当劳产品的宣传单，并在宣传单上印制折扣券。为什么麦当劳不直接将产品的价格降低？

答案是折扣券使麦当劳公司实现了三级差别价格。麦当劳公司知道并不是所有顾客都愿意花时间将折扣券剪下来保存，并在下次就餐时带来。此外，剪折扣券意愿与顾客对产品的支付意愿和对价格的敏感度相关。富裕而繁忙的高收入阶层到麦当劳用餐的需求弹性低，对折扣券的价格优惠不敏感，不可能花时间剪下折扣券并随时带在身上，以备下次就餐时用，而且折扣券所省下的钱他也不在乎。但低收入家庭到麦当劳用餐的需求弹性高，他们更可能剪下折扣券，因为他的支付意愿低，对折扣券的价格优惠比较敏感。

麦当劳连锁店通过只对这些剪下折扣券的顾客收取较低价格，吸引了一部分低收入家庭到麦当劳用餐，成功地采取了三级差别价格，实行了价格歧视，并从中多赚了钱。如果直接将产品价格降低，因高收入阶层的高消费意愿而多得的收入就会流失。

五 对完全垄断市场的评价

许多经济学家认为垄断对经济是不利的，这是因为：

第一，生产资源的浪费。表现为，与完全竞争市场相比，完全垄断市场平均成本与价格高，而产量低，如图 5-9 所示。

图 5-9 综合了完全竞争市场与完全垄断市场的长期均衡状况。通过图中对两个市场长期均衡的比较可以看出，在完全竞争市场上，产量为 OQ_1，价格为 OP_1，而且当产量为 OQ_1 时处于长期平均成本曲线 LAC 的最低点；在完全垄断市场上，产量为 OQ_2，价格为 OP_2，而当产量为 OQ_2 时并不位于长期平均成本曲线的最低点。$OQ_1 > OQ_2$，$OP_1 < OP_2$，说明在完全垄断市场上，产量低于完全竞争市场，而价格高于完全竞争市场，而且长期平均成本无法达到最低水平。所以，完全垄断市场上资源存在浪费，经济效率低于完全竞争市场。

第二，社会福利的损失。垄断企业实行价格歧视，消费者付出的价格高，消费者剩余就减少，这种减少就是社会福利的损失。

但是任何事物都有两面性。许多经济学家认为，垄断也有其有利的一面。首先，在一些行业可以实现规模经济。例如，自来水行业只有在存在一家企业时才能实现平均成本最低，这种情况属于规模经济引起的自然垄断。其次，垄断企业可以以自己雄厚的资金与人才实力实现重大的技术突破，有利于技术进步。最后，尽管在一国内该企业是垄断的，有效率损失，但其在国际上有竞争力，有利于该国世界竞争力的提高。

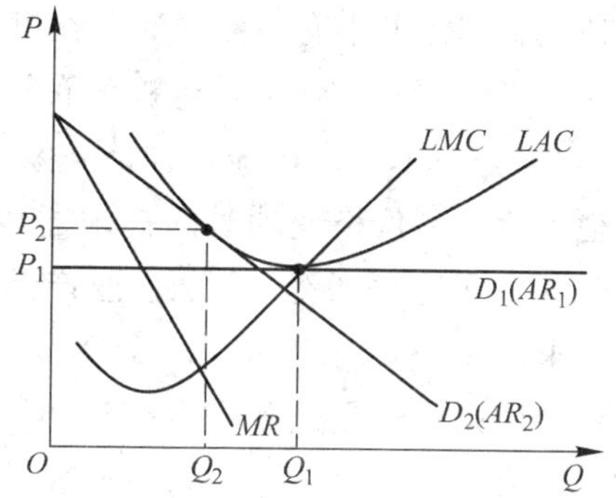

图 5－9　完全垄断与完全竞争市场的比较

第四节　垄断竞争市场的厂商均衡

垄断竞争市场是现实中存在最广泛的一种市场结构。它与完全竞争市场的不同之处在于，每一家生产有差别产品的企业面临的不是水平的需求曲线，而是向右下方倾斜的需求曲线。这说明每个企业由于产品差别都有一定控制价格的能力，从而价格高，需求少；价格低，需求多。它与完全垄断市场的不同之处在于，市场上企业数量众多，进入限制低，从而竞争仍然是激烈的。

一　垄断竞争市场的均衡

垄断竞争市场上，厂商生产的产品既有差别又存在相互替代性。厂商对自己的差别产品都有一定的价格控制能力，因此其需求曲线是一向右下方倾斜的线。由于厂商的平均收益总是等于该销售量时的价格，因此平均收益曲线就是厂商的需求曲线。垄断竞争厂商的产品价格随销售量增加而下降，产品价格与平均收益相等，平均收益是递减的，因此边际收益也是递减的，且小于平均收益。所以，边际收益曲线是平均收益曲线之下另一条向右下方倾斜的线。

在短期中每一个垄断竞争的企业都是一个垄断者。它以自己的产品差别在一部分消费者中形成垄断地位，而且，短期中其他企业生产不出能与之竞争的有差别产品。这样垄断竞争企业就可以像一个垄断者那样行事，高价少销，低价多销，或进行歧视定价，以实现利润最大化。因此，在短期中，垄断竞争市场上企业短期均衡的条件与垄断市场一样，是：

$$MR=MC$$

在长期中，垄断竞争市场上也存在着激烈的竞争。各个企业可以仿制其他企业有特色的产品，可以创造自己更有特色的产品，或通过广告扩大消费者的需求，形成自己产品的垄断地位。当短期中有超额利润存在时，竞争的结果是存在替代性的各种有差别产品的价格下降。可用图 5-10 说明垄断竞争市场长期均衡的情况。

在图 5-10 中，虚线 dd_1 是一家企业在不考虑其他企业产品价格变动时的需求曲线。在长期中，由于各企业竞争激烈，这家企业产品价格下降，从而需求曲线向下移动为 $dd(AR)$。这时，企业决定产量的原则仍然是边际成本等于边际收益，因此长期边际成本曲线（LMC）与边际收益曲线（MR）的交点 E 决定了产量为 OM。由 M 点向上绘出一条垂直于横轴的线，这条垂线与需求曲线 $dd(AR)$ 相交于 G，决定了价格水平为 ON。这时，总收益为平均收益（价格）乘以产量，即图上的 $OMGN$。总成本为平均成本乘以产量，平均成本在产量为 OM 时也是 ON，因此总成本也是 $OMGN$。总收益与总成本相等，实现了长期均衡。在实现了长期均衡时，边际收益等于边际成本，平均收益等于平均成本。所以，垄断竞争市场上长期均衡的条件是：

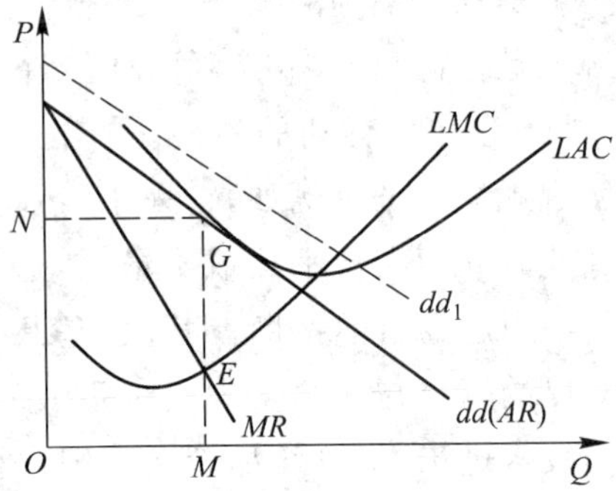

图 5-10 垄断竞争市场的长期均衡

$$MR=MC, AR=AC$$

二 垄断竞争与完全竞争的比较

在经济学中，垄断竞争与完全竞争都属于有效竞争。认识这两种竞争之间的区别有助于我们评价垄断竞争市场。下面用图 5-11 来比较垄断竞争市场与完全竞争市场的长期均衡。

在图 5-11 中，$dd_1(AR_1=MR_1)$ 是完全竞争市场的需求曲线，E_1 为完全竞争市场的长期均衡点，均衡价格为 OP_1，产量为 OQ_1。$dd_2(AR_2)$ 是垄断竞争市场的需求曲线，MR_2 为这时的边际收益曲线，E_2 为垄断竞争市场的长期均衡点，均衡价格为 OP_2，产量为 OQ_2。

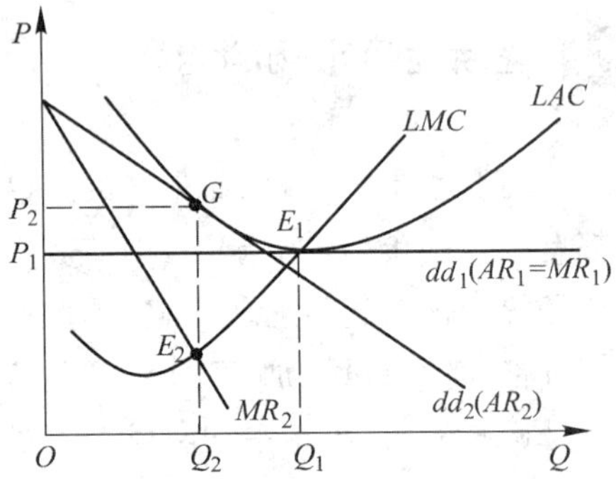

图 5-11 垄断竞争市场与完全竞争市场的比较

对比这两个市场的长期均衡状态，可以看出以下四点差别：

第一，两个市场的需求曲线、平均收益曲线、边际收益曲线不同。完全竞争条件下，这三条线重合为一条与横轴平行的线（dd_1）。在垄断竞争条件下，需求曲线与平均收益曲线重合，但向右下方倾斜，边际收益曲线则为平均收益曲线之下向右下方倾斜的一条线。这反映了收益变动情况的不同，在完全竞争条件下 $AR=MR$，在垄断竞争条件下，$AR>MR$，AR 是递减的。

第二，在长期均衡时，两个市场的长期平均成本状况不同。完全竞争条件下实现长期均衡时，产量决定的长期平均成本处于最低点（E_1），而在垄断竞争条件下实现长期均衡时，产量决定的长期平均成本位于点 G，G 并不是长期平均成本曲线最低点。这说明在垄断竞争条件下成本消耗增多，即存在资源浪费。

第三，价格不同。在完全竞争条件下的价格 OP_1 低于垄断竞争条件下的价格 OP_2。

第四，产量不同。在完全竞争条件下的产量 OQ_1 大于垄断竞争条件下的产量 OQ_2。

然而，并不能由以上的对比得出完全竞争市场优于垄断竞争市场的结论。因为尽管垄断竞争市场上平均成本与价格高，资源存在浪费，但消费者可以得到有差别的产品，从而满足不同的需求。许多经济学家认为，垄断竞争市场从总体看是利大于弊。而在现实中，垄断竞争市场也是一种普遍存在的市场结构。

三　垄断竞争条件下的产品差别竞争

在垄断竞争市场上，长期竞争的结果是企业的经济利润为零，但短期中企业可以凭借产品特色形成的垄断地位获得经济利润。因此，产品的创新是关键，企业必须以不断变化的产品特色保持自己的垄断地位。在垄断竞争市场上企业的成功取决于产品差别竞争，取决于产品的特色。

有些产品差别是实际产品差别，消费者可以轻而易举地认知，例如，产品质量、外形、包装等。企业创造产品差别就要使自己产品的质量、外形、包装不同于同类其他产品。同样的衣服，本企业生产的与其他企业的款式不同，就形成了产品差别。在这方面的创新是无穷的。这些存在差别的产品满足了消费者的不同偏好，就可以在一部分消费者中形成垄断地位。

另一些产品差别是消费者不易识别的，甚至产品本身并没有什么实际差别，仅仅是消费者心理上认为它有差别。产品差别在许多情况下取决于消费者的认知，无论产品有多大差别，但如果消费者不承认这种差别，这些差别就等于不存在。反之，尽管产品本身并无差别，但只要消费者认为它有差别，它就等于有差别。因此，创造产品差别还要使消费者承认这种差别。这就要靠企业通过广告等营销手段来创造和传递产品差别。广告是创造产品差别的重要手段，通过广告可以使消费者形成品牌忠诚度。广告的作用是使消费者认识那些不易辨认的产品差别，巩固强化消费者的认知。这正是垄断竞争企业花费巨资做广告的重要原因。

在产品差别中，品牌是一种重要的产品差别，它既有实际差别，又有消费者对它的认知差别。这就是说，创造名牌首先是靠生产技术，没有高质量、受消费者欢迎的产品，就没有名牌。但名牌还要靠广告宣传，让消费者认知，形成品牌的忠诚度。据美国的调查显示，70%以上的消费者有品牌忠诚的习惯，即在购物时习惯于购买自己熟悉并一向购买的品牌产品。也许这些产品本身并没有很大差别，但仅仅由于品牌的定位和宣传不同就使消费者认为它们有差别。这就是品牌引起的产品差别。名牌就是产品差别最直观的表现，名牌可以给企业创造竞争优势，使企业获得超额利润。所以，在垄断竞争行业中，企业创立名牌十分重要。

案 例

垄断竞争条件下的差异化战略

产品差异化是垄断竞争市场上常见的一种现象,不同企业生产的产品或多或少存在相互替代的关系,但是它们之间存在差异,并非完全可替代。垄断竞争厂商的产品差异化战略包括垂直差异化和水平差异化。垂直差异化是指本企业的产品在质量、性能、用途等方面优于对手的产品。水平差异化是指本企业的产品在功用等方面与对手的产品有所不同。全聚德的烤鸭是名副其实的“金鸭子”,一只能卖到上百元,可仍然供不应求,根本原因在于全聚德烤鸭的选料、配方、工艺等远胜于竞争对手,这就是典型的垂直差异化。宝洁公司的六款洗发水各有定位,分别强调各自独特的功用,就是制造水平差异化以占领市场。

第五节 寡头垄断市场的厂商均衡

寡头垄断市场是几家大企业控制的市场。这种市场形成的关键原因是规模经济的存在。这种市场在规模经济至关重要的行业,如钢铁、石油、汽车、民航等行业中广泛存在。这种市场具有与其他三种市场不同的特征,这对分析寡头市场十分重要。

一 寡头垄断市场的特征

寡头垄断市场具有其他市场结构所没有的一个重要特征:几家寡头企业之间的相互依存性。在寡头市场上,企业数量很少,每家企业都占有举足轻重的地位,它们各自在价格或产量方面决策的变化都会影响整个市场和其他竞争者的行为。因此,寡头市场上各企业之间存在着极为密切的关系。每家企业在作出价格与产量的决策时,不仅要考虑本企业的成本与收益情况,而且还要考虑这一决策对市场的影响,以及其他企业可能作出的反应。这就是寡头企业之间的相互依存性。

寡头企业之间的这种相互依存性对寡头市场的均衡有至关重要的影响。首先,在寡头垄断市场上,很难对产量与价格问题作出确切的判断。这是因为,各个寡头企业在作出价格与产量决策时,都要考虑竞争对手的反应,而竞争对手的反应可能多种多样,很难确定。在各寡头企业都保守自己“商业秘密”的情况下，这种反应很难预料。这就使价格与产量问题难以确定。其次，价格与产量一旦确定后，就有其相对稳定性。也就是说，各个寡头企业由于难以了解对手的行为，一般不会轻易变动已确定的价格与产量水平，价格具有相对稳定性。最后，各寡头企业之间的相互依存性使它们之间更容易形成某种形式的勾结，如欧佩克组织控制石油市场价格。但各寡头企业之间的利益又是矛盾的，这就决定了勾结并不能消除竞争，寡头企业之间的竞争往往会更加激烈。这种竞争有价格竞争，也有非价格竞争(例如通过广告进行竞争)。

案　例

雷克航空公司的搏斗

1977 年，一个英国人弗雷迪·雷克闯进航空运输市场，开办了一家名为“雷克”的航空公司。他经营的是从伦敦飞往纽约的航班，票价是 135 美元，远远低于当时的最低票价 382 美元。毫无疑问，雷克公司一成立便生意不断，1978 年雷克荣获大英帝国爵士头衔。到 1981 年，雷克公司的年营业额达到 5 亿美元，简直让他的对手们(包括一些世界知名的老牌公司)气急败坏。但是好景不长，雷克公司于 1982 年破产，从此消失。

出了什么事？原因很简单，包括泛美、环球、英航和其他公司在内的竞争对手们采取联合行动，一致大幅降低票价，甚至低于雷克公司。一旦雷克公司破产，它们的票价马上回升到原来的高水平。更严重的是这些公司还达成协议，运用各自的影响力阻止各大金融机构向雷克公司贷款，使其难以筹措资金来维持，进一步加速了雷克公司的破产。

但“弗雷迪爵士”并不甘心，他依照美国反垄断法提出起诉，指责上述公司联手实施价格垄断，为了驱逐一个不愿意接受其“游戏规则”的公司，竟然不惜采用毁灭性价格来达到目的。1985 年 8 月，被告各公司以 800 万美元的代价同雷克达成庭外和解，雷克随即撤回起诉。1986 年 3 月，泛美、环球和英航三大公司一致同意设立一项总值 3 000 万美元的基金，用于补偿在雷克公司破产后的几年中，以较高票价搭乘这几家公司的航班飞越大西洋的 20 万旅客的损失。

赔款达成和解不等于认罪。从技术上讲，官方没有认定“弗雷迪爵士”是被垄断价格驱逐出航空业的。但是这个案例已明显透露出这样一个信号，那就是如果其他任何人企图进入跨大西洋航空市场分一杯羹，必须认真考虑其可能面临的破产危险。从来没有其他公司尝试提供低廉的越洋机票，至少没有低廉到雷克公司提供的票价。

这个例子告诉我们寡头企业之间不太适宜采用价格竞争。

二 传统寡头理论

对寡头企业的研究可以追溯到19世纪的法国经济学家古诺。在运用博弈论进行分析之前，对寡头垄断市场的研究分析都属于传统寡头理论范畴。传统寡头理论在假设对手的反应为既定的情况下分析寡头企业产量与价格的决定。经济学家根据不同的对手反应假设，得出了关于产量与价格决定的不同答案，形成不同的寡头模型。这里介绍古诺模型和拐折需求曲线模型。

古诺模型在一定假设条件下分析寡头企业产量的决定。

古诺模型的假设条件是：第一，只有两个寡头企业A与B，生产完全相同的产品。第二，为了简单起见，假设生产成本为零。第三，需求函数是线性的，即需求曲线是一条向右下方倾斜的直线，两家寡头企业分享市场。第四，各方都根据对方的行动作出反应。第五，每家寡头企业都通过调整产量来实现利润最大化。

可以用图5-12说明古诺模型。

在图5-12中，DB为两家寡头企业面临的需求曲线。当不考虑成本时，总产量为OB，价格为零。

在开始时，市场上只有A寡头，它在价格为$AP(OC)$，供给产量为$OA(OA=OB/2)$时，也就是说在销售量为OA、价格为OC时，可以实现利润最大化，这时利润为$OAPC$（$OAPC$为直角三角形OBD的最大内接四边形）。

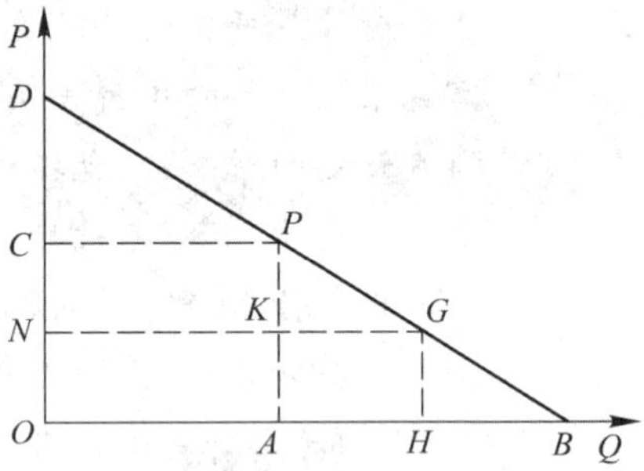

图5-12 古诺模型

当B寡头加入后，A寡头的销售量仍为OA，市场剩余的需求量为AB，B寡头供给AB的一半，即AH，可获得最大利润。当B寡头供给AH时，总供给量增加到OH，因此，价格下降为ON。这时，A寡头的收益减少为$OAKN$。假定A寡头认为B寡头会保持销量AH，A寡头为了达到利润最大就要供给$(OB-AH)/2$。$OB/2>(OB-AH)/2$，A寡头的销量减少了。这样，留下由B寡头供给的数量就增加了，B寡头的供给就要大于AH，即B寡头针对A寡头减少销量的行动作出的反应是增加自己的销售量。在双方对对方行动作出反应的过程中，A寡头的产量逐渐减少，B寡头的产量逐渐增加，直至两个寡头企业平分总供给量为止。这时，它们的总销售量将为$2OB/3$，每家销量各为$OB/3$。

从双头理论的古诺模型可推导出：当有n个寡头时，总供给量为$n/(n+1)$，每个寡头的供给量是$1/(n+1)$。

寡头垄断市场上的产品价格具有刚性，即当成本有一定量的改变时价格却保持不变。这就是说，在这种市场上，一旦价格决定后，就有一定的相对稳定性，这种情况在钢铁、汽车等寡头垄断市场上存在。美国经济学家P.斯威齐在1939年提出了拐折的需求曲线来解释这种现象。

拐折的需求曲线假设，当一家寡头企业提高价格时，它的竞争对手为了增加自己的销售量并不提高价格；当一家寡头企业降低价格时，它的竞争对手为了不减少销售量，也降低价格。可以用图 5－13 说明拐折的需求曲线。

在图 5－13 中，$dd(AR)$就是拐折的需求曲线，该曲线在 K 点拐折，将需求曲线分为两段。由拐折的需求曲线可以得到间断的边际收益曲线。在需求曲线 dd 的拐折处 K，边际收益曲线 MR 出现间断点，边际成本曲线 MC_1 与 MC_2 和边际收益曲线 MR 的交点决定了产量为 OQ_1，价格为 OP_1。边际收益曲线 MR 那段垂直的虚线表明，寡头企业的产量和价格具有稳定性，在边际成本 MC_1 与 MC_2 之间，尽管成本变了，价格并不改变。只有在边际成本变动大，从 MC_2 增加到 MC_3 时，才会使产量减少为 OQ_2，价格上升为 OP_2。

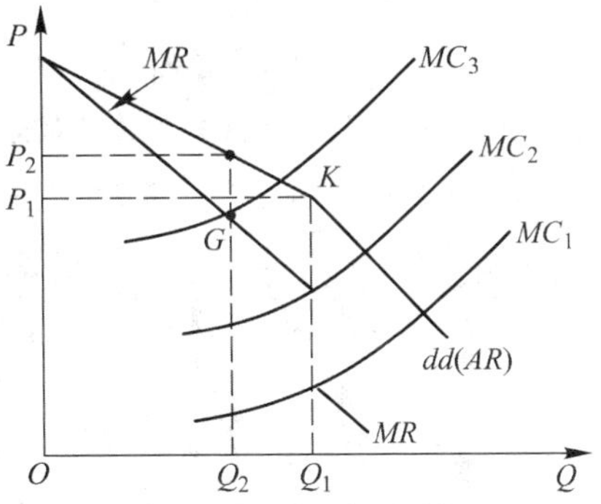

图 5－13　拐折的需求曲线

拐折的需求曲线解释了寡头垄断市场上价格具有刚性的原因，但并没有说明寡头垄断市场上价格是如何决定的。因此，还要进一步分析寡头垄断市场上价格的决定。

传统寡头理论认为，寡头垄断市场上价格的决定采用了三种形式：价格领先制、成本加成法与勾结定价。

价格领先制又称价格领袖制，指一个行业的价格通常由某一寡头企业率先制定，其余寡头企业追随其后确定各自的价格。如果产品是无差别的，价格变动可能是相同的，即价格变动幅度相同。如果价格是有差别的，价格变动可能相同，也可能有差别。

成本加成法是寡头垄断市场上一种最常用的价格确定方法，即在估算的平均成本基础上加一定固定百分率的利润形成价格。例如，某产品的平均成本为 100 元，利润率确定为 15％，这样，这种产品的价格就可以定为 115 元。平均成本可以根据长期中成本变动的情况确定，而所加的利润率则要参照全行业的利润率情况确定。这种定价方法可以避免各寡头企业之间的价格竞争，使价格相对稳定，从而避免在降价竞争中两败俱伤。从长期看，这种方法能使企业接近于实现最大利润，是有利的。

勾结定价是各寡头企业勾结起来共同协商定价，各寡头企业之间进行公开的勾结，组成卡特尔。卡特尔是寡头企业的价格联盟，其成员企业共同协商确定价格。例如，石油输出国组织就是这样一个国际石油卡特尔。卡特尔联盟的成员共同制定统一的价格，为了维持这一价格还必须对产量实行限制。但是，由于卡特尔各成员之间的矛盾，有时达成的协议也很难兑现，或引起卡特尔联盟的解体。在不存在公开勾结的情况下，各寡头企业还能通过暗中的勾结（又称默契）来确定价格。

案 例

OPEC成员国的作弊行为

生产厂商们为了使它们的利润最大化而建立起来的组织，被人们称为卡特尔。卡特尔的成员们就产品的价格、产量、销售地、利润分配等公开而正式地签订协议，大家都遵守该协议。人们所熟知的OPEC，全称是世界石油输出国组织，就是世界上最著名的卡特尔，它控制了世界石油的大部分生产国，其主要作用就是通过协调减少产量来提高其产品的价格。

从1973年到1985年，OPEC成功地维持了石油的高价格，原油价格直线攀升至35美元/桶。OPEC的确成功了，它主导着石油市场的份额，并成功地控制了石油价格，然而随着石油价格的不断提高，OPEC危机也开始蔓延。

首先，各个国家为了争取份额开始争斗，尽管每两年一次的会议都会就产量达成一致，但是在会上，各个成员国都会为争取最大的份额而喋喋不休。那些斗争的失败者自然不会轻易认输，历史上，尼日利亚、伊朗、厄瓜多尔就曾经因为配额的原因扬言要退出欧佩克。

不仅如此，真正令OPEC不稳定的原因是欺骗和作弊。在高价的诱惑下，每个成员国都希望能够增加石油产量以获取更大的利润，在无法增加配额的情况下，它们开始偷偷地销售石油。OPEC的价格并不会受到单个输出国的影响，因此如果别人作弊而他们不作弊，那么意味着他们的利益会减少。事实上，最终的结果是可以预计的，每两年一次的OPEC会议都会就减少产量达成协议，然后各个成员国又私下违背协议，渐渐地，OPEC在维持合作方面变得无效率，到了20世纪80年代后期，原油价格一度跌破了15美元/桶。直到今天，OPEC仍然无法找到一种有效制止作弊的办法。

经济学家用专业的语言阐明了其中的道理：卡特尔的目标是将价格提高到边际成本之上，然而成员面临的诱惑是超额利润与违法成本，在需求远远超过供给的时候，价格远高于边际成本，而超额利润的诱惑足以弥补违法成本，那么成员国的背叛就是“有效率的”，这就是为什么所有的联合定价、价格联盟、行业自律价格都最终以失败告终。

三 现代寡头理论:博弈论的运用

博弈论是数学的一个分支,研究多个行为主体在各自作出决策而且行为的结果直接相互作用时的决策与结果。20 世纪 40 年代美国数学家维纳和经济学家摩根斯坦合作写了一本《博弈论与经济行为》,开创了把博弈论运用于经济问题分析的新时代,现在博弈论在经济分析中已得到广泛应用。

下面通过“囚徒困境”这个经典案例说明博弈论的基本思想。囚徒困境是说甲、乙两人由于合伙偷一辆汽车而被捕。警方怀疑他们还抢劫过银行,于是将他们分别关押,并告诉每个人:如果他们两人都坦白抢劫银行的事,各判 3 年;如果一方交代另一方不交代,交代者判 1 年,不交代者判 8 年;当然他们都知道,如果谁都不交代,会由于偷车而判 2 年。他们每个人可以选择的行为有两种:交代或不交代。他们无法勾结(不能合作),各自选择的结果取决于对方的选择。他们两人共有 4 种可能的选择组合,也有 4 种可能的结果组合。最后哪一种结果出现的可能性最大呢? 博弈论正是要分析各方决策与结果的出现概率的。

可以用图 5－14 的矩阵图说明 4 种可能的策略选择与 4 种结果。

甲

		交　代	不交代
乙	交　代	3 / 3	1 / 8
	不交代	8 / 1	2 / 2

图 5－14 囚徒困境矩阵

从图 5－14 看,4 种可能的策略与结果是:

(1) 甲、乙都交代,各判 3 年;

(2) 甲、乙都不交代,各判 2 年;

(3) 甲不交代,乙交代,甲判 8 年,乙判 1 年;

(4) 甲交代,乙不交代,甲判 1 年,乙判 8 年。

最后的结果会是什么呢? 各方都从个人利益最大化角度出发,选择自己的最优策略(即对自己最有利的决策)。这样,甲的选择就是:

如果乙不交代,甲有两种选择和两种结果:甲选择不交代,判 2 年;甲选择交代,判 1 年。两者相比,在乙选择不交代时,甲选择交代有利。

如果乙交代,甲也有两种选择和两种结果:甲选择不交代,判 8 年;甲选择交代,判 3 年。两者相比,在乙选择交代时,甲选择交代有利。

结论是无论乙选择交代还是不交代，甲选择交代都是对自己最有利的策略。

乙的推理过程与此相同，结论也是无论甲选择交代还是不交代，乙选择交代都是对自己最有利的策略。

结果，甲、乙两人都选择了交代，各判 3 年。这就说明，即使两人合作是有利的（各判 2 年），但这种合作却是困难的。

可以运用这种博弈论的方法分析寡头垄断市场上的价格勾结行为。下面对最简单的寡头垄断市场——双寡头市场进行分析。

假设石油市场上只有两个寡头企业 A 和 B。它们的产量最高可达到各生产 3 000 万桶，共生产 6 000 万桶。这时，生产成本每桶 60 美元，市场价格也为 60 美元，没有利润。

如果它们互相勾结，把产量限定为各生产 2 000 万桶，共生产 4 000 万桶。这时，生产成本每桶 80 美元，市场价格每桶 90 美元，各得利润 20 000 万美元。

如果一方违约生产 3 000 万桶，另一方守约生产 2 000 万桶，共生产 5 000 万桶，市场价格为每桶 75 美元。违约一方生产成本为每桶 60 美元，共获利 45 000 万美元（15 美元×3 000万桶），守约的一方生产成本每桶为 80 美元，亏损 10 000 万美元。

它们各有两种策略：违约与守约，共有 4 种可能的结果，见图 5 - 15 的矩阵图。

A

		守约	违约
B	守约	20 000万美元 20 000万美元	45 000万美元 -10 000万美元
	违约	-10 000万美元 45 000万美元	0 0

图 5 - 15 双寡头市场的博弈

两寡头企业共有 4 种策略，4 种结果：

(1) A、B 都守约，各获 20 000 万美元利润。

(2) A、B 都不守约，各方利润为零。

(3) A 守约，亏损 10 000 万美元，B 违约，获利 45 000 万美元。

(4) A 违约，获利 45 000 万美元，B 守约，亏损 10 000 万美元。

A 的选择是：

如果 B 守约，A 选择守约，利润为 20 000 万美元；A 选择违约，获利 45 000 万美元。两者相比，在 B 守约时，A 选择违约是优势策略。

如果 B 违约，A 选择守约，亏损 10 000 万美元；如果 A 选择违约，没有亏损也没有利润。两者相比，在 B 违约时，A 选择违约是优势策略。

结论是无论 B 选择守约还是违约，A 选择违约都是优势策略。

B的推理过程与此相同，结论是无论A选择守约还是违约，B选择违约都是优势策略。

这样，AB两者都选择了违约，两方都无利润。这也说明，即使两个寡头合作（勾结）是有利的，但这种合作却是困难的。

这里分析的是最简单的寡头垄断市场情况。在这种情况下，如果博弈是多次进行，各方采取“一报还一报的策略”，即如果一方这次合作，另一方下次也合作，如果一方这次不合作，另一方下次也不合作，最终仍可实现合作。但如果博弈者不是双头而是多头，博弈不能多次进行，不可能对违约者进行有效的惩罚，合作仍然是困难的。

在现实的寡头垄断市场上，寡头企业是多个，而且每次博弈并不相同，要对违约者进行惩罚并不容易，所以寡头垄断市场上就存在激烈的价格竞争。

资料库

张伯伦革命

亚当·斯密以后的一两百多年是自由资本主义发展的鼎盛时期，那时垄断还是个别现象。当资本主义进入垄断阶段后，以往的经济学理论已无法对其进行解释，现实世界中普遍的垄断现象开始引起经济学家的关注。从19世纪初的西斯蒙第、穆勒、麦克库洛赫，到19世纪末和20世纪初的马歇尔、古诺、埃奇沃思、西奇威克，尤其是庇古和斯拉法，他们早已对垄断理论和市场的不完全性作了大量研究。但问题在于，他们始终沿袭“斯密传统”，即将自由竞争作为普遍现象而把垄断作为例外来构造他们的理论框架。

一直到20世纪30年代中期美国哈佛大学的张伯伦和英国剑桥大学的罗宾逊夫人分别出版了《垄断竞争理论》和《不完全竞争经济学》，才正式宣告“斯密传统”的彻底结束。张伯伦、罗宾逊夫人摈弃了长期以来以马歇尔为代表的新古典经济学关于把“完全竞争”作为普遍现象而把垄断看做个别例外情况的传统假定，认为完全竞争与完全垄断是两种极端情况，研究了现实生活中存在的各种处于完全竞争和完全垄断之间的“中间地带”，提出了一套在经济学教科书中沿用至今的、处在两种极端之间的“垄断竞争”市场模式，并在其成因比较、均衡条件、福利效应等方面运用边际分析方法完成了微观经济学的革命，将市场结构分成更符合资本主义垄断阶段实际情况的四种类型。“张伯伦革命”的经济学意义还在于，从那时开始，经济学似乎更加真实地描述了经济的本质和现状，人们距离真实的经济世界又近了一步。

本章小结

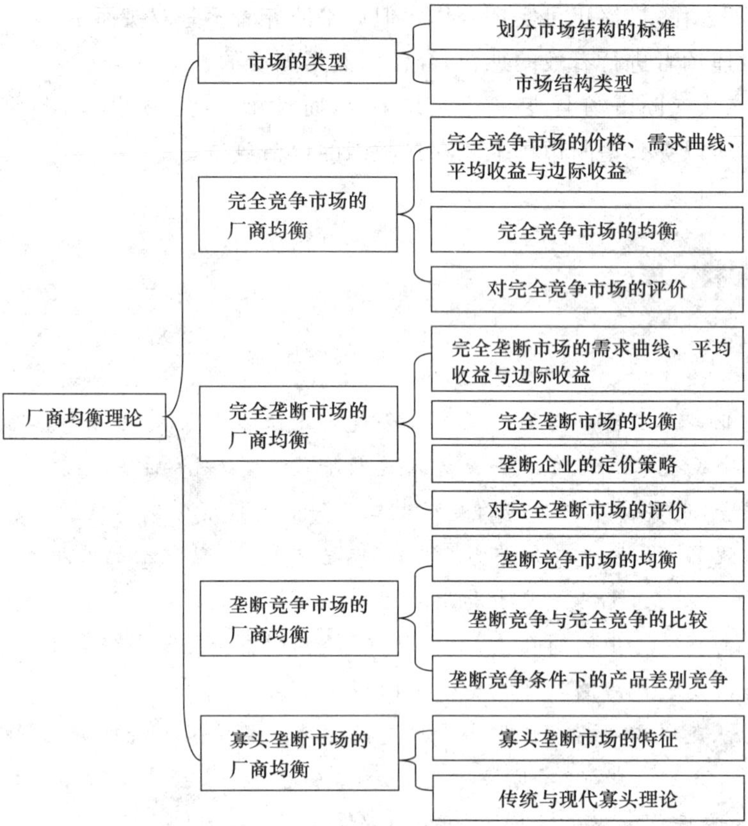

同步练习

一、单项选择题

1. 在完全竞争市场上(　　)。

A. 产品有差别　　B. 产品无差别

C. 产品有的有差别,有的无差别　　D. 以上说法都对

2. 在完全竞争条件下,平均收益与边际收益的关系是(　　)。

A. 大于　　B. 小于　　C. 等于　　D. 没有关系

3. 在完全竞争条件下,个别厂商的需求曲线是一条(　　)。

A. 与横轴平行的线　　B. 向右下方倾斜的曲线

C. 向右上方倾斜的曲线　　D. 与横轴垂直的线

4. 已知某企业生产的商品价格为 10 元，平均成本为 11 元，平均可变成本为 8 元，则该企业在短期内会(　　)。

A. 停止生产且亏损　　B. 继续生产且存在利润

C. 继续生产但亏损　　D. 停止生产且不亏损

5. 垄断厂商面临的需求曲线是(　　)。

A. 向右下方倾斜的　　B. 向右上方倾斜的

C. 垂直的　　D. 水平的

6. 完全竞争与垄断竞争市场的根本区别在于(　　)。

A. 厂商数目的多少　　B. 进入市场是否有障碍

C. 产品是否有差别　　D. 市场信息传递是否畅通

7. 在完全垄断市场上，对于任何产量，厂商的平均收益总等于(　　)。

A. 边际收益　　B. 边际成本　　C. 平均成本　　D. 市场价格

8. 在垄断厂商的长期均衡产量上，(　　)。

A. AR 大于 LAC　　B. AR 小于 LAC

C. AR 等于最小的 LAC　　D. 以上情况都可能存在

9. 最需要进行广告宣传的市场是(　　)。

A. 完全竞争市场　　B. 完全垄断市场

C. 垄断竞争市场　　D. 寡头垄断市场

10. 垄断竞争与完全垄断市场的共同点是(　　)。

A. 垄断力度相同

B. 企业数目相同

C. 价格弹性相同

D. 需求曲线一般都是向右下方倾斜

二、简答题

1. 简析完全竞争市场中厂商需求曲线、平均收益曲线和边际收益曲线的特征及关系。

2. 试分析完全竞争市场中厂商的短期均衡。

3. 试述完全竞争市场中厂商的长期均衡并评价其效率。

4. 为什么垄断市场中厂商的需求曲线是向右下方倾斜的？说明相应的 AR 曲线和 MR 曲线的特征及关系。

5. 垄断市场中厂商实现短期均衡时一定能获得经济利润吗？为什么？

6. 试述不同类型的市场结构下厂商的竞争战略。

三、计算题

1. 已知完全竞争市场厂商的长期成本函数为 $LTC=Q^3-12Q^2+40Q$，计算当市场价格

$P=100$ 时,厂商实现最大利润的产量、利润为多少?平均成本是多少?

2. 某完全竞争行业中单个厂商的短期成本函数为 $STC=0.1Q^3-2Q^2+15Q+10$,问市场价格降为多少时,厂商必须停产?

3. 某垄断市场厂商短期总成本函数为 $STC=0.3Q^3+6Q^2+140$,需求函数为 $Q=140-2P$,计算短期均衡产量和均衡价格。

实训项目

打破垄断,缩小国民收入差距

人们对垄断行业并没有一个明确的定义,通常把金融、电力、电信、烟草、石油、石化、运输、邮电等行业列举为垄断行业。我国统计数据表明,石油、电力、电信、烟草等行业的员工人数不到全国职工人数的8%,但其收入相当于全国职工工资总额的60%左右。一直以来,人们对垄断行业的高收入给予了极大的关注,如何遏制垄断企业畸形高薪也成为专家学者的热门话题。

导致垄断的原因主要有三个:第一,企业合谋。某个行业的几个大企业可以通过不正当合约来操纵产品的产量和价格,以此赢得不正当的高利润。第二,规模经济。由规模经济导致的垄断叫做自然垄断。一些行业的生产技术决定该行业的企业在开始生产之前必须进行大量的投资,这种投入即固定成本。由于固定成本的存在,企业开始生产之后的单位成本随产品产量的增加而降低。对于存在规模经济的行业,其产品往往由单一企业供应时成本最低,最有效率。电力和通信行业是规模经济的代表性行业。第三,行政管制。政府对某些行业的行政管制,是政府干预经济的方式之一。为了解决市场失灵,有效的行业干预能够改善经济效率。但是,作为行政干预的副产品,或者因为干预不当以及缺少有效干预手段等原因,行政干预往往会妨碍被干预行业的竞争,最终出现行政垄断。有些垄断行业的存在具有一定的合理性,但过高的报酬仍然招来人们的普遍质疑。

2011 年“两会”期间，温家宝总理在《政府工作报告》中指出：“我们不仅要通过发展经济，把社会财富这个‘蛋糕’做大，也要通过合理的收入分配制度把‘蛋糕’分好。”……并强调：“有效调节过高收入，加强对收入过高行业工资总额和工资水平的双重调控，严格规范国有企业、金融机构高管人员薪酬管理。”这有助于我们在认识上跳出就收入谈收入的传统思维，把整顿垄断行业的收入与改革垄断行业的体制弊端统一起来，为整顿垄断行业过高收入指明了方向。

问题：你认为在中国存在着哪些垄断行业？哪些垄断行业有其存在的必然性和必要性，哪些行业应该破除垄断？为什么？

第六章　分配理论

学习目标

知识目标

- 了解生产要素价格的决定
- 掌握工资、利息、地租和利润理论
- 理解劳伦斯曲线和基尼系数
- 掌握收入分配政策

能力目标

- 能够利用分配理论分析劳动、资本等市场价格的决定
- 能够利用劳伦斯曲线和基尼系数分析一国的收入分配情况

案例导入

中国贫富差距逼近社会容忍“红线”

近些年来，我国地区、城乡、行业、群体间的收入差距越来越大，分配格局失衡导致部分社会财富向少数人集中，从基尼系数看，我国贫富差距正在逼近社会容忍的“红线”。专家认为，当前我国收入分配已经走到亟待调整的“十字路口”，缩小贫富差距、解决分配不公的问题十分迫切，必须守住贫富差距的“红线”。

近年来，大学毕业生争抢“吃皇粮”，甚至出现千余人竞争一个公务员岗位的现象。同时，垄断行业的高工资也屡屡遭到质疑。据人力资源和社会保障部统计，目前电力、电信、金融、保险、烟草等行业职工平均工资是其他行业职工的2倍到3倍，如果加上工资外收入和职工福利待遇上的差异，实际差距可能更大。

许多人对以垄断和“身份”为代表的“权力分配”表示不满。专家们认为，这种依赖于政策保护和资源垄断的“权力分配”，有悖于社会主义按劳分配原则，严重侵害了个人发展权，扭曲了收入分配格局。因此，国家必须通过多种途径，弱化权力在分配格局中的作用，合理调整各行业、群体间的收入差距，才能降低社会矛盾“燃点”，实现和谐与稳定。

分配理论要解决为谁生产的问题，即生产的产品按什么原则分配给社会各阶层。分配问题之所以重要还在于它涉及经济学一个最基本的问题——效率与公平。

市场经济中，分配的原则是按贡献分配，即每种生产要素在生产中作出了多大贡献，就得到多少报酬。各种生产要素的报酬取决于生产要素的数量与价格。所以，分配理论首先要解决生产要素的价格决定问题。生产要素的价格与产品的价格一样，是由供求关系决定的。也就是说，生产要素的需求与供给决定了生产要素的价格。因此，分配理论是价格理论在分配问题上的应用，分配是由价格决定的。

本章从生产要素的供求入手，介绍工资、利息、地租和利润理论，即收入分配原理；然后从社会角度研究分配问题及收入分配平等化的有关政策，即社会收入分配。

第一节 收入分配原理

为了说明生产要素价格的决定，首先要了解生产要素需求与供给的决定。

一 生产要素的需求

（一）生产要素需求的特点

1. 生产要素的需求是一种派生需求

这就是说，是由于对产品的需求而引发了对生产要素的需求。企业之所以需要生产要素是为了用它生产各种产品，实现利润最大化。

2. 生产要素的需求是一种联合的需求或相互依存的需求

这就是说，任何生产行为所需要的都不是一种生产要素，而是多种生产要素，这样各种生产要素之间就是互补的。如果只增加一种生产要素而不增加另一种，就会出现边际收益递减现象。而且，在一定范围内，各种生产要素也可互相代替。生产要素相互间的这种关系说明它们的需求是相关的。

课堂活动

中国有句俗语是“巧妇难为无米之炊”，请从生产要素需求的特点这一角度谈谈你对这句话的理解。

（二）影响生产要素需求的因素

由以上生产要素需求的特点可以看出，影响生产要素需求的主要有如下因素：

1. 市场对产品的需求及产品的价格

这两个因素影响产品的生产与企业的利润，从而也就影响生产要素的需求。一般而言，市场对某种产品的需求越大，该产品的价格越高，则生产这种产品所用的各种生产要素的需求也越大。反之，则相反。

2. 生产技术状况

生产技术决定了对某种生产要素需求的大小。如果技术是资本密集型的（如汽车），则对资本的需求大；如果技术是劳动密集型的（如手工艺品、纺织业），则对劳动的需求大。

3. 生产要素的价格

各种生产要素之间有一定程度的替代性，如何进行替代在一定范围内取决于各种生产要素本身的价格。企业一般要用价格低的生产要素替代价格高的生产要素，从而生产要素的价格本身对其需求就有重要影响。

（三）生产要素需求的决定

1. 完全竞争市场上厂商对一种生产要素需求的决定

首先说明当生产要素市场为完全竞争市场时，一家企业对一种生产要素的需求的决定。

企业购买生产要素是为了实现利润最大化。这样，它就必须使购买最后一单位生产要素所支付的边际成本与其所带来的边际收益相等。在完全竞争市场上，边际收益等于平均收益，即等于价格。因此，企业对生产要素的需求就是边际收益、边际成本与价格相等时对应的要素需求量，即：

$$MR=MC=P$$

在完全竞争市场上，对一家企业来说价格是不变的。由此可见，企业对生产要素的需求就取决于生产要素的边际收益。

生产要素的边际收益取决于该要素的边际生产力。在其他条件不变的情况下，增加一单位某种生产要素所增加的产量（或者这种产量所带来的收益）就是该生产要素的边际生产力。如果以实物表示生产要素的边际生产力，则称为边际物质产品。如果以货币表示生产要素的边际生产力，则称为边际产品收益，或边际产品价值。

根据边际收益递减规律，在其他条件不变的情况下，生产要素的边际生产力是递减的。因此，生产要素的边际收益曲线是一条向右下方倾斜的曲线。这条曲线也是生产要素的需求曲线，如图 6-1 所示。

在图 6-1 中，横轴 OQ 为生产要素需求量，纵轴 OP 为生产要素价格，MPP 为边际物质产品曲线，即向右下方倾斜的边际生产力曲线，也就是生产要素需求曲线。当生产要素的价格为 OP_0 时，生产要素的需求量为 OQ_0，这时使用的生产要素可以实现 $MR=MC$。如果生产要素价格提高，则 $MR<MC$，从而生产要素需求减少；如果生产要素价格降低，则 $MR>MC$，从而生产要素需求增加。

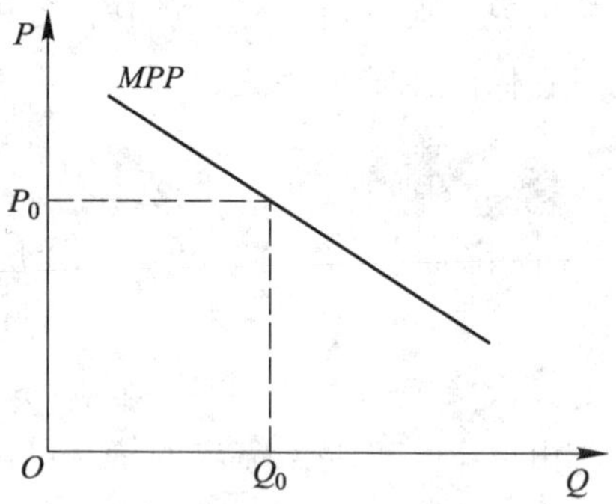

图 6-1 生产要素的需求曲线

整个行业的生产要素需求是各个企业生产要素需求之和，也是一条向右下方倾斜的线。

2. 不完全竞争市场上厂商对生产要素需求的决定

在不完全竞争（即垄断竞争、完全竞争、寡头垄断）市场上，对一个企业来说价格是变化的，因此边际收益不等于价格。边际收益取决于生产要素的边际生产力与价格水平。这时，生产要素需求仍取决于 $MR=MC$，因此生产要素的需求曲线仍然是一条向右下方倾斜的线。

这两种市场上厂商对生产要素需求的差别在于生产要素需求曲线的斜率不同，从而在生产要素价格相同时，对生产要素的需求量不同。一般而言，价格相同时完全竞争市场上的生产要素需求量大于不完全竞争市场。

二 生产要素的供给

生产要素有很多种类，不同种类的生产要素各有自己的特点。一般来说，可以把生产要素分为三类。

第一类是自然资源，在经济分析中假定这类生产要素的供给是固定的。

第二类是资本品。资本品是利用其他资源生产出来的，是和其他产品一样的产品。在经济中，这一行业的产品往往就是另一行业的生产要素。因此，这种生产要素的供给与一般产品的供给一样，随价格同方向变动，供给曲线向右上方倾斜。

第三类是劳动。正如我们在分析消费者决策时所说的，劳动供给也取决于工资变动所引起的替代效应和收入效应。随着工资增加，由于替代效应的作用，家庭成员用工作代替闲暇，从而劳动供给增加。同时，随着工资增加，由于收入效应的作用，家庭成员需要更多闲暇，从而劳动供给减少。当替代效应大于收入效应时，劳动供给随工资增加而增加；当收入效应大于替代效应时，劳动供给随工资增加而减少。一般规律是，当工资较低时，替代效应大于收入效应；当工资达到某个较高水平时，收入效应大于替代效应。因此，劳动供给曲线是一条向后弯曲的供给曲线。向后弯曲的劳动供给曲线指起先随工资上升，劳动供给增加，当工资上升到一定程度后，随工资上升，劳动供给减少的劳动供给曲线，如图 6-2 所示。

图 6-2 中，横轴 OL 代表劳动供给量，OW 代表工资率（每小时劳动的工资），LS 为劳动供给曲线。当工资水平低于 W_0 时，替代效应大于收入效应，劳动供给随工资增加而增加，劳动供给曲线向右上方倾斜。当工资水平高于 W_0 时，收入效应大于替代效应，劳动供给随工资增加而减少，劳动供给曲线向左上方倾斜。LS 是一条向后弯曲的曲线。

三 生产要素价格的决定

生产要素的价格与产品的价格一样，在完全竞争市场上是由生产要素的供求决定的。根据以上对生产要素供求的分析，一般而言，生产要素的需求曲线向右下方倾斜，供给曲线向右上方倾斜，这样，就可以用图 6-3 说明生产要素价格的决定。

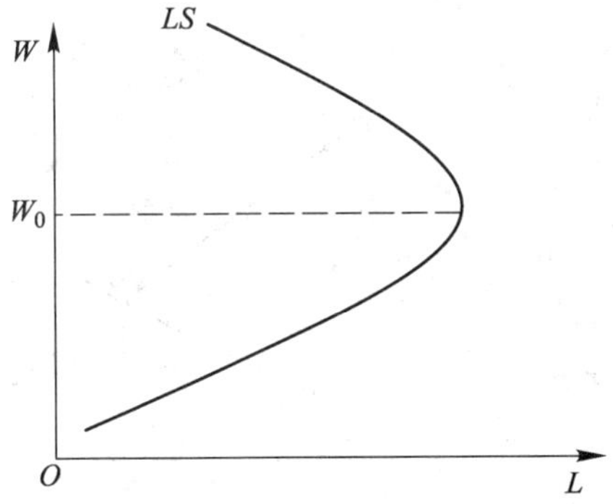

图 6-2 劳动的供给曲线

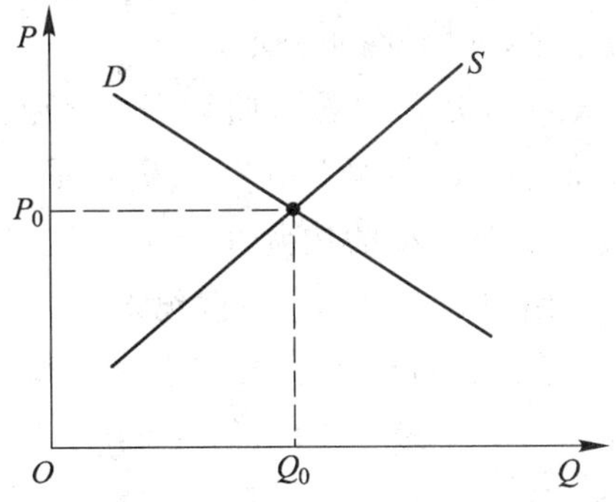

图 6-3 生产要素价格的决定

图 6-3 中，生产要素的需求曲线 D 与供给曲线 S 相交，决定了生产要素的价格为 P_0，数量为 Q_0。这与产品价格和数量的决定完全一样。

但不同种类的生产要素有不同的需求与供给特征，也有不同的市场结构。因此，各种生产要素价格与收入的决定亦有不同。下面介绍各种生产要素收入的决定。

四 工资、利息、地租、利润理论

（一）工资理论

工资是劳动力所提供的劳务的报酬，也是劳动这种生产要素的价格。劳动者提供劳动，获得作为收入的工资。

可以从不同角度把工资分为不同的种类。按计算方式分，工资可以分为按劳动时间计算的计时工资与按劳动成果计算的计件工资。按支付手段分，工资可以分为以货币支付的货币工资和以实物支付的实物工资。按购买力分，工资可以分为按货币单位衡量的名义工资（或称货币工资）和按实际购买力衡量的实际工资。下面分析货币工资的决定与变动。

1. 完全竞争市场上工资的决定

在完全竞争的劳动市场上，工资是由劳动的供求关系决定的。

企业对劳动的需求取决于多种因素，例如市场对产品的需求、劳动的价格、劳动在生产中的重要性等，但劳动的需求主要还是取决于劳动的边际生产力。劳动的边际生产力是指在其他条件不变的情况下，增加一单位劳动所增加的产量。劳动的边际生产力是递减的。企业在购买劳动时要使劳动的边际成本（即工资）等于劳动的边际产品。如果劳动的边际产品大于工资，劳动的需求就会增加，如果劳动的边际产品小于工资，劳动的需求就会减少。因此，劳动的需求曲线是一条向右下方倾斜的曲线，表明劳动的需求量与工资呈反方向变动。

如前所述，劳动的供给取决于工资变动引起的替代效应和收入效应，劳动的供给曲线是一条向后弯曲的曲线。

劳动的需求与供给共同决定了完全竞争市场上的工资水平，如图 6-4 所示。

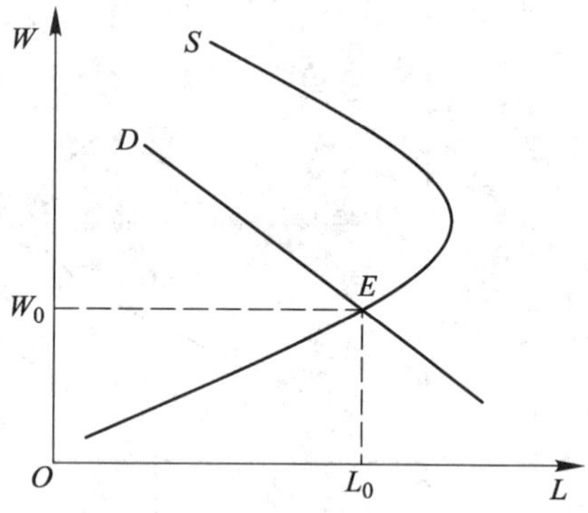

图 6-4 完全竞争市场上工资的决定

图 6-4 中，劳动的需求曲线 D 与劳动的供给曲线 S 相交于点 E，这就决定了工资水平为 W_0，这一工资水平等于劳动的边际生产力。这时劳动的需求量与供给量都是 L_0。20 世纪 30 年代以前的经济学家一般认为，当劳动的需求大于供给时，工资会上升，从而增加劳动的供给，减少劳动的需求；当劳动的需求小于供给时，工资会下降，从而减少劳动的供给，增加劳动的需求。正如价格的调节使产品市场实现供求相等一样，工资的调节也使劳动市场实现供求相等，并保证充分就业。

2. 不完全竞争市场上工资的决定

不完全竞争的劳动市场是指劳动市场上存在着不同程度的垄断。这种垄断有两种情况：一种是劳动者对劳动的垄断，即劳动者组成工会，垄断了劳动的供给；另一种是企业对劳动购买的垄断。当然，这两种情况的结合就是双边垄断，即卖方与买方都有一定程度的垄断。在不完全竞争市场上，工资可能高于或低于劳动的边际生产力。这里主要分析工会的存在（即劳动市场上卖方垄断）对工资决定的影响。

在西方国家，工会是工人自己的组织，是在与资方进行各种形式的经济斗争，争取更好的工作条件与工资水平的过程中成立发展起来的。工会一般是按行业组织的，如美国的汽车工人联合会，也有的是跨行业的组织，如美国的劳联-产联。工会不受政府或政党操纵，完全是独立的，它也不是像政党那样的政治组织，而只是维护工人权益的经济组织。在西方社会中，工会、政府、企业被认为是三个并列的组织。在工资的决定上，工资水平一般是由工会与企业协商确定的，政府在其间只起一种协调作用。因为工会控制了入会的工人，而且工会的力量相当强大，所以在经济学中被作为劳动供给的垄断者，并以这种垄断来影响工资的决定。

工会影响工资的方式主要有三种：

第一，增加对劳动的需求。在劳动供给不变的情况下，通过增加对劳动的需求来提高工资，不但会使工资增加，而且可以增加就业。工会增加企业对劳动需求最主要的方法是增加市场对本国产品的需求，因为劳动的需求是由市场对本国产品的需求派生的。市场对本国产品的需求越大，对劳动的需求也就越大。要增加对本国产品的需求就要通过向政府施加影响，增加出口，限制进口，实行贸易保护政策，保护本国工人的利益。当今贸易保护主义重新抬头就与此有关，各国工会组织要求政府限制外国产品的进口，以增加本国工人的就业机会。

第二，减少劳动的供给。在劳动需求不变的情况下，通过减少劳动的供给同样也可以提高工资，但这种情况会使就业减少。工会减少劳动供给的方法主要有：迫使政府立法限制非工会会员受雇，迫使政府通过强制退休、禁止使用童工、限制移民、减少工作时间等法律，例如美国限制非法移民的就业。

第三，最低工资法。即工会迫使政府通过立法规定最低工资。最低工资法是规定企业支付给工人的工资不能低于某个水平（最低工资）的法律。这样，在劳动的供给大于需求时也可以使工资维持在一定水平上。

工会对工资决定的影响是有一定限度的，从劳动的需求看其影响会受以下三种因素的限制：

第一，产品的需求弹性。劳动的需求是派生需求，取决于对产品的需求。如果产品的需求弹性大，则工资增加引起产品价格上升，会使产品需求量大幅度减少，从而工资无法增加。如果产品需求弹性小，则工资增加较为容易。

第二，劳动在总成本中所占的比例。如果劳动在总成本中占的比例大，则工资增加引起总成本增加较多，工资的增加就有限。如果劳动在总成本中所占比例小，工资增加对总成本影响不大，则工资增加较易。

第三，劳动的可替代性。如果劳动不易被其他生产要素代替，则提高工资容易。如果劳动可以较容易地被其他生产要素代替，则工资提高就有限。

从劳动的供给看，工会对工资决定的影响受以下三种因素的限制：

第一，工会所控制的工人的多少。如果控制的工人多，工会力量强大，则易于增加工资。也就是说，工会的垄断程度越高，要求增加工资的力量越大。

第二，工人的流动性大小。如工人流动性大，某一行业或地区可以从其他来源得到工人，则工会较难增加工资。反之则相反。

第三，工会基金的多少。如果工会保证罢工期间工人生活的基金多，提高工资就容易一些。反之则相反。

工会提高工资的斗争能否成功在很大程度上还取决于整个经济形势的好坏，劳资双方的力量对比，政府干预的程度与倾向性，工会的斗争方式与艺术，社会对工会的同情和支持程度，等等。工会只有善于利用各方面的有利条件，才能在争取提高工资的斗争中取得胜利。从西方国家的历史与现实看，工会在维护工人权益方面起到了重要作用。

当然，在劳动市场上影响工资高低的因素还有厂商的垄断程度。当企业的垄断程度高时，企业就会竭力把工资压低到劳动的边际生产力之下。

应该说，尽管劳动市场上的垄断因素对工资的决定有相当大的影响，但从长期看，还是劳动的供求状况在起决定性作用。劳动的供求是决定工资的关键因素。

课堂活动

著名经济学家张五常认为：规定最低工资对中国经济的杀伤力严重。在有效或够高的最低工资规定下，老弱残兵的际遇是最不幸的：他们会失去就业的机会。你同意他的观点吗？

（二）利息理论

1. 利息的含义

利息是资本这种生产要素的价格。利息与工资的计算方式不同，它不是用货币的绝对量表示，而是用利息率表示。利息率是利息在每一单位时间内（例如一年内）在货币资本中所占的比率。例如，货币资本为 10 000 元，利息为一年 1 000 元，则利息率为 10%，或称年息 10%。这 10%就是货币资本在一年内提供生产性服务的报酬，即这一定量货币资本的价格。

2. 利息的合理性

经济学家用时间偏好理论和迂回生产理论解释了为什么要给资本支付利息，以及为什么资本可以带来利息。

为什么应该对资本支付利息呢？经济学家的解释是，人们具有一种时间偏好，即在未来消费与现期消费中，人们是偏好现期消费的。换句话说，现在多增加一单位消费所带来的边际效用大于将来多增加这一单位消费所带来的边际效用。之所以存在这种情况，是因为未来是难以预期的，人们对产品未来效用的评价总小于现在的效用。例如，人们对现在或 5 年后购买同一辆汽车所带来的效用评价就不同。也许他现在更需要汽车，5 年后不如现在这样需要，因此这辆车带来的效用现在比未来大。也许，他会认为未来汽车不如现在这样稀缺，所以未来汽车的效用不如现在，等等。人们总是喜爱现期消费，因此放弃现期消费把货币作为资本投入生产就应该得到利息作为报酬。

为什么资本也能带来利息呢？经济学家用迂回生产理论解释这一点。迂回生产就是先生产生产资料（或称资本品），然后用这些生产资料去生产消费品。迂回生产提高了生产效率，而且迂回生产的过程越长，生产效率越高。例如，渔民直接空手去抓鱼是直接生产，当渔民先织好渔网而后用渔网去捕鱼，就是迂回生产。用渔网捕鱼的效率更高。现代生产的特点就在于迂回生产。但迂回生产如何实现呢？这就必须有资本。所以说，资本使迂回生产成为可能，从而提高了生产效率。这种由于资本而提高的生产效率就是资本的净生产力。资本具有净生产力是资本能带来利息的根源。

3. 利率的决定

利息率取决于资本的需求与供给。资本的需求主要是企业投资的需求，因此可以用投资代表资本的需求。资本的供给主要是储蓄，因此可以用储蓄代表资本的供给。这样就可以用投资与储蓄来说明利息率的决定，如图 6－5 所示。

企业借入资本进行投资，是为了实现利润最大化，这样投资就取决于利润率与利息率之间的差额。利润率与利息率的差额越大，即利润率越是高于利息率，纯利润就越大，企业就越愿意投资。反之，利润率与利息率的差额越小，即利润率越接近于利息率，纯利润就越小，企业也就越不愿意投资。这样，在利润率既定时，利息率就与投资呈反方向变动，从而资本的需求曲线是一条向右下方倾斜的线。图 6－5 中的曲线 D 就代表资本的需求曲线。

人们进行储蓄，放弃现期消费是为了获得利息。利息率越高，人们越愿意增加储蓄；利息率越低，人们就越要减少储蓄。这样，利息率与储蓄呈同方向变动，从而资本的供给曲线是一条向右上方倾斜的线。图 6－5 中的曲线 S 就代表资本的供给曲线。

利息率是由资本的需求与供给双方共同决定的。图 6－5 说明了利息率的决定。

图 6－5 中，横轴 OK 代表资本量，纵轴 Oi 代表利息率，D 为资本的需求曲线，S 为资本的供给曲线，这两条曲线相交于点 E，决定了利息率水平为 i_0，资本量为 K_0。在利息率为 i_0 时，资本的需求量与供给量相等，市场达到均衡。

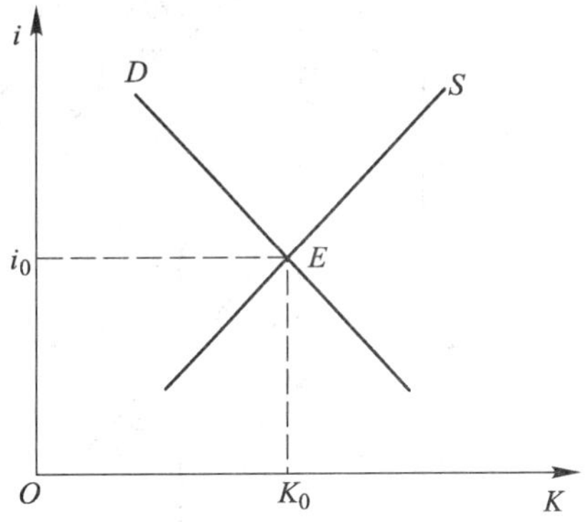

图 6－5　利息率的决定

4. 利息的经济作用

利息作为重要的经济杠杆，在经济中具有十分重要的作用。

第一，利息的存在可以鼓励少消费、多储蓄。许多经济活动都涉及增加资本，如果人们愿意储蓄，那么就会增加新的资本。增加资本有助于经济的增长，日本、韩国及其他亚洲国家经济快速增长的重要原因就是高储蓄率和高投资率。增加储蓄是发展经济的关键，而刺激人们增加储蓄最有力的手段就是实行高利率。因此，一般情况下，国家在经济发展初期总要采取高利率的政策。

第二，利息可以使资本得到最有效的利用。如果社会的利率是既定的，那么人们就会把资本用于利润率最高的部门，利润率最高的部门也就是资本得到最有效利用的部门。

第三，利息可以使厂商更节约、更有效地使用资本。厂商使用资本要支付利息，因此利息的存在是刺激厂商有效地使用资本的最好手段。

第四，利息可以作为调节宏观经济的手段。当经济出现通货膨胀时，提高利率可以抑制对可贷资金的需求，刺激可贷资金的供给，从而抑制通货膨胀；当经济出现萧条时，降低利率可以刺激消费和投资，扩大需求，使经济转向繁荣。正因为利息有这样的作用，所以利用利率调节经济就成为一种非常重要的手段。

（三）地租理论

地租是土地这种生产要素的价格，即土地所有者提供了土地后得到的报酬。土地泛指生产中使用的自然资源，地租也可以理解为使用这些自然资源的租金。

1. 地租的决定

地租的产生首先在于土地本身具有生产力，也就是说地租是利用"土壤原始的、不可摧毁的力量"的报酬。其次，土地作为一种自然资源具有数量有限、位置不变，以及不能再生产的特点。这些特点与资本和劳动不同，因此地租的决定就有自身的特点。

地租由土地的需求与供给决定。土地的需求取决于土地的边际生产力，土地的边际生产力也是递减的。所以，土地的需求曲线是一条向右下方倾斜的曲线。但土地的供给是固定的，因为在每个地区可以利用的土地总有一定的限度。这样，土地的供给曲线就是一条与横轴垂直的线。地租的决定可以用图 6－6 说明。

图 6－6 中，横轴 ON 代表土地量，纵轴 OR 代表地租，垂线 S 为土地的供给曲线，表示土地的供给量固定为 N_0，D 为土地的需求曲线，D 与 S 相交于点 E，决定了地租为 OR_0。

随着经济的发展，对土地的需求不断增加，而土地的供给不能增加，这样地租就有不断上升的趋势。这一点可用图 6－7 说明。

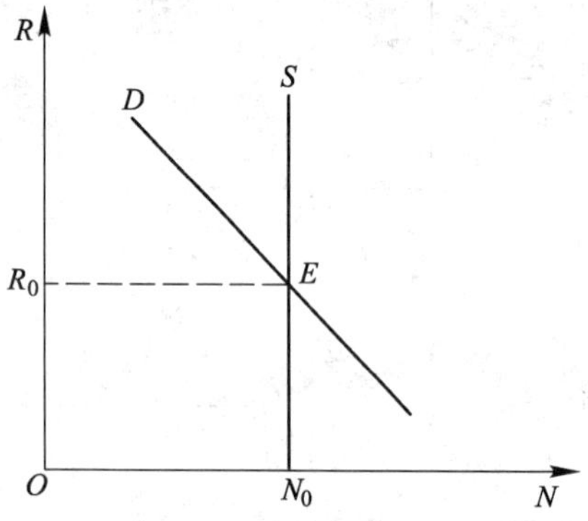

图 6－6　地租的决定

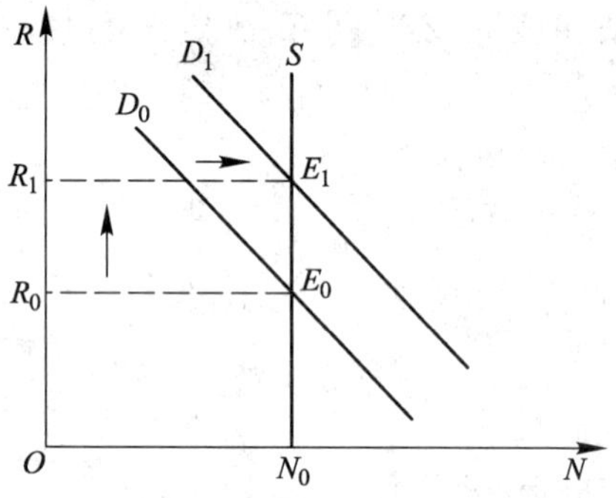

图 6－7　地租的趋势

图 6－7 中，土地的需求曲线由 D_0 移动到 D_1，表明土地的需求增加了，但土地的供给仍为 S，S 与 D_1 相交于 E_1，决定了地租为 OR_1。OR_1 高于原来的地租 OR_0，说明由于土地的需求增加，地租上升了。

2. 准地租与经济租

从对地租的分析还引申出两个重要的经济概念：准地租与经济租。

准地租又称准租金或准租，是英国经济学家 A. 马歇尔提出的概念。准地租指固定资产在短期内得到的收入，因其性质类似地租，而被马歇尔称为准地租。在短期内，固定资产是不变的，与土地的供给相似。不论这种固定资产是否取得收入，都不会影响其供给。只要产品的销售价格能够补偿平均可变成本，就可以利用这些固定资产进行生产。在这种情况下，产品价格超过其平均可变成本的余额，代表固定资产的收入。这种收入是由于产品价格超过其平均可变成本而产生的，其性质类似地租。可用图 6－8 说明准地租。

图 6－8 中，如果价格为 OP_1，产量为 OQ_1，则收益只能弥补平均可变成本，这时不存在准地租。如果价格上升为 OP_2，产量为 OQ_2，这时，收益除了弥补平均可变成本外尚有剩余，剩余部分(即图中的阴影部分)就是准地租。

这里要注意的是，准地租只在短期内存在。在长期内固定资产也是可变的，固定资产的收入就是折旧费及其利息收入。这样，也就不存在准地租了。

如果生产要素的所有者所得到的实际收入高于他所希望得到的收入，则超过的这部分收入被称为经济租。经济租类似消费者剩余，所以也称为生产者剩余。

例如，市场上有 A、B 两类工人各 500 人。A 类工人素质高，所要求的工资为 3 000 元，B 类工人素质低，所要求的工资为 2 000 元。如果某种工作 A、B 两类工人都可以胜任，那么企业在雇用工人时，当然先雇用 B 类工人。但在 B 类工人不够时，也不得不雇用 A 类工人。假设某企业需要工人 1 000 人，它就必须雇佣 A、B 两类工人。在这种情况下，企业必须按 A 类工人的要求支付 3 000 元的工资。这样，B 类工人所得到的收入就超过了他们的要求。B 类工人所得到的高于 2 000 元的 1 000 元收入就是经济租。其他生产要素所有者也可以得到这种经济租。可用图 6－9 说明经济租。

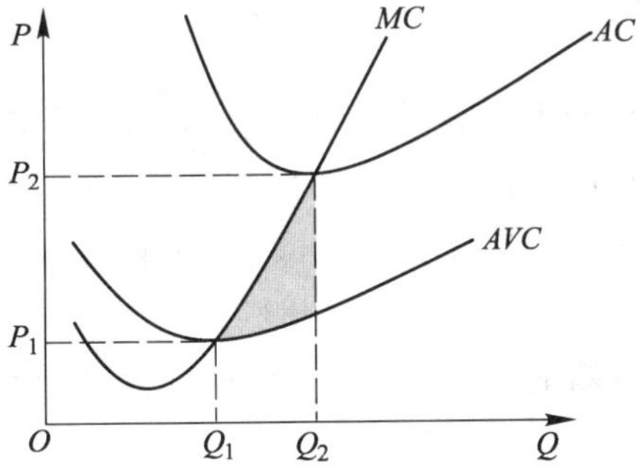

图 6－8 准地租

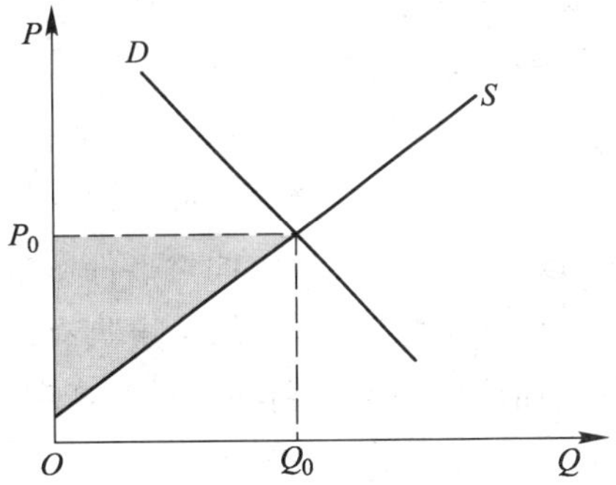

图 6－9 经济租

图 6－9 中，供给曲线 S 表示每增加一单位供给所要求的价格，市场价格为 OP_0，在此价格以下的各单位生产要素都得到了经济租，经济租总额就是图中的阴影部分。

准地租与经济租是不一样的，准地租仅在短期内存在，而经济租在长期中也存在。

(四) 利润理论

利润是企业家才能这种生产要素的报酬。企业家不仅从事企业生产经营中的管理工作，而且要进行创新并承担风险。一般把利润分为正常利润与超额利润。

1. 正常利润

正常利润是企业家才能的价格，也是企业家才能这种生产要素所得到的收入。它包括在成本中，其性质与工资类似，也是由企业家才能的需求与供给决定的。

企业对企业家才能的需求是很大的，因为企业家才能是决定生产好坏的关键，使劳动、资本与土地结合在一起生产出更多产品的决定性因素是企业家才能。而企业家才能的供给又是很少的，并不是每个人都具有企业家的天赋，培养企业家才能所耗费的成本是很高的。企业家才能需求与供给的特点，决定了企业家才能的收入(即正常利润)必然很高。可以说，正常利润是一种特殊的工资，其特殊性就在于其数额远远高于一般劳动所得到的工资。

2. 超额利润

超额利润是指超过正常利润的那部分利润，又称纯粹利润或经济利润。在完全竞争条件下，在静态社会里，不会有这种利润产生。只有在动态社会中和不完全竞争条件下，才会产生这种利润。动态的社会涉及创新和风险，不完全竞争就是存在着垄断。

创新是指企业家对生产要素实行新的组合。它包括五种情况：第一，开发一种新产品；第二，采用一种新的生产方法；第三，开辟一个新市场；第四，获得一种原料的新来源；第五，采用一种新的企业组织形式。

这五种形式的创新都可以产生超额利润。开发一种新产品可以使这种产品的价格高于其成本，从而产生超额利润。采用一种新方法和新的企业组织形式，都可以提高生产效率、降低成本，获得一种原料的新来源也可以降低成本。这样，产品在按市场价格出售时，由于成本低于同类产品的成本，就获得了超额利润。开辟一个新市场同样也可以通过提高价格而获得超额利润。

创新是社会进步的动力，因此由创新所获得的超额利润是合理的，是社会进步必须付出的代价，也是社会对创新者的奖励。

风险是从事某项事业时失败的可能性。由于未来具有不确定性，人们对未来的预测可能发生错误，风险的存在就是普遍的。在生产中，由于供求关系发生难以预料的变动，由于自然灾害、政治动乱以及其他偶然事件影响，也存在着风险，而且并不是所有的风险都可以用保险的方法加以弥补。这样，从事具有风险的生产，就应该得到超额利润。

由垄断而产生的超额利润又称垄断利润。垄断的形式可以分为两种：卖方垄断与买方垄断。

卖方垄断也称垄断或专卖，指对某种产品出售权的垄断。垄断者可以抬高销售价格以损害消费者的利益而获得超额利润。在厂商均衡理论一章中分析的垄断竞争市场的短期均衡、完全垄断市场的短期与长期均衡，以及寡头垄断市场的超额利润，都属于这种情况。

买方垄断也称专买，指对某种产品或生产要素购买权的垄断。在这种情况下，垄断者可以压低收购价格，以损害生产者或生产要素供给者的利益而获得超额利润。

3. 利润在经济中的作用

应该说，利润是社会进步的动力。利润在经济中的作用体现在以下几方面：

第一，正常利润作为企业家才能的报酬能鼓励企业家更好地管理企业，提高经济效益，促进经济繁荣，加快社会发展，增进社会福利。

第二，由创新而产生的超额利润能鼓励企业家大胆创新。这种创新能大力促进科技的繁荣，有利于社会的进步。

第三，由风险而产生的超额利润能鼓励企业家勇于承担风险，从事有利于社会进步、经济发展的风险事业。

第四，追求利润的动机使厂商按社会的需求进行生产，努力降低成本，有效地利用资源，从而在整体上符合社会的利益。

第五，整个社会以利润来引导投资，使投资与资源的配置符合社会的需要。

第二节　社会收入分配

如何实现收入分配中的平等，消灭贫困，同时又保持经济运行的高效率，是经济学研究的重大课题。市场经济中，按生产要素在生产中所作出的贡献大小、由市场决定的收入分配是第一次分配或初始分配。由于每个人拥有的生产要素数量与质量不同，市场经济中的分配必然引起收入不平等，甚至两极分化。本节说明衡量社会收入分配平等状况的标准，以及造成收入分配不平等的原因。

一　衡量社会收入分配状况的标准：劳伦斯曲线与基尼系数

（一）劳伦斯曲线

劳伦斯曲线是用来衡量社会收入分配（或财产分配）平均程度的曲线。如果把社会上的人口分为五个等级，每一等级各占人口的 20%，按他们在国民收入中所占份额的大小可以制出表 6-1 的劳伦斯曲线表。

表 6-1　劳伦斯曲线表

级别	占人口的百分比	累计	占国民收入的百分比	累计
1	20	20	6	6
2	20	40	11	17
3	20	60	19	36
4	20	80	22	58
5	20	100	42	100

根据表 6-1 数据可绘出图 6-10。

图 6-10 中，横轴 *OP* 代表人口百分比，纵轴 *OI* 代表收入百分比。*OY* 为 45°线，在这条线上，每 20%的人口得到 20%的收入，表明收入分配绝对平等，称为绝对平等线。*OPY* 表示收入绝对不平等，是绝对不平等线。根据表 6-1 数据所绘的反映实际收入分配状况的劳伦斯曲线介于这两条线之间。劳伦斯曲线与 *OY* 越接近，收入分配越平等。劳伦斯曲线与 *OPY* 越接近，收入分配越不平等。

（二）基尼系数

根据劳伦斯曲线可以计算出反映收入分配平等程度的指标，这一指标称为基尼系数。

如果把图 6－10 中实际收入线与绝对平等线之间的面积用 A 表示，把实际收入线与绝对不平均线之间的面积用 B 表示，则计算基尼系数的公式为：

$$基尼系数=\frac{A}{A+B}$$

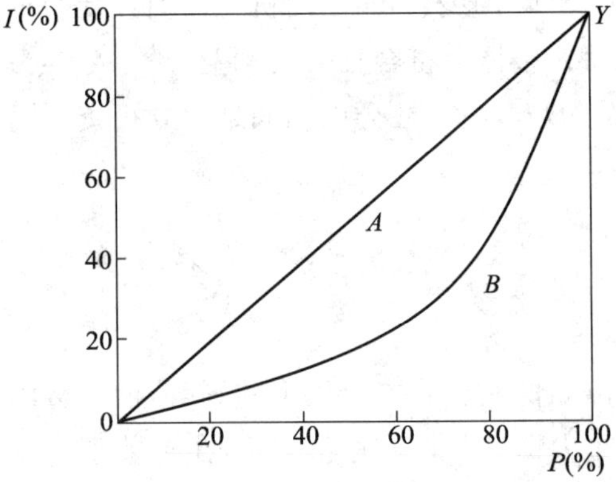

图 6－10 劳伦斯曲线

当 $A=0$ 时，基尼系数等于 0，这时收入绝对平均。

当 $B=0$ 时，基尼系数等于 1，这时收入绝对不平均。

实际基尼系数总是大于 0 而小于 1。基尼系数越小，收入分配越平均；基尼系数越大，收入分配越不平均。

按国际通用标准，基尼系数小于 0.2 表示绝对平均，0.2～0.3 表示比较平均，0.3～0.4 表示基本合理，0.4 为临界点，0.4～0.5 表示差距较大，0.5 以上表示收入差距悬殊，即存在两极分化。我国改革后，收入分配的不平等程度加大，基尼系数还有进一步提高的趋势。这说明改革后，我国改变了过去收入平均分配的格局，但收入分配的不平等也在加剧，几乎到了差距悬殊的程度。

运用劳伦斯曲线与基尼系数可以对各国收入分配的平均程度进行对比，也可以对各种政策的收入效应进行比较。图 6－11 中有 a、b、c 三条劳伦斯曲线。

如果把 a、b、c 这三条劳伦斯曲线分别作为 A，B，C 三个国家的劳伦斯曲线，那就可以看出，A 国收入分配最平均，B 国收入分配平均程度次之，C 国收入分配最不平均。

如果把 a、b 这两条劳伦斯曲线作为实施一项政策前后的劳伦斯曲线，那就可以看出，在实施该项政策后收入分配更不平等了。

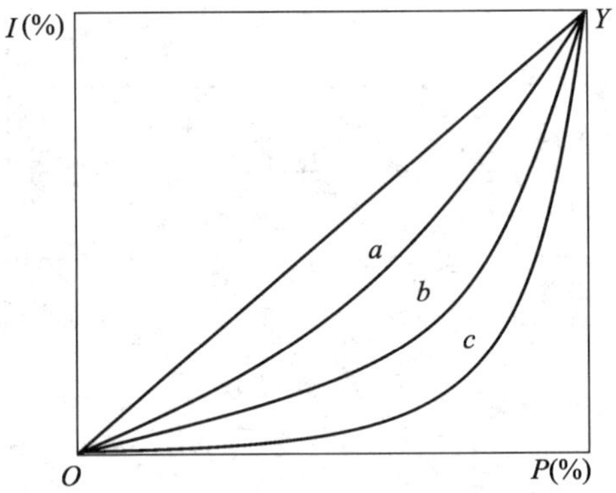

图 6－11 用劳伦斯曲线比较收入分配状况

二 引起收入分配不平等的原因

在任何社会都存在程度不同的收入分配不平等，市场经济社会中这一问题更突出。各个社会引起收入分配不平等的原因既有共同之处，又有不同之处。

首先，收入分配不平等的状况与一个社会的经济发展状况相关。根据美国经济学家库兹涅茨的研究，一个社会收入分配状况变动的规律是，在经济开始发展时，收入分配不平等随经济发展而加剧，只有发展到一定程度之后，收入分配才会随经济发展而较为平等。他根据一些国家的资料绘出了反映这种收入分配变动规律的库兹涅茨曲线。库兹涅茨曲线是表示随经济发展收入分配不平等程度加剧，但经济发展到一定程度时，随经济发展收入分配逐渐平等的一条曲线，如图 6－12 所示。

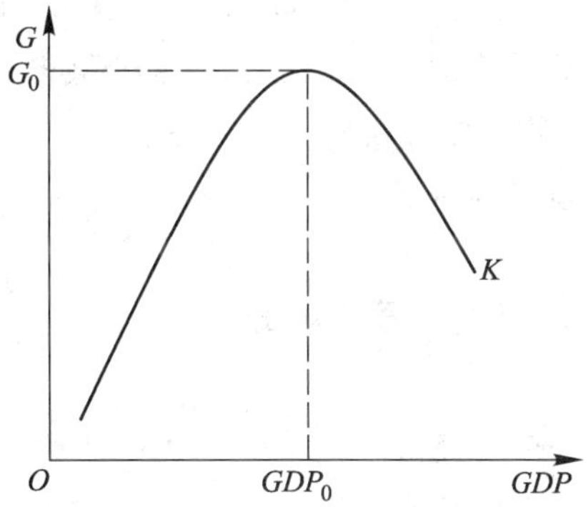

图 6－12 库兹涅茨曲线

图 6－12 中横轴 GDP 代表经济发展状况，纵轴 G 代表基尼系数，表示收入分配状况。在 GDP 达到 GDP_0 之前，基尼系数随 GDP 增加而上升，表示随着经济发展，收入分配不平等加剧。在 GDP 为 GDP_0 时，基尼系数 G_0 最高，收入分配不平等最为严重。在 GDP 超过 GDP_0 后，基尼系数随 GDP 增加而下降，表示随经济发展，收入分配趋于平等。图中的 K 就是库兹涅茨曲线，因这条曲线像倒过来的英文字母 U，所以又称库兹涅茨倒 U 形曲线。

其次，各国收入分配不平等也与制度上存在的问题相关。比如，一些国家存在户籍制度、受教育权利的不平等。在发达国家，工会制度的存在也是引起收入分配不平等的原因，工会会员受工会保护获得较高工资，而非工会会员则无力与雇主抗争，工资较低。

最后，引起收入分配不平等的还有个人原因。也就是说，收入分配不平等与人的个体差异相关。每个人的能力、勤奋程度、机遇并不相同。就能力而言，既有先天才能（即天赋）的不同，也有后天受教育程度的不同。经济学家认为，人的受教育程度与个人收入之间有强烈的相关性。受教育越多，能力越强，收入水平越高，这已是一个不争的事实。就勤奋程度而言，在现实中，有的人吃苦耐劳而又勤奋，愿意从事较为艰苦的工作，愿意从事较多的工作，收入自然也高。也有些人怕苦、怕累或在工作中懒惰，这也导致收入不同。此外，不可否认，有的人运气好，赶上了好机遇，而另一些人没有发挥才能的机会，或者是有机遇没抓住，这也会引起收入差别。

总之，收入分配差距拉大，既有社会原因，又有个人原因，对不同社会、不同阶层的收入差别及原因要进行具体分析。

三 平等与效率：一个永恒的难题

收入分配要兼顾平等与效率。平等是指各社会成员收入分配平均；效率是指资源配置有效，并得到充分利用。

经济学家认为，收入分配有三种标准：第一个是贡献标准，即按社会成员的贡献分配国民收入。这也就是前面在分配理论中介绍过的，按生产要素的价格进行分配。这种分配标准能保证经济效率，但由于各成员能力、机遇的差别，又会引起收入分配的不平等。第二个是需要标准，即按社会成员对生活必需品的需要分配国民收入。第三个是平等标准，即按公平的准则分配国民收入。后两个标准有利于收入分配的平等化，但不利于经济效率的提高。有利于经济效率则不利于平等，有利于平等则会有损于经济效率，这就是经济学中所说的平等与效率的矛盾。

收入分配要有利于经济效率的提高，则要按贡献分配，这样有利于鼓励每个社会成员充分发挥自己的能力，在竞争中取胜。这就是效率优先的分配原则。但这种分配方式使不平等加剧，甚至会出现严重的贫富两极分化。因此，在收入分配中，不仅要效率优先，而且要兼顾公平。效率优先，兼顾公平是许多国家收入分配的原则，但在现实中实施却颇为困难。

四 收入再分配政策

市场经济中是按效率优先的原则进行个人收入分配的。但每个人在进入市场前所拥有的生产要素量不同，即每个人的能力与资产不同，在市场竞争中每个人的机遇也不同。这样，收入差别悬殊，甚至贫富对立是不可避免的。这种分配状况不符合人们公认的伦理原则，也不利于社会安定。因此，要通过政府的收入再分配政策来缓和收入分配不公平的现象。这里介绍一些主要的收入再分配政策。

（一）税收政策

各国的收入再分配政策中，首要的是税收政策。各国出于各种目的而征收税收，其主要目的是通过税收为政府各项支出筹资。在宏观经济政策中，政府运用税收调节宏观经济。在收入再分配中，政府也运用税收来实现收入分配的公平。其主要手段是征收个人所得税，此外还有征收遗产税、财产税、赠与税等手段。

个人所得税是税收的一项重要税种，它通过累进所得税制度调节社会成员收入分配的不平等状况。

累进所得税制度就是根据收入的高低确定不同的税率，对高收入者按高税率征税，对低收入者按低税率征税。以我国为例，个人所得税按收入的高低分为7个税率等级。2011年个税起征点为3 500元，最低的税率（全月应纳税额不超过1 500元）为3%，最高税率（全月应纳税额超过80 000元）为45%。其他各国的个人所得税也是这种累进税制，只是具体的税率规定有所不同。

这种累进所得税有利于纠正社会成员之间收入分配不平等的状况，有助于实现收入的平等化。但这种累进所得税不利于有能力的人发挥其才干，对社会来说也是一种损失。

除了个人所得税外，还有遗产税和赠与税，即对财产的转移征收税收；财产税，即对不动产（如土地、房产等）征收税收；消费税，即对某些商品和劳务的消费征收税收。征收遗产税和赠与税以及财产税，是为了纠正财产分配的不平等。财产分配不平等是收入分配不平等的重要根源，征收这些税也有利于收入分配的平等化。征收消费税，尤其是对奢侈性商品和劳务征收较高的税，也是通过税收实现收入分配平等化的一种方法。因为对消费奢侈性商品与劳务纳税的，基本上都是富人。

（二）社会福利政策

如果说税收政策是通过对富人征收重税来实现收入分配平等化，那么社会福利政策则是通过给穷人补助来实现收入分配平等化。因此，这里把社会福利政策作为收入平等化的一项重要内容。

社会福利政策的历史很长，早在18世纪的英国就有了“济贫法”。但它作为一项重要的经济政策，是在20世纪30年代才形成的。第二次世界大战后，社会福利政策有了迅速的发展，许多国家，尤其是北欧与西欧一些国家，实行了“从摇篮到坟墓”的社会保险福利制度。

从当前西方各国的情况看，社会福利政策主要有这样一些内容：

第一，各种形式的社会保障与社会保险。包括失业救济金制度，即对失业人员按一定标准发放能使其维持生活的补助金；老年人年金制度，即对退休人员按一定标准发放年金；残疾人保险制度，即对失去工作能力的人按一定标准发放补助金；对有未成年子女家庭的补助；对收入低于一定标准（贫困线）的家庭与个人的补助。这些补助金主要采用货币形式，也有采用发放食品券等实物形式的。其资金来源，或者是个人或企业交纳的保险金，或者是政府的税收。

第二，向贫困者提供就业机会与培训。收入不平等的根源在于贡献的大小不同，而贡献的大小与个人的机遇和能力相关。这样，政府就可通过改善穷人就业的能力与条件，来实现收入分配的平等化。在这方面主要是实现机会均等，尤其是保证所有人的平等就业机会，并按同工同酬的原则支付报酬。其次，是使穷人具备就业能力，包括进行职业培训，实行文化教育计划（如扫盲运动），实行半工半读计划，使穷人有条件读书，等等。这些都有助于提高穷人的文化技术水平，使他们能从事收入较高的工作。

第三，医疗保险与医疗援助。医疗保险包括住院费用保险、医疗费用保险以及出院后部分护理费用的保险。这种保险主要由保险金支付。医疗援助则是政府出钱资助医疗卫生事业，使每个人都能得到良好的医疗服务。

第四，对教育事业的资助。包括兴办公立学校，设立奖学金和大学生贷款制度，帮助学校改善教学条件，资助学校的科研等。从社会福利的角度看，对教育事业的资助有助于提高公众的文化水平与素质。这样也有利于收入分配平等化。

第五，各种保护劳动者的立法。包括最低工资法和最高工时法，以及环境保护法、食品和医药卫生法等。这些都有利于增加劳动者的收入，改善他们的工作与生活条件，从而也降低了收入分配不平等的程度。

第六，改善住房条件。包括以低房租向穷人出租国家兴建的住宅；对私人出租的房屋实行房租限制；资助无房者建房，如提供低利率的长期贷款，或低价出售国家建造的住宅；实行住房房租补贴等。这些政策改善了穷人的住房条件，也有利于实现收入分配平等化。

资料库

生产要素理论研究

生产要素是指人类从事生产活动所必需的一切投入品。从威廉·配第“土地是财富之母,劳动是财富之父”的名言开始,各流派经济学家便把生产要素纳入各自的研究范围。后来的亚当·斯密、大卫·李嘉图都认为基于土地、劳动和资本在生产中发挥的不可或缺的作用,要素所有者应获得相应报酬。

法国经济学家让·巴蒂斯特·萨伊在前人研究的基础上,正式提出了有名的“三位一体”公式:劳动应得到工资,资本应得到利润,土地应得到地租。英国经济学家马歇尔在萨伊“三位一体”公式的基础上,提出了所谓的“四位一体”公式,即:劳动—工资,土地—地租,资本—利息,企业家才能—利润。他把“企业家才能”追加到前三种生产要素中,认为企业家才能应获得企业利润。

经济学家J. A. 熊彼特以其创新理论闻名于世。他认为创新就是建立一种新的生产函数,或是将一种从未有过的关于生产要素和生产条件的“新组合”引入生产体系。从此,技术作为一种重要的生产要素正式纳入经济学理论研究范畴。

经济学发展至今,关于生产要素的理论更加丰富,也更加科学。值得一提的是,新制度经济学的代表人物诺思等人提出制度也是一种生产要素,通过研究他们得出结论:即使在其他物质投入都相同的情况下,制度安排不同对经济效率也有显著的影响。

本章小结

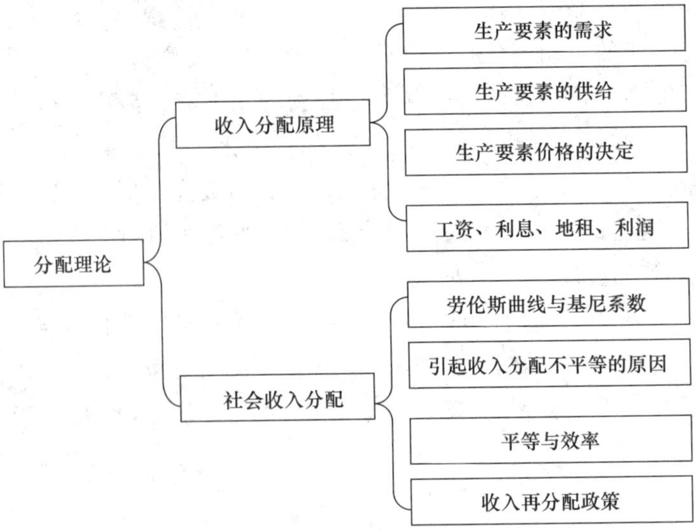

同步练习

一、单项选择题

1. 生产要素的需求是一种(　　)。

A. 派生需求　　B. 联合需求

C. 最终产品需求　　D. A、B两项都正确

2. 生产要素的价格是(　　)。

A. 指该生产要素在某段时间内所提供服务所需支付的代价

B. 购买生产要素本身所需支付的代价

C. 固定不变的

D. 取决于厂商的看法

3. 在下列各项中,不属于生产要素的有(　　)。

A. 农民拥有的土地

B. 企业家才能

C. 在柜台上销售的产品——服装

D. 煤矿工人采煤时所付出的劳动

4. 正常利润是(　　)。

A. 经济利润的一部分　　B. 经济成本的一部分

C. 内隐成本的一部分　　D. B和C都对

5. 如果(　　),劳动供给曲线向右上方倾斜。

A. 仅考虑收入效应

B. 仅考虑替代效应

C. 既考虑替代效应又考虑收入效应,但替代效应更强

D. 既考虑替代效应又考虑收入效应,但收入效应更强

二、简答题

1. 完全竞争要素市场的均衡价格是如何决定的?

2. 如果工人的工资下降,那么替代效应将如何影响劳动供给量?

3. 垂直的土地供给曲线表示什么?

4. 不完全竞争市场上,工资是如何决定的?

5. 利润在经济中的作用体现在哪些方面?

6. 什么是劳伦斯曲线和基尼系数?

实训项目

中国基尼系数超警戒线，财富两极分化

30多年来，我国企业特别是广大职工和基层科技人员为发展我国制造业、扩大对外贸易和开拓国内外市场作出了很大贡献。然而令人遗憾的是，这些年来，财富却越来越多地向企业高管集中，而广大职工却没有相应提高收入和福利。这一方面反映了我国“劳动力成本低廉”的竞争优势，但另一方面，也存在劳动力价格低估和扭曲的问题。全国总工会2010年4月发布的一个调研结果显示，我国国民收入分配格局中劳动者报酬占GDP的比重不断下降，而资本所有者和政府占比却大幅提高。从1997年到2007年，劳动者报酬占GDP的比重从53.4%下降到39.74%；企业盈余占GDP比重从21.23%上升到31.29%，而在发达国家，劳动者报酬占GDP的比重大多在50%以上。

近几年来，大企业高管与广大职工的收入差距明显扩大，特别是国企、央企管理层给自己定的天价薪酬而造就的暴富群体，已经引起国人的强烈不满。据统计，我国现有央企100多家，央企管理层年薪动辄数十万元、数百万元甚至上千万元，而大多数员工月工资一两千元，如此巨大的收入差距，不仅严重脱离我国国情和基本收入分配原则，而且有违公平。

世界银行报告显示，美国是5%的人口掌握了60%的财富，而中国则是1%的家庭掌握了全国41.4%的财富。国际上通常认为，基尼系数0.4是警戒线，一旦基尼系数超过0.4，表明财富已过度集中于少数人，该国社会处于可能发生动乱的“危险”状态。据世界银行统计数据，我国基尼系数已从改革开放初的0.28上升到21世纪初的0.47，这是十分危险的信号。民富才能国强，收入分配公正合理，内需才能拉动，经济复苏才能持久，社会才能稳定。

问题：请根据以上资料，谈谈你对中国收入分配政策的看法。你认为应该从哪些方面入手来缩小贫富差距？

第七章　市场失灵与政府干预

学习目标

知识目标

- 掌握市场失灵的含义
- 掌握公共物品的特征
- 理解外部性的含义、分类及纠正方法
- 掌握政府对垄断的消除方法
- 了解政府必须具有经济职能的原因

能力目标

- 能够利用市场失灵理论的相关知识解释经济现象
- 能够理解政府干预经济活动的依据和政府失灵问题

案例导入

公地的悲剧

公共资源指那些没有明确所有者，人人都可以免费使用的资源，如海洋、湖泊、草场等资源。公共资源由于产权不清，通常会被过度利用。著名的寓言“公地的悲剧”就说明了这个问题。

寓言说的是中世纪的一个小镇，该镇最重要的经济活动是养羊。许多家庭都有自己的羊群，并靠出售羊毛养家糊口。由于镇里的所有草地为全镇居民共同所有，因此每一个家庭的羊都可以自由地在共有的草地上吃草。开始时，居民在草地上免费放羊没有引起什么问题，但随着时光流逝，追求利益的动机使得每个家庭的羊群数量不断增加。由于羊的数量日益增加而土地的面积固定不变，草地逐渐失去自我养护的能力，最终变得寸草不生。一旦公有土地上没有了草，就养不成羊了，羊毛没有了，该镇繁荣的羊毛业也消失了，许多家庭也因此失去了生活来源。

是什么原因引起了公地的悲剧？为什么牧羊人让羊繁殖得如此之多，以至于毁坏了该镇的共有草地呢？实际上，公地悲剧的产生原因在于外部性。当某一个家庭增加一头羊到草地上吃草时，就会给草地带去损失，这就是养这头羊的成本。但是由于草地是共有的，养这头羊的这种损失（成本）由全镇所有养羊户共同承担，这头羊的所有者只是分担了其中一小部分成本。也就是说，在共有草地上养羊产生了负外部性。某个家庭增加一只羊给其他家庭带来的损失就是这只羊的外部成本。由于每个家庭在决定自己养多少羊时并不考虑其外部成本，而只考虑自己分担的那部分成本，因此养羊家庭的私人成本低于社会成本，从而导致羊的数量过多。全镇所有养羊家庭都这样做，羊群数量不断增加，直至超过了草地的承受能力。

公地的悲剧说明，当一个人使用公共资源时，就减少了其他人对这种资源的享用。由于这种负外部性，公共资源往往被过度利用。解决这个问题的最简单方法就是将公共资源的产权进行重新界定，使之产权明确，即将公共资源转变为私人物品。在上例中，该镇可以把土地分给每个家庭，每个家庭都可以把自己的一块草地用栅栏圈起来。这样，每个家庭就承担了羊吃草的全部成本，从而可以避免过度放牧。如果公共资源无法界定产权，则必须通过政府干预来解决，如通过政府管制、征收资源使用费等办法减少公共资源的使用。

在完全竞争条件下，通过价格机制这只“看不见的手”可以实现供求平衡，从而达到资源的最优配置。从这种意义上说，市场机制是配置资源的一种良好方式。但价格机制并不是万能的，发挥其有效作用是有前提条件的，因而它不可能调节人们经济生活的所有领域。价格机制在某些领域不能起作用或不能起有效作用的情况，就是市场失灵，因而必须借助凌驾于市场之上的力量——政府这只“看得见的手”来纠正和弥补市场失灵。

第一节 市场失灵

市场失灵是指市场机制不能正常发挥作用，从而使资源配置不能达到最优状态。狭义的市场失灵是指完全竞争市场的假定条件得不到满足而导致市场机制不能有效配置资源。广义的市场失灵还包括市场机制在配置资源过程中导致的经济波动和收入分配不平等等现象。西方经济学中的市场失灵一般是指狭义的市场失灵。

市场失灵主要有以下几方面的表现或原因：公共物品、外部性、垄断与信息不对称。

一 公共物品

在现实经济中，大部分物品（与劳务）是私人物品。私人物品是由个人消费的物品。它的特征是消费的排他性和竞争性。排他性是指一旦一个人拥有了某种物品，就可以很容易地阻止别人消费该物品。例如，你购买了一公斤樱桃，你就获得了消费这一公斤樱桃的权利，你要不让别人消费这一公斤樱桃就很容易办到。竞争性是指一个人消费了一定量的某种物品，就要减少别人对该物品的消费量。市场上的物品数量是有限的，一些人多消费，另一些人就要少消费。一个人从某种物品的消费中得到好处，必然使其他人的利益减少，这就是消费的竞争性。私人物品的排他性和竞争性决定了每个人只有通过购买才能消费某种物品，也就是消费者只有通过市场交易向生产者购买才能消费这种物品。有市场交易行为就有价格。当消费者和生产者对价格都满意时，交易才会发生。在这一价格下，消费者愿意购买，生产者愿意生产，价格调节使供求趋于平衡。这就是市场机制配置资源的有效性。

在现实经济中，除了大量的私人物品外，还有另一种物品——公共物品。公共物品是集体消费的物品。例如，公共基础设施、环境保护、文化科学教育、医药卫生、国防等。公共物品的特征是消费的非排他性和非竞争性。非排他性是指不能轻易排斥任何人消费某种物品。例如，你无法禁止其他人利用路灯照亮。非竞争性是指一个人消费某种物品不会减少其他人对该物品的消费，消费者之间并不存在竞争。例如，多一个人或少一个人使用路灯，不会减少每个人从路灯中得到的好处。如果公共物品具有完全的非竞争性和非排他性，则称为纯公共物品。例如国防，一个人即使拒绝为国防服务付费，也可以享用国防服务带来的好处。如果公共物品具有竞争性而不具有排他性，或者具有排他性而不具有竞争性，则称为非纯公共物品。例如，公路、桥梁及电视广播等具有非竞争性，但不具有非排他性，可以通过收费限制通行或收看的群体。

正是因为公共物品是集体消费的物品，具有消费的非排他性和非竞争性，决定了人们不用购买仍然可以消费。这种不用购买就可以消费的行为称为“搭便车”。“搭便车”就是“免费乘车”，不花钱而享用产品或服务。公共物品可以搭便车，消费者要消费不必花钱购买，例如你不必为使用路灯而花钱。这样，公共物品就没有交易，没有市场价格，生产者自然不愿意生产。

如果仅仅依靠市场调节，由于公共物品没有交易价格，就没人生产，或供给远远不足。但公共物品是社会发展必不可少的，缺乏必要的公共物品就不能满足社会经济发展的客观需要，公共物品的提供几乎影响所有公民的生活。而市场调节无法实现公共物品的足够供给。公共物品的供小于求是资源配置失灵的结果，这种失灵是由于单纯依靠市场机制配置资源导致的，这就是市场失灵。

这就需要政府以社会管理者的身份组织和实现公共物品的供给，并对其使用进行监管。公共选择就是国家对公共物品的供给作出决策。公共选择可以通过公民投票、代议制、集体决策等方式进行。

课堂活动

如果一个数学家证明了一个新定理，该定理成为人类知识宝库的一部分，那么任何人都可以免费使用。由于知识是公共物品，以营利为目的的企业就可以免费使用别人创造的知识，结果用于知识创造的资源就太少了。政府应该采取什么措施保证基础知识的提供呢？

二 外部性

外部性又称外部效应，是指某种经济活动给与这项活动无关的主体带来的影响。这种外部效应有时会产生有利影响，有时会产生不利影响。按照外部效应产生的影响不同，可分为外部经济和外部不经济。

外部经济是指一项经济活动给与这项活动无关的主体带来的好处。例如，养蜂人放养蜜蜂使附近的果园增产；种花人不仅美化了环境，还能让路人赏心悦目，这就是外部经济。

外部不经济是指一项经济活动给与这项活动无关的主体带来的不利影响。例如，河流上游企业排放未经处理的污水给下游养殖户造成损失。河流上游企业节省污水处理费用，从而实现了利润最大化，但下游养殖户受到河水污染的影响，这就是外部不经济。

外部性问题的出现，是因为私人边际成本与社会边际成本、私人边际收益与社会边际收益不一致所导致的。私人边际成本是个人生产或消费一单位物品增加的成本。私人边际收益是个人生产或消费一单位物品增加的好处。没有外部性时，生产者和消费者的私人边际成本之和也就是社会边际成本，生产者和消费者得到的私人边际收益之和也就是社会边际收益。即，当没有外部性时：

生产者和消费者的私人边际成本之和＝社会边际成本

生产者和消费者的私人边际收益之和＝社会边际收益

所以，在市场机制调节之下，当：

生产者和消费者的私人边际成本之和＝私人边际收益之和

就有：

社会边际成本＝社会边际收益

这就是说，当市场调节实现了生产者与消费者的供求平衡时，社会利益也就达到最大化了。

但存在外部性时，私人边际成本与社会边际成本、私人边际收益与社会边际收益就可能不一致，如图 7－1 所示。

在存在外部不经济时，社会边际成本中不仅包括私人边际成本，还包括其他成本承担的边际成本（如上例中的污染成本），这时一项经济活动所带来的私人边际成本就小于社会边际成本。那么，实际产量 Q_1 就超过了最佳产量 Q_0，如图 7－1(a)所示。在存在外部经济时，一项经济活动所带来的私人边际收益低于社会边际收益，那么，实际产量 Q_1 就小于最佳产量 Q_0，如图 7－1(b)所示。因为一项经济活动的生产决策依据是边际私人成本和边际私人收益，而不是边际社会成本和边际社会收益。

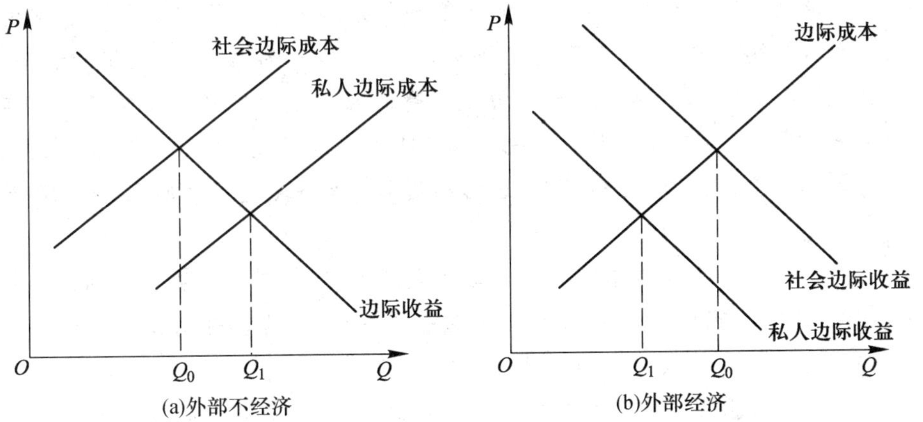

图 7－1 外部性

无论是外部经济，还是外部不经济都会引起市场失灵，造成私人成本和社会成本、私人收益和社会收益的不一致，进而导致资源的不当配置。

纠正外部性的方法一般有：

第一，征税和补贴。给具有外部经济的经济主体以补贴，向具有外部不经济的经济主体收税。如对研制排污系统的企业给以补贴或提供无息贷款，而对烟草企业课以重税。

第二，企业间合并。可以通过依靠有关各方的私利来解决外部性问题。例如，养蜂人和果园主人，双方的经营都给对方带来了外部经济：蜜蜂在果树上采花粉，有助于果树多结果实，同时蜜蜂也用采集的花粉酿造蜂蜜。如果养蜂人购买果园，或果园主购买蜜蜂，就可以使外部性内部化，可以在同一企业内进行这两种活动，而且这一企业可以选择最佳的果树与蜜蜂数量。

第三，产权规定。完整、系统地论述产权问题的学者是美国经济学家罗纳德·科斯。根据科斯定理，且因产权得到明确界定，且因产权界定而发生的协商或谈判等活动交易成本为零或很小，那么在具有外部效应的市场上，无论所涉及资源的产权属于哪一方，交易双方总能通过协商谈判实现资源的有效配置。

案　例

当火车驶过农田的时候

20 世纪初的一天，列车在绿草如茵的英格兰大地上飞驰。车上坐着英国经济学家庇古，他边欣赏风光，边对同伴说：列车在田间经过，机车喷出的火花(当时是蒸汽机车)飞到麦穗上，给农民造成了损失，但铁路公司并不用向农民赔偿。这正是市场经济无能为力之处，称为“市场失灵”。

将近 70 年后，1971 年，美国经济学家乔治·斯蒂格勒和阿尔钦同游日本。他们在高速列车(这时已是电气机车)上见到窗外的稻田，想起了庇古当年的感慨，就问列车员，铁路附近的农田是否受到列车通行的损害而减产。列车员说：恰恰相反，飞驰而过的列车把吃稻谷的飞鸟吓走了，农民反而受益。当然铁路公司也不能向农民收“赶鸟费”。这同样是市场经济无能为力的地方，也称为“市场失灵”。

同样一件事情在不同的时代与地点结果不同，两代经济学家的感慨也不同。但从经济学角度看，火车通过农田无论结果如何，其实说明了同一件事：市场经济中外部性与市场失灵的关系。

(1) 举出日常生活中外部性问题的事例，讨论其如何导致市场失灵。

(2) 为什么解决外部效应问题是国家微观经济调节的重要内容？

三　垄断

垄断就是对市场的控制。如果是生产者垄断，即一般所说的垄断，或称卖方垄断。如果是购买者垄断，就是买方垄断。这两种垄断都会引起市场失灵。可以通过比较竞争和垄断情况下社会福利的损失来说明市场失灵。

在竞争情况下，价格由供求决定，当价格调节使供求相等时，用消费者剩余和生产者剩余之和表示的社会福利达到最大。消费者剩余是消费者愿意支付的价格与实际价格之差，生产者剩余是生产者生产某种产品的成本与实际得到的价格之差。总剩余是消费者剩余和生产者剩余之和。在竞争条件下，市场均衡时，消费者剩余与生产者剩余达到最大，即社会福利最大，表明价格调节实现了资源的最优配置。如图 7-2 所示。

图 7-2 中，当供求相等时，均衡价格为 P_0，均衡数量为 Q_0。这时，消费者剩余是价格线以上和需求曲线 D 以下的面积 1，生产者剩余是价格线以下和供给曲线 S 以上的面积 2。这两块面积之和为社会福利，这时社会福利达到最大，表示资源配置实现了最优化。

当存在垄断时，垄断者利用对市场的控制把价格提高到均衡价格 P_0 以上。这就引起消费者剩余和生产者剩余的损失，从而资源配置没有实现最优，如图 7-3 所示。

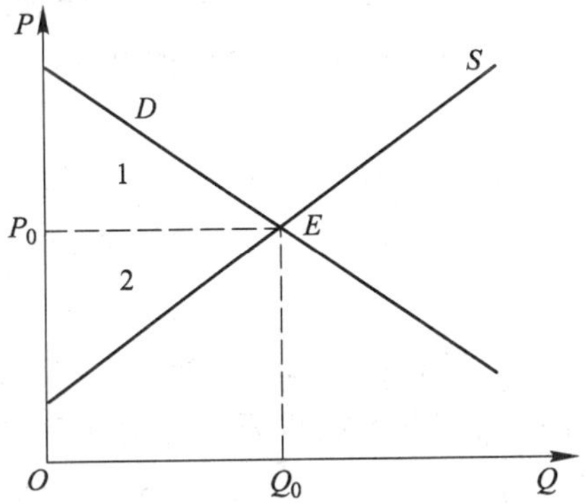

图 7-2 竞争条件下的消费者剩余、生产者剩余和总剩余

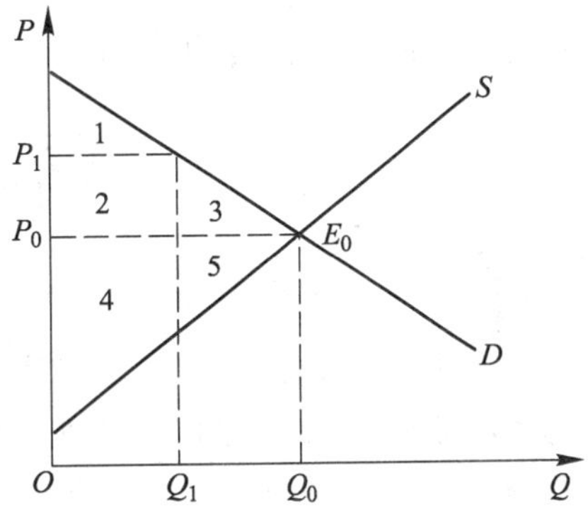

图 7-3 垄断条件下的消费者剩余、生产者剩余和总剩余

在图 7-3 中，垄断者把价格提高到 P_1，P_1 高于均衡价格 P_0。这时，消费者的需求减少，均衡数量减少为 Q_1。图 7-3 中，面积 1+2+3 是竞争条件下的消费者剩余，面积 4+5 是竞争条件下的生产者剩余，面积 1+2+3+4+5 是社会总剩余，即社会福利。当价格为 P_1，均衡数量为 Q_1 时，消费者剩余为面积 1，生产者剩余为面积 2+4，总剩余为面积 1+2+4。原来的消费者剩余中的面积 2 通过高价格转给生产者，而面积 3 是垄断引起的纯粹损失，称为无谓损失。原来的生产者剩余中的面积 5 也是纯粹损失。面积 3+5 称为垄断下的无谓损失，它是由于价格高、均衡量低引起的。在垄断条件下，总剩余即社会福利的损失为面积 3+5。这就是垄断引起的资源配置不当，即市场失灵。

除此之外，垄断还可能有其他方面的损害，例如垄断导致缺乏降低成本和进行技术革新的动力，从而社会生产既定的产量要花费较多的成本，造成效率低下。由于垄断可以使企业获得更多利润，因而为了保持这种超额利润，垄断企业往往会采用各种维持垄断的措施，其中包括游说政府制定更有利于自身的政策，进而寻求额外利润的寻租行为。寻租是个人或团体为了争取自身经济利益而对政府及决策施加影响，以争取有利于自身再分配的一种非生产性活动（不增加任何社会福利）。寻租不仅要花费成本，而且会滋生政府腐败。

政府对私人垄断的消除一般采用以下方法：

第一，价格管制，就是政府控制垄断企业产品的价格。

第二，实施反垄断法，对违法的垄断企业进行行政惩罚或法律制裁。

第三，实施国有化政策，对自然垄断性企业实行国有化，由政府经营，但政府经营国有化企业也会存在经济效率低下的问题。

但是，垄断对于一些行业来说可能比过度竞争有益，如自然垄断行业，所以又不能完全将其消除。所谓自然垄断行业，是指该行业中，规模经济在很大的产量范围内存在，以致在由市场需求所决定的范围内，随着产量增加，企业的平均成本会逐渐减少。这类行业通常需要大型资本设备和大量固定生产要素，如城市自来水公司。在这样的行业，任何低于市场需求量的生产，成本都较高，这就意味着试图通过竞争来消除垄断是不现实的，因为生产规模小于现有企业时，进入该行业的企业不可能与原有企业进行竞争；反之，如果进行竞争，就会花费更多的投入，从而使生产能力过剩。

四 信息不对称

市场竞争的一个重要假设是“信息是完全的”，而在现实中信息一般是不完全的，即由于认知能力的限制，人们不可能知道在任何时候、任何地方发生或将要发生的任何事情，并且由于获得信息要付出成本，如果获取信息的成本太高，人们就会放弃信息的搜集和拥有。信息不对称就是市场上买卖双方所拥有的信息数量和质量不同。

经济学家把信息分为两种，一种是公开信息，这种信息人人都知道且可以得到，例如，一种商品的外形或其他显而易见的特征。另一种是私人信息，这种信息为一方所有，其他人无法得到，或要花费代价才能得到。例如，某种商品的内在品质，卖方知道，但买方不知道，买方只有在花钱购买并使用之后才能知道。在市场交易中，一方只拥有公开信息，另一方既拥有公开信息又拥有私人信息，后者比前者拥有的信息多，这就是信息不对称。

当存在市场信息不对称时，会引起道德风险和逆向选择。

道德风险就是拥有信息多的一方以自己的信息优势侵犯拥有信息少的一方的利益以实现自身利益的可能性。在市场上，卖方拥有商品内在性质的私人信息，而买方没有，卖方就有可能把自己的伪劣商品当做优质商品出售给买方，卖方的这种做法就是道德风险。如2011年中国台湾地区的“塑化剂”事件，塑化剂被添加到起云剂里，进而添加到饮料、食品等中，欺骗了众多的消费者。

逆向选择是指存在信息不对称情况下，拥有信息少的一方做出不利于另一方的选择。例如，2011年的台湾地区市场，由于民众没有关于商品内在品质的私人信息，但他们知道，拥有私人信息的卖方在饮料、食品等中添加了塑化剂，引发民众的恐慌，民众开始怀疑、担心，不敢消费所有的饮料、食品。这时，市场上正直的卖者无法生存，优质商品无法销售，这就是逆向选择。这种逆向选择不利于卖方，也不利于整个市场的正常交易。

现实经济中，信息不对称现象是普遍存在的。例如，保险市场上医疗保险的投保人比保险公司更清楚自己的健康状况，信贷市场上的贷款人比银行更清楚自己的偿还能力，股市上公司的董事会和监事会比普通散户更清楚公司的盈利状况。市场的价格机制不能完全解决由此带来的问题，这就需要政府在信息方面进行调控。信息调控的目的主要是保证消费者和生产者能够得到正确和充分的市场信息，增加市场“透明度”，以便他们能够做出正确选择。

第二节 政府的经济职能及其限制

一 政府必须具有经济职能的原因

市场调节机制的缺陷和失灵为政府干预经济活动提供了空间。有些市场失灵是可以在明确产权后由市场机制解决的，但当市场本身无法克服市场失灵时，政府的干预就显得十分必要。因此，现代市场经济的运行，不能完全依靠市场的自发调节，而需要政府的干预和调控来克服市场失灵，促进社会经济的协调运行。政府调控的必要性源于市场失灵，政府调控的目的在于矫正市场失灵，这已经成为多数经济学家的共识。国家旨在矫正市场失灵的政府调控既包括微观调控，又包括宏观调控。

当然，政府干预和调控经济的目的，并非要取代市场在资源配置中的基础性作用或功能，而是为了在弥补市场机制缺陷的基础上，更好地发挥市场机制的调节作用。

二 政府的主要经济职能

政府的主要经济职能包括三个主要方面：增进效率、促进公平、保持稳定。

国家增进效率的政策，主要包括国有化政策和私有化政策、反垄断政策和放松反垄断政策、调节政策和放松调节政策、政府生产公共物品的政策、环境保护政策、政府规定企业向消费者提供产品信息的政策，等等。

国家旨在促进公平的政策及措施主要有：征收累进所得税、遗产税，向穷人提供食品券，低价公共住房和医疗照顾，实行义务教育，发放失业救济、伤残补助以及未成年家庭补贴和社会救助等。如我国目前广泛开展的科技扶贫、“希望工程”、文化卫生下乡等对口支援活动，均为有效的社会救助活动，体现出我国对社会公平的追求。

国家保持稳定的政策，目的是在宏观经济方面预防、治理、减轻以消除经济波动，从而实现充分就业、物价稳定、经济增长以及国际收支平衡。保持稳定的政策主要是由凯恩斯提出并经凯恩斯主义者补充和发展的一套宏观经济政策，其中最重要的是财政政策和货币政策。财政政策分为扩张性财政政策和紧缩性财政政策，货币政策也分为扩张性货币政策和紧缩性货币政策。实行何种财政政策和货币政策取决于经济发展的状况，这些将在后面的宏观部分进一步阐述。

三 政府经济职能的限制

市场失灵为政府干预提供了基本依据，但是政府干预也不是万能的，同样存在着“政府失灵”的可能性。用政府取代市场并不能保证消除市场失灵，实现资源配置最优化，由于政府调控失当引起的资源配置失误就称为政府失灵。

政府失灵一方面表现为政府的无效干预，即政府宏观调控的范围和力度不足或方式选择失当，不能弥补“市场失灵”和维持市场机制的正常运行。比如对生态环境保护不力，缺乏保护公平竞争的法律法规和措施，对基础设施、公共物品投资不足，政策工具选择失当，不能正确运用行政指令性手段等，其结果是不能弥补和纠正市场失灵。另一方面，政府失灵表现为政府的过度干预，即政府干预的范围和力度超过弥补“市场失灵”和维持市场机制正常运行的合理需要，或干预的方向不对，形式选择失当。比如不合理的限制性规章制度过多、过细，公共物品投资的比重过大，公共设施建设超前、过度，各种政策工具选择及搭配不当，过多运用行政指令性手段干预市场内部运行秩序，其结果非但不能纠正市场失灵，反而阻碍了市场机制的正常运行。

那么，为什么政府干预会失灵？或者说，导致政府失灵的根源是什么？

第一，政府机构有可能谋求内部私利而非公共利益。现实中的政府机构谋求内部私利而非公共利益，使所谓的“内部效应”现象在资本主义国家“金元”政治中有着淋漓尽致的表现。在社会主义国家，同样在理论上不能完全排除政府机构“内部效应”存在的可能性，在实践中少数政府官员的腐败行为更时有发生。

第二，政府某些干预行为的效率较低，有些政府干预还具有垄断性。与市场机制不同，政府干预首先具有不以直接营利为目的的公共性。政府为弥补市场失灵而直接干预的领域往往是那些投资大、收益慢且少的公共物品生产领域，其供给一般是以非价格为特征的，即政府不能通过明确的价格交换从消费者那里直接收取费用，而主要是依靠财政支出维持其生产和经营，很难计算其成本，因此缺乏降低成本提高效益的直接利益驱动。其次，政府干预的公共物品供给（例如国防、警务、公路）多为垄断供给，决定着只有政府才拥有从外部对市场的整体运行进行干预或调控的职能和权力，这种没有竞争的垄断极易使政府丧失对效率、效益的追求。

第三，政府干预易引发政府规模的膨胀。这容易造成预算规模和财政赤字越来越大，使政府干预成本昂贵。

第四，政府干预为寻租行为的产生提供了可能性。大权在握的政府官员极有可能受金钱或其他报酬引诱，作出有利于提供报酬者而损害公众利益的行为。可见，寻租因政府干预成为可能，又会因缺乏规范和监督而成为现实。其主要危害在于它不仅使生产经营者追求经济效率的动力消失，而且还极易导致整个经济的资源大量耗费于寻租、贿赂等活动，增大了经济中的交易费用。

第五，政府失灵还常源于政府决策的失误。政府对社会经济活动的干预，实际上是涉及面很广、错综复杂的决策过程。正确的决策必须以充分可靠的信息为依据，但由于政府很难完全占有信息，加之现代社会化市场经济活动的复杂性和多变性，增加了政府对信息全面掌握和分析处理的难度，所以很容易导致政府决策的失误，并必然对市场经济的运行产生难以挽回的负面影响。正确的决策还需要决策者具备很高的素质。政府进行宏观调控，必须基于对市场运行状况的准确判断，制定调控政策，采取必要手段，这在实践中是有相当难度的。即使判断准确，政策工具选择和搭配适当，干预力度也很难确定，而干预不足与干预过度均会造成“政府失灵”。最后，政府干预还需要具有高度的协调性。政府实施调控的组织体系是由政府众多机构或部门构成的，这些机构和部门间的职权划分、协调配合、不同观点，都影响着调控体系的运转效率。

正因为政府的干预存在上述缺陷，所以让政府干预成为替代市场机制的主导力量，其结果只能是导致“政府失灵”，用“失灵的政府”去干预“失灵的市场”必然是败上加败，使失灵的市场进一步失灵。因此，政府不干预、干预乏力或干预过度均不可取。现实且合理的政府与市场间关系应是在保证市场对资源配置起基础性作用的前提下，以政府干预之长弥补市场调节之短，同时又以市场调节之长克服政府干预之短，从而实现市场调节和政府干预的最优组合。

在现代市场经济体系中，市场调节与政府干预、自由竞争与宏观调控是紧密相联、相互交织、缺一不可的重要组成部分。市场调节与政府干预都不是万能的，都存在内在缺陷和失灵的客观可能性，关键是寻求可以促进经济及社会发展的市场机制与政府调控的最佳结合点，使得政府干预在纠正和弥补市场失灵的同时，避免和克服政府失灵。这对我国社会主义市场经济体制的进一步完善，无疑具有重大的理论意义和实践意义。

资料库

诺斯悖论

作为制度经济学巨擘，诺斯在1981年提出：国家具有双重目标，一方面通过向不同的利益集团提供不同的产权，实现租金的最大化；另一方面，国家还试图降低交易费用以推动社会产出的最大化，从而实现国家税收的增加。国家的这两个目标经常是冲突的。“诺斯悖论”描述了国家与社会经济相互联系又相互矛盾的关系，即“国家的存在是经济增长的关键，然而国家又是经济衰退的根源”。另外，由于存在投票的悖论、理性的无知，加之政治市场的竞争更不充分且交易对象更难以考核等因素，政治市场的交易费用高昂。结果，政府作用的结果往往是经济增长的停滞。也就是说，本该推动社会向“帕累托最优”演进的政府，最终成了势力最大的利益集团的维护者。

"成亦萧何，败亦萧何"式的诺斯悖论是一种常见现象：政府的干预行为本身是一种公正无偏的公共服务，但是由于与政府自身利益关联，有时却会导致政府的干预行为最后走到预期目标的反面。"诺斯悖论"至今仍是一个无法破解的难题，即使在市场竞争更加充分、民主政治更加成熟的国家，政策的制定仍然是各种利益群体博弈的结果。但是，关键是我们应如何在这一无法破解的悖论影响下更加注重各种利益的平衡，使政府发挥在社会公平方面应该起到的基本作用。

本章小结

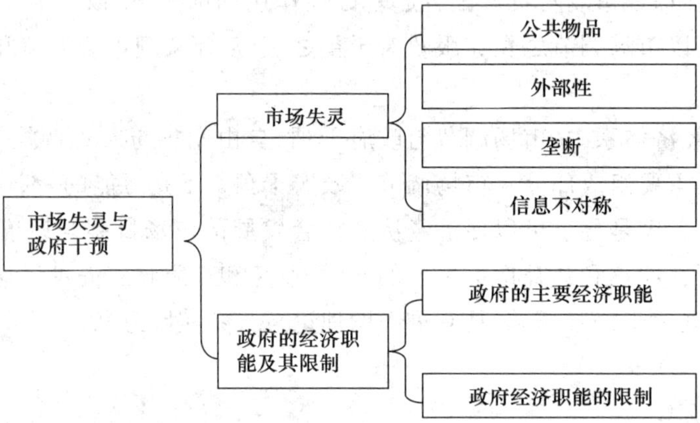

同步练习

一、单项选择题

1. 某一经济活动存在外部不经济是指该活动的（　　）。

A. 私人成本大于社会成本　　B. 私人成本小于社会成本

C. 私人收益大于社会收益　　D. 私人收益小于社会收益

2. 市场失灵的例子包括（　　）。

A. 外部性　　B. 缺乏竞争　　C. 信息不对称

D. 技术创新不足　　E. 以上都对

3. 某人的吸烟行为属于（　　）。

A. 生产的外部经济　　B. 消费的外部不经济

C. 生产的外部不经济　　D. 消费的外部经济

4. 市场失灵是指（　　）。
A. 市场机制没能使社会资源的配置达到最有效率的状态
B. 价格机制不能起到有效配置资源的作用
C. 根据价格所作的决策使资源配置发生扭曲
D. 以上都是
5.（　　）不是公共物品的特征。
A. 非排他性　　B. 非竞争性　　C. 竞争性　　D. 由政府提供
6. "搭便车"现象是对（　　）的一种形象的比喻。
A. 社会福利问题　　B. 公共选择问题
C. 公共物品问题　　D. 市场失灵问题
7. 消除外部不经济可采取（　　）。
A. 征税的办法　　B. 产权界定的方法
C. 将外部性内在化的方法　　D. 以上各项都可行
8. 下列哪种情况下不会出现市场失灵（　　）。
A. 存在公共物品　　B. 存在外部性
C. 卡特尔组织成员勾结起来限制产量　　D. 市场上竞争非常激烈
9. 下列存在搭便车问题的物品是（　　）。
A. 收费的高速公路　　B. 收学费的学校
C. 路灯　　D. 私人经营的商店

二、简答题

1. 试述市场失灵的原因及相关对策。
2. 简述公共物品的特性，列举两种公共物品，说明为什么它们是公共物品。
3. 什么是外部经济和外部不经济？外部性是如何影响资源配置的？
4. 垄断的存在会引起市场失灵吗？对此应采取何种对策？
5. 当存在市场信息不对称时，会引起什么后果？

实训项目

信息不对称——买的不如卖的精

俗话说："从南京到北京，买的不如卖的精"。这其中的道理就是信息不对称。信息不对称是指市场上买卖双方所掌握的信息是不对称的，一方掌握的信息多，另一方掌握的信息少。

中国古代有所谓"金玉其外，败絮其中"的故事，讲的是商人卖的货物表里不一，由此引申比喻某些人徒有其表。在商品中，有一大类商品是内外有别的，而且商品的内容很难在购买时加以检验，如瓶装的酒类，盒装的香烟，CD唱片和DVD影碟等。人们或者看不到商品包装内部的样子（如香烟、鸡蛋等），或者看得到、却无法用眼睛辨别产品质量的好坏（如CD唱片、DVD影碟）。显然，对于这类产品，买者和卖者了解的信息是不一样的。卖者比买者更清楚产品实际的质量情况。这时卖者很容易依仗买者对产品内部情况的不了解欺骗买者。

由于存在信息不对称，价格对经济的调节就会失灵。比如某商品降价消费者也未必增加购买，消费者或许以为其是假冒伪劣商品；某商品是假冒伪劣商品，但提高价格后消费者却认为只有真货价格才高。这就是市场失灵造成的市场无效率。

问题：为了消除信息不对称造成的影响，你认为消费者和厂商应采取哪些措施？

第八章　国民收入核算与决定

学习目标

知识目标

- 掌握国内生产总值及其核算方法
- 掌握简单的国民收入决定模型
- 掌握消费函数理论与乘数理论
- 掌握*IS*–*LM*模型
- 了解国民收入核算的其他总量及相互关系

能力目标

- 能够用简单的国民收入决定模型和*IS*–*LM*模型分析宏观经济政策
- 能够看懂一国国内生产总值的计算数据并简单分析

案例导入

“蜜蜂寓言”的启示

20世纪30年代，资本主义世界爆发了一场空前的大危机。经济大萧条使3 000多万人失业，1/3的工厂停产，金融秩序一片混乱，整个经济倒退回第一次世界大战以前的水平。在经济大危机中，产品积压，工人失业，人民生活困难，绝大多数人对前途感到悲观。持续的经济衰退和普遍的失业，使传统经济学遇到了严峻的挑战。一直关注美国罗斯福新政的英国经济学家——约翰·梅纳特·凯恩斯，从曼德维尔的蜜蜂寓言中得到了启示：从前有一群蜜蜂过着挥霍、奢华的生活，每只蜜蜂都在近乎疯狂地追求自己的利益，虚荣、伪善、欺诈、享乐、嫉妒、好色等恶德在每只蜜蜂身上表露无遗。令人惊异的是，当每只蜜蜂都在追逐自己的利益时，整个蜂巢呈现出一派繁荣的景象。整个蜂群兴旺发达，百业昌盛。后来，邪恶的蜜蜂突然觉悟了，向天神祈求让它们变得善良、正直、诚实。它们改变了原有的生活习惯，崇尚节俭朴素，结果经济衰落，繁荣不再终于被敌手打败。凯恩斯从这则寓言悟出了需求的重要性，建立了以需求为中心的国民收入决定理论，并在此基础上引发了经济学著名的“凯恩斯革命”。这场革命的结果就是建立了现代宏观经济学。

以上各章介绍了微观经济学的基本内容，从这一章起，我们开始讲述宏观经济学的内容。宏观经济学将整个国民经济运行当做一个整体加以考察，研究的都是经济总量。本章主要介绍国民收入的核算与决定。

第一节 国民收入核算

一 国内生产总值的含义

国内生产总值(GDP)是指经济社会(一国或一地区)在一定时期内(通常为一年)，在本国领土范围内所生产的最终产品(包括产品与劳务)的市场价值总和。

GDP是衡量一国产品和劳务产出总量的综合指标，通常用这一指标来衡量整体经济的状况。在理解GDP的含义时，要注意以下几个问题：

第一，国内生产总值指一国在本国领土内所生产的产品与劳务的市场价值总和，既包括本国企业所生产的产品与劳务，也包括外国企业或合资企业在本国生产的产品与劳务。

第二，国内生产总值是指一年内生产的产品的总值，因此在计算时不应包括以前所生产产品的价值。例如，以前生产而在该年售出的存货，或以前建成而在该年出售的房屋，等等。

第三，国内生产总值是指最终产品的总值，因此在计算时不应包括中间产品产值，以避免重复计算。

最终产品是最后供人们使用的产品，中间产品是在以后的生产阶段中作为投入要素的产品。

在实际经济中，许多产品既可以作为最终产品使用，又可以作为中间产品使用，要区分哪些是最终产品，哪些是中间产品是很困难的。例如，煤炭在用做冶金等行业的燃料或化工等行业的原料时就是中间产品，而用做人们生活中的燃料时就是最终产品，这样，把哪一部分煤炭算做最终产品，哪一部分作为中间产品就不容易弄清了。为了解决这一问题，在具体计算时人们采用了增值法，即只计算在生产各阶段上所增加的价值。下面用一个例子来说明增值法，见表 8－1。

表 8－1 增 值 法

生产阶段	产品价值	中间产品成本	增值
小麦	100	—	100
面粉	120	100	20
面包	150	120	30
合计	370	220	150

在表 8－1 中，面包是最终产品，其产值为 150，用增值法计算也是 150，如果不区分最终产品和中间产品，则会有重复计算的部分 220。只要用增值法，无论把上例中哪种产品作为最终产品，都不会造成重复计算。

第四，国内生产总值中的最终产品不仅包括有形产品，而且包括无形产品——劳务，即要把旅游、服务、卫生、教育等行业提供的劳务，按其所获得的报酬计入国内生产总值。

第五，国内生产总值指的是最终产品市场价值的总和，这就是要按这些产品的现期价格计算。这样就引出两个值得注意的问题：其一，不经过市场销售的最终产品（如自给性产品，自我服务性劳务等）没有价格，其价值也就无法计入国内生产总值；其二，价格是变动的，所以国内生产总值不仅受最终产品数量变动的影响，而且还受价格水平变动的影响。

课 堂 活 动

根据上面的知识判断下列哪些项目应计入国内生产总值：

① 购买一辆用过的旧自行车；② 购买普通股股票；③ 汽车制造厂买进 10 吨钢板；④ 晚上为邻居照看儿童的收入；⑤ 政府转移支付；⑥ 旧车交易市场销售员赚得的佣金。

二 国内生产总值的计算方法

在国民经济核算体系中，国内生产总值是反映总量经济活动的最重要指标，其计算主要有三种基本方法：支出法、收入法和部门法。

（一）支出法

支出法又称产品支出法或最终产品法。这种方法从产品的使用出发，把一年内购买各项最终产品的支出加总，计算该年内生产的最终产品的市场价值。即把购买各种最终产品所支付的货币额加在一起，得出社会最终产品流动量的货币价值总和。

如果用 $G_1, G_2, \cdots, G_n$ 代表各种最终产品的数量，用 $P_1, P_2, \cdots, P_n$ 代表各种最终产品的价格，则支出法的公式是：

$$G_1 \cdot P_1 + G_2 \cdot P_2 + \cdots + G_n \cdot P_n = GDP$$

各国在按支出法计算国内生产总值时，具体项目的分类不尽相同。我国国民收入统计中，按支出法计算国内生产总值时包括以下项目。

1. 个人消费支出（C）

它包括购买耐用消费品（如汽车、电视机、洗衣机等）、非耐用消费品（如食物、衣物等）、劳务（医疗、教育等）的支出以及住房租金。

2. 私人国内总投资（I）

它包括固定资产投资和存货投资。固定资产投资是企业与居民两方面固定资产投资的增加，具体是指新厂房、新设备、新商业用房以及居民新住房的增加。存货投资是企业掌握的存货价值的变动，在数量上等于年终的存货减去年初的存货。

3. 政府购买支出（G）

它是指各级政府购买物品和劳务的支出。例如，政府在修筑道路、开办学校、提供国防等方面的支出。它不包括政府的转移支付，如发放的救济金等。

4. 净出口（$X-M$）

它是指进出口的差额，X 表示出口额，M 表示进口额。进口额应从本国总购买量中减去，因为进口额表示收入流到国外，而且也不是用来购买本国产品的支出。出口额应加入本国的总购买量中，因为出口额表示收入从外国流入，而且也是购买本国产品的支出。

把上述四个项目加总，用支出法计算国内生产总值的公式可以表示为：

$$GDP = C + I + G + (X - M)$$

（二）收入法

收入法又称要素支付法，或称要素收入法。这种方法是从收入的角度出发，把生产要素从生产中所得到的各种收入相加，即把劳动所得的工资，土地所得到的地租，资本所得到的利息，以及企业家才能所得到的利润相加，计算国内生产总值。

各国在按收入法计算国内生产总值时，具体项目的分类也不尽相同。我国国民收入统计中，按收入法计算国内生产总值时包括这样一些项目：

1. 劳动者报酬

它是指劳动者因从事生产活动得到的全部报酬，包括工资和其他补助。

2. 生产税净额

它是指生产税费（因从事生产活动使用生产要素如固定资产、土地等向政府缴纳的各种税金、附加费和规费)减去生产补贴后的差额。

3. 固定资产折旧

这是为了弥补固定资产在生产过程中的价值损耗而提取的价值。

4. 营业盈余

它是经济活动增加值在扣除劳动者报酬、生产税净额和固定资产折旧后的余额,主要指企业的营业利润。

把上述项目加总,用收入法计算国内生产总值的公式可以表示为:

国内生产总值=劳动者报酬+生产税净额+固定资产折旧+营业盈余

(三) 部门法

部门法按提供物质产品与劳务的各个部门的产值计算国内生产总值。这种计算方法反映了国内生产总值的来源,所以又称生产法。

用这种方法计算国内生产总值时,各物质生产部门要把所使用的中间产品产值扣除,仅计算本部门的增值额。商业、服务等部门也按增值法计算。卫生、教育、行政等无法计算增值额的部门则按该部门职工的工资收入计算,以工资代表他们所提供的劳务的价值。

各国对各部门的分类方法不同。我国国民收入统计中,按部门法计算 GDP 时包括以下部门:农林渔业,采掘业,建筑业,制造业,运输业,邮电和公用事业,电煤水业,批发、零售业,金融、保险、不动产业,服务业等。

按以上三种方法计算得出的结果,从理论上说应该是一致的,因为它们是从不同角度计算同一国内生产总值。但在实际中,这三种方法所得出的结果往往并不一致。国民经济核算体系以支出法为基本方法,即以支出法计算的国内生产总值为标准。如果按收入法与部门法计算的结果与此不一致,就要通过误差调整项进行调整,使之达到一致。

三 国民收入核算的五个总量及其相互关系

在国民收入核算体系中实际上包括五个基本总量,除了国内生产总值外,还有另外四个重要的总量,即国内生产净值、国民收入、个人收入、个人可支配收入。这五个总量之间存在一定的关系。

国内生产净值(NDP),是指一个国家一年内新增加的产值,即从国内生产总值中扣除折旧后的产值。

国民收入(NI),是指一个国家一年内用于生产的各种生产要素所得到的全部收入,即工资、利润、利息和地租的总和。

个人收入(PI),是指一个国家一年内个人所得到的全部收入。

个人可支配收入(PDI),是指一个国家一年内个人可以支配的全部收入。

国民收入核算中这五个总量的关系是:

国内生产总值-折旧=国内生产净值

国内生产净值-间接税=国民收入

国民收入－公司未分配利润－企业所得税＋政府给居民的转移支付＋政府向居民支付的利息＝个人收入

个人收入－个人所得税＝个人可支配收入＝消费＋储蓄

在以上五个总量中，国民收入可以分为广义的国民收入与狭义的国民收入，前面所讲的是狭义的国民收入，广义的国民收入泛指这五个总量，这种国民收入也可以指国内生产总值。国民收入决定理论中所讲的国民收入就是指国内生产总值。

四 国民收入核算的其他总量

（一）实际国内生产总值与名义国内生产总值

如前所述，国内生产总值是最终产品市场价值的总和。因此，国内生产总值还会受价格水平的影响。同样的最终产品量按不同的价格会计算出不同的国内生产总值。按当年价格计算的国内生产总值称为名义国内生产总值。按不变价格计算的某一年国内生产总值称为实际国内生产总值。不变价格是指统计时确定的某一年(称为基年)的价格。

名义国内生产总值与实际国内生产总值之比，称为国内生产总值平减指数。即：

$$\text{GDP 平减指数}=\frac{\text{名义 GDP}}{\text{实际 GDP}}\times 100\%$$

可见，实际 GDP 纠正了名义 GDP 中的通货膨胀效应。

在进行经济分析时，要注意区分名义国内生产总值与实际国内生产总值。例如，在研究经济增长率时，要根据实际国内生产总值计算。这是因为名义国内生产总值既反映了实际产量的变动，又反映了价格的变动，而实际国内生产总值只反映了实际产量的变动。只有根据实际国内生产总值计算，才能准确反映国内经济的实际增长情况。例如，某国 2005 年的名义国内生产总值为 215 亿美元，2010 年的名义国民生产总值为 330 亿美元。相对于 2005 年，2010 年名义 GDP 增长了 53.5%。但如果以 2005 年的价格为不变价格，则 2010 年的实际国内生产总值为 260 亿美元，实际 GDP 增长了 20.9%，物价上涨了 26.9%。按名义国内生产总值计算的 GDP 增长率，实际包含由于价格水平上升引起的价值增长，只有按实际国内生产总值计算的增长率，才真正反映了产量的变动情况。

（二）国民生产总值与国内生产总值

国民生产总值(GNP)是指一年内本国常驻居民所生产的最终产品的价值总和。它以人口为统计标准。在美国的国民收入统计中，常住人口包括：居住在本国的本国公民，暂居外国的本国公民，常住本国但未入本国国籍的居民。国民生产总值应该包括以上三类居民在国内外所生产的最终产品价值的总和。

国内生产总值(GDP)是指一年内在本国领土所生产的最终产品的价值总和。它以地理上的国境为统计标准。也就是说，国内生产总值应包括本国与外国公民在本国所生产的最终产品的价值总和。

两者之间的关系为：

$$\text{国民生产总值} = \text{国内生产总值} + \text{本国公民在国外生产的最终产品的价值总和} - \text{外国公民在本国生产的最终产品的价值总和}$$

如果本国公民在国外生产的最终产品的价值总和大于外国公民在本国生产的最终产品的价值总和，则国民生产总值大于国内生产总值；反之，如果本国公民在国外生产的最终产品的价值总和小于外国公民在本国生产的最终产品的价值总和，则国民生产总值小于国内生产总值。在分析开放经济中的国民生产总值时，这两个概念是很重要的。

（三）国内生产总值与人均国内生产总值

国内生产总值有助于了解一国的经济实力与市场规模，而人均国内生产总值则有助于了解一国的富裕程度与生活水平。这两个概念都很重要。

用当年的国内生产总值除以同一年的人口数量，则可得出当年的人均国内生产总值。即：

$$\text{某年人均国内生产总值} = \frac{\text{某年国内生产总值}}{\text{某年人口数}}$$

这里所用的人口数量是当年年初与年底的人口数平均值，或者是年中（当年 7 月 1 日 0 时）的人口数。

五 国民收入核算中的恒等关系

从宏观角度看，市场可分为三大类：产品市场、生产要素市场和金融市场。企业、家庭和政府是经济活动的参与者，再加上一个国外部门（即考虑对外贸易），通常把它们作为四个部门来分析。在经济总量中最重要的是国民收入，它作为国民经济的基本流量，把三大市场和四大部门紧密结合在一起。

在宏观经济均衡中，总需求等于总供给。总支出表示社会对最终产品的总需求，总收入表示社会对最终产品的总供给，因此总支出等于总收入。

（一）两部门经济的恒等关系

两部门经济并不是现实的经济，而是一种假设的经济。它抽象掉了现实经济生活中许多复杂的现象，把经济还原为最简单的要素。这正反映了经济模型的抽象性。但这种抽象的模型可以使人们认识各经济部门之间最本质的关系，为认识复杂的现实经济提供了一个有用的工具。

两部门经济是指只有企业和家庭的经济。在这种经济中，家庭向企业提供各种生产要素，得到相应的收入，并用这些收入购买和消费各种产品和劳务；企业用家庭提供的生产要素进行生产，向家庭提供产品和劳务。图 8－1 说明了两部门经济的循环模型。

图 8－1 中，在家庭和企业之间存在两种流动：一种是家庭向企业和企业向家庭提供的实物流动，一种是企业与家庭之间为了换取这些实物而发生的货币流动。

家庭把他们的一部分收入用于消费产品和劳务，这部分支出为消费支出，用 C 表示。

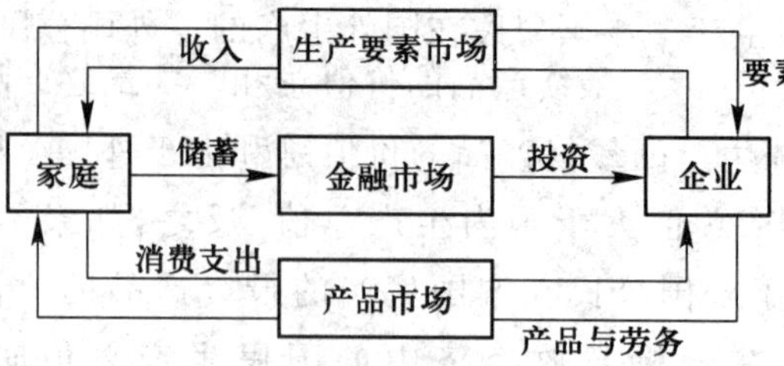

图 8-1 两部门经济循环模型

家庭也并没有把收入全部用于消费，而是把一部分收入储蓄起来。储蓄是家庭收入与消费支出的差额。储蓄进入金融市场，用 S 表示。

企业也并没有把它们的全部产品出售给消费者。首先，某些产品可以增加存货。例如，某汽车厂生产了 10 000 辆车，向消费者出售了 9 500 辆，没有售出的 500 辆就作为存货，从而该厂的汽车存货增加了 500 辆。其次，某些产品是出售给其他企业的新资本品。例如，计算机制造公司向汽车厂出售计算机。为了支付新资本品和增加的存货的费用，企业就要从金融市场借款，购买新厂房、设备，以及增加存货，这称为投资，用 I 表示。

则两部门经济的国民收入构成如下：

从需求（或支出）的角度，国民收入等于消费支出加投资支出，即：

$$Y=C+I$$

从供给（或收入）的角度，国民收入等于总收入，总收入的一部分用于消费，余下部分转为储蓄，即国民收入＝消费＋储蓄，即：

$$Y=C+S$$

根据总需求等于总供给，则有：

$$C+I=C+S$$

于是有：

$$I=S$$

$I=S$ 就是两部门经济中投资-储蓄的恒等式。投资-储蓄恒等式是基于国民收入核算的角度，反映经济活动事后的储蓄与投资的恒等关系。这种恒等关系不是针对某一个人、企业或部门而言的，而是指整个两部门经济存在着储蓄-投资的恒等关系。

（二）三部门经济的恒等关系

三部门经济是包括了企业、家庭和政府的经济。在确定国民收入时，除了考虑家庭和企业外，还要考虑政府的经济活动。

政府的经济活动主要有两方面：第一，政府收入（来自税收）；第二，政府支出，包括政府购买支出和政府给居民的转移支付。转移支付是政府给居民的救济性收入及津贴。

政府收入来自税收，除去转移支付，就是政府的净收入。如果用 T 表示政府净收入，用 T_0 表示政府税收，用 T_r 表示转移支付，则：

$$T=T_0-T_r$$

则三部门经济的国民收入构成如下：

从需求(或支出)的角度，国民收入等于消费(转移支付应包括在消费之中)、投资和政府购买之和，即：

$$Y=C+I+G$$

从供给(或收入)的角度，国民收入等于消费加储蓄加政府净收入，即：

$$Y=C+S+T$$

根据总需求等于总供给，则有：

$$C+I+G=C+S+T$$

就有：

$$I=S+(T-G)$$

$I=S+(T-G)$是三部门经济中投资-储蓄的恒等式。$(T-G)$可以理解为政府储蓄，可以为正值(即为财政盈余)，也可以为负值(即为财政赤字)。

(三) 四部门经济的恒等关系

四部门经济是包括了企业、家庭、政府与对外贸易的经济。这种经济又称为开放经济。

对外贸易主要包括出口和进口。用 X 表示出口，用 M 表示进口，则两者的差额就为净出口，用$(X-M)$表示。

则四部门经济的国民收入构成如下：

从需求(或支出)的角度，国民收入等于消费、投资、政府购买和出口的总和，即：

$$Y=C+I+G+X$$

从供给(或收入)的角度，国民收入等于消费加储蓄加政府净收入再加进口，即：

$$Y=C+S+T+M$$

根据总需求等于总供给，则有：

$$C+I+G+X=C+S+T+M$$

则：

$$I=S+(T-G)+(M-X)$$

这是四部门经济中投资-储蓄的恒等式。

第二节 简单国民收入决定模型

现代宏观经济学是由凯恩斯创建的。凯恩斯主义宏观经济学分析的重点是短期中的宏观经济状况。而且，凯恩斯认为，在短期中决定宏观经济状况的关键因素是总需求。总需求分析是凯恩斯主义宏观经济学的中心内容。本节以凯恩斯主义的总需求分析为主要内容。

一 消费、储蓄与投资函数

在总需求中，消费所占的比例约为 2/3。所以，分析总需求先从消费入手。

(一) 消费函数

消费是人们使用产品和劳务以满足各种需要的经济行为和活动。在现实生活中，影响消费的因素很多，如收入水平、产品价格水平、利率水平、消费者偏好、风俗习惯等，但其中最主要的因素是收入水平。消费函数表示了消费与收入之间的依存关系。在其他条件不变的情况下，消费随收入的变动而同方向变动，即收入增加，消费增加；收入减少，消费减少。如果以 C 代表消费，Y 代表收入，则消费函数就是：

$$C=f(Y)$$

消费与收入之间的关系可以用平均消费倾向和边际消费倾向来说明。

平均消费倾向是指消费在收入中所占的比例。如果以 APC 代表平均消费倾向，则：

$$APC=C/Y$$

边际消费倾向是指增加的消费在增加的收入中所占的比例。如果以 MPC 代表边际消费倾向，以 ΔC 代表增加的消费，以 ΔY 代表增加的收入，则：

$$MPC=\Delta C/\Delta Y$$

例如，假设某人的收入为 1 000 元，其中 800 元用于消费，则平均消费倾向 $APC=0.8$。如果其收入增加到 1 200 元，消费由 800 元增加到 900 元，则边际消费倾向 $MPC=100/200=0.5$。

经济学家认为，人们的全部消费实际上可以分为两部分，一部分是不取决于收入的自发消费，另一部分是随收入变动而变动的引致消费。自发消费是由人的基本需求决定的最必需的消费，如人们维持生存的衣、食、住等消费。无论收入多少，这部分消费都是不可少的。在经济分析中，假设这部分消费不取决于收入，是一个固定的量。引致消费是指收入所引起的消费，它随着收入的变动而变动。这部分消费的大小取决于收入与边际消费倾向。以 a 代表自发消费，以 b 代表边际消费倾向，则可把消费函数写为：

$$C=a+b\cdot Y$$

根据这个公式，可以绘出消费函数的图形，如图 8-2 所示。

图 8-2 中，横轴 OY 代表收入，纵轴 OC 代表消费，45°线表示这条线上任何一点对应的收入与消费都相等。$C=a+b\cdot Y$ 是消费函数曲线，其位置由自发消费 a（即收入为 0 时举债或动用过去的储蓄也必须要有的基本生活消费）决定，斜率由边际消费倾向 b 决定。这条曲线向右上方倾斜说明，消费随收入增加而增加。在消费函数曲线与 45°线相交点 E，收入与消费相等；在 E 点之左，消费大于收入，有负储蓄；在 E 点之右，消费小于收入，有储蓄。

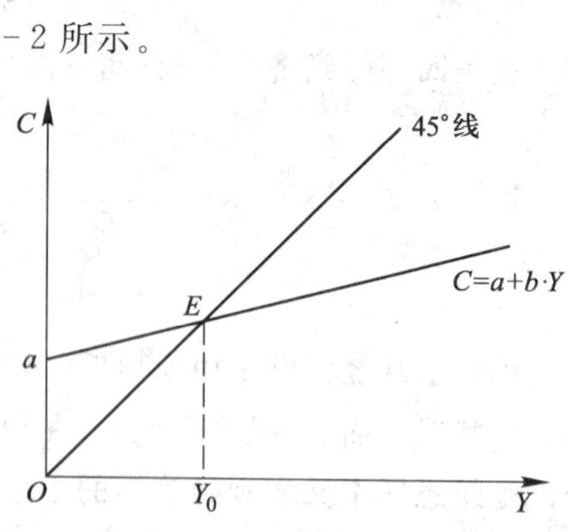

图 8-2 消费函数图

(二) 储蓄函数

收入中除去用于消费的部分，剩下的部分则为储蓄，所以与消费函数相关的就是储蓄函数。储蓄函数表示了储蓄与收入之间的依存关系。在其他条件不变的情况下，储蓄随收入的变动而同方向变动，即收入增加，储蓄增加；收入减少，储蓄减少。如果以 S 代表消费，Y 代表收入，则储蓄函数就是：

$$S=f(Y)$$

储蓄与收入之间的关系可以用平均储蓄倾向和边际储蓄倾向来说明。

平均储蓄倾向是指储蓄在收入中所占的比例。如果以 APS 代表平均储蓄倾向，则：

$$APS=S/Y$$

边际储蓄倾向是指增加的储蓄在增加的收入中所占的比例。如果以 MPS 代表边际储蓄倾向，以 ΔS 代表增加的储蓄，以 ΔY 代表增加的收入，则：

$$MPS=\Delta S/\Delta Y$$

例如，某人的收入为 1 000 元，消费是 800 元，储蓄就为 200 元，则 $APS=200/1\,000=0.2$。如果其收入由 1 000 元增加到 1 200 元，消费由 800 元增加到 900 元，则 $MPS=100/200=0.5$。

消费函数和储蓄函数说明了消费、储蓄和收入之间的关系。

第一，消费与储蓄之和等于收入。因为 $C=a+b\cdot Y$，则 $S=Y-C=-a+(1-b)\cdot Y$。

第二，由于全部收入分为消费和储蓄，所以平均消费倾向和平均储蓄倾向之和等于 1，即：$APC+APS=1$。

第三，由于全部增加的收入分为增加的消费和增加的储蓄，所以边际消费倾向和边际储蓄倾向之和等于 1，即：$MPC+MPS=1$。

因此可以绘出储蓄函数的图形，如图 8－3 所示。

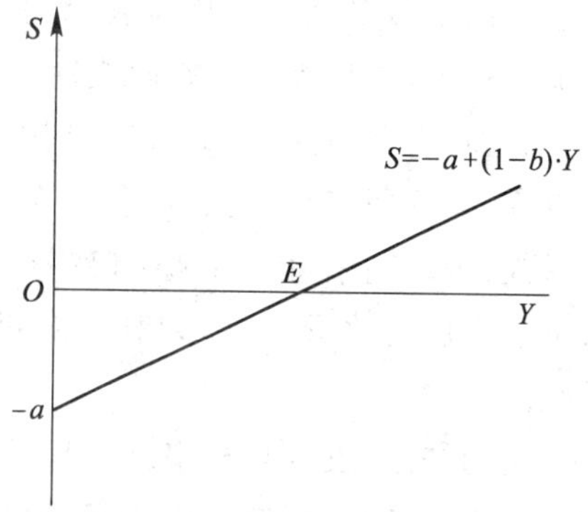

图 8－3 储蓄函数图

图 8－3 中，横轴 OY 代表收入，纵轴 OS 代表储蓄，则 S 为储蓄曲线，储蓄曲线向右上方倾斜，表示储蓄与收入呈同方向变动。其位置由 $-a$ 决定，斜率由边际储蓄倾向 $(1-b)$ 决定。储蓄曲线与横轴相交于 E 点，E 点为收支相抵点，即收入等于消费，储蓄为零；在 E 点之左，收入小于消费，储蓄为负值；在 E 点之右，收入大于消费，储蓄为正值。

可见，消费函数和储蓄函数是一个问题的两个方面，两者之间的关系如图 8－4 所示。

在图 8－4 中，当收入为零时，消费为自发消费 a。这时，储蓄为自发储蓄 $-a$。当收入为 Y_0 时，储蓄为零。

（三）投资函数

在总需求中，除了消费最重要的就是投资。投资在总需求中所占比例并不大，但波动大，对宏观经济的稳定十分重要。

经济学中所讲的投资，是指资本的形成，即社会实际资本的增加。这里所说的投资包括三种投资：企业固定投资，即企业用于厂房和设备等的支出；居民住房投资，即居民用于购买住房的支出；存货投资，即企业用于购买原料、半成品的支出或未销售的制成品支出。这种投资指净存货，即年初存货与年底存货之间的差额。

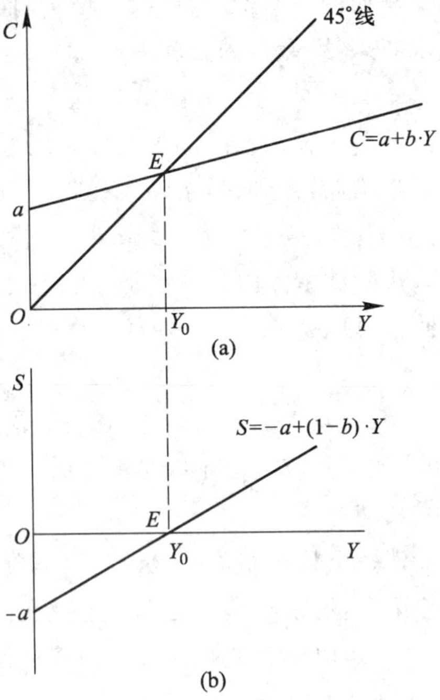

图 8-4 消费函数与储蓄函数

人们和企业进行投资是为了实现收益最大化，而且其收益率是指实际的净收益率。影响收益率的因素包括利率、预期的通货膨胀以及预期的收益。在影响投资的诸多因素中，利率是最重要的因素之一。在投资的预期利润率既定时，企业是否进行投资，取决于利率的高低。利率上升时，投资需求量就会减少；利率下降时，投资需求量就会增加。投资函数表示了投资与利率之间的关系。投资函数可写为：

$$I=I_0-d\cdot i$$

上式中，I 代表投资，i 代表利率。d 代表利率对投资的影响系数，也就是投资支出的利率弹性，即当利率变化一单位时（如 1%）投资的变化量。在这里，投资是变动的。也可以把投资分为两部分，一部分是不随利率变动的自发投资，例如由于技术进步而引发的投资，用 I_0 表示；另一部分投资则取决于利率，与利率呈反方向变动。

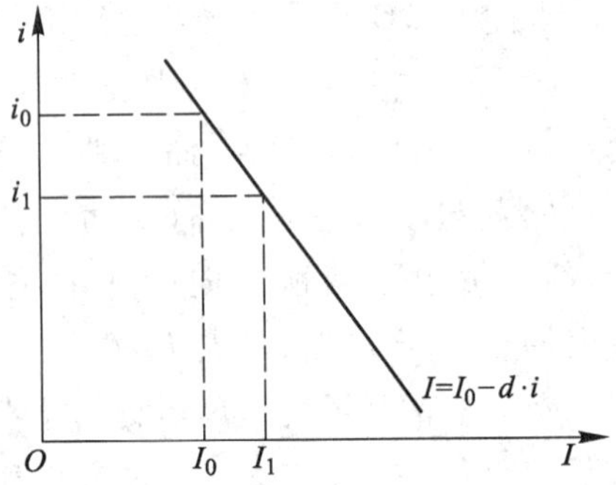

图 8-5 投资函数图

例如，投资函数 $I=1\ 250-250i$ 中，1 250 为自发投资，表示即使利率为 0 时也存在的投资量；250 是系数，表示利率每上升或下降一个百分点，投资会减少或增加的数量，可称为利率对投资需求的影响系数。

我们知道，投资与利率之间呈反方向变动，即利率上升投资减少，利率下降投资增加。因此，投资函数是一条向右下方倾斜的曲线，如图 8-5 所示。

图 8-5 中，横轴 I 代表投资量，纵轴 i 代表利率，投资函数曲线 $I=I_0-d\cdot i$ 向右下方倾斜。由图中可见，当利率从 i_0 下降到 i_1 时，投资从 I_0 增加到 I_1。

二 总需求与均衡国民收入

在凯恩斯主义宏观经济学中，总需求决定短期的国民收入。这种分析假设短期中总供给是不变的，只分析总需求如何决定国民收入，因此称为简单的凯恩斯主义模型。

（一）总需求

总需求是指经济中对物品与劳务的需求总量，包括消费需求、投资需求、政府需求和国外的需求。用 AD 表示总需求，用 C、I、G、$(X-M)$ 分别代表消费需求、投资需求、政府需求和净出口，则总需求公式为：

$$AD=C+I+G+(X-M)$$

在两部门经济中，总需求 AD 等于消费与投资之和。假设投资不变，用消费函数代表消费，就可以把总需求公式写为：

$$AD=C+I=(a+b\cdot Y)+I=(a+I)+b\cdot Y$$

式中的 $(a+I)$ 为自发消费和自发投资之和，一般将其称为自发总需求，可以用 A 表示，则上式可写为：

$$AD=A+b\cdot Y$$

（二）总需求决定均衡国民收入

在进行总需求分析时，先不考虑货币和利率，这样就可以用 45°线和总需求曲线来说明国民收入的决定，如图 8－6 所示。

图 8－6 中，横轴 OY 代表国民收入，纵轴 AD 代表总需求。45°线表示该线上任何一点对应的总需求与总供给都相等，即实现了宏观经济均衡。AD 为总需求曲线，截距 A 为自发总需求，AD 曲线向右上方倾斜是由消费函数决定的，其斜率为边际消费倾向 b。

总需求曲线 AD 与 45°线相交于 E 点，决定了均衡的国民收入为 Y_0。这就是不考虑总供给时，总需求决定均衡国民收入的原理。

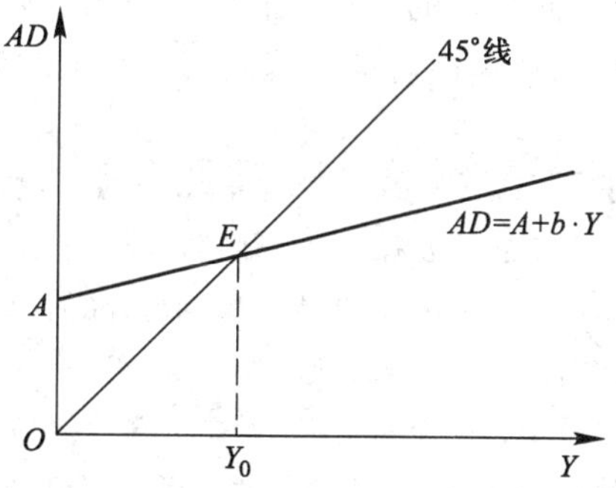

图 8－6 总需求与均衡国民收入

（三）总需求变动对均衡国民收入的影响

均衡国民收入是由总需求决定的，因此总需求的变动必然引起均衡国民收入的变动。

总需求水平的高低决定了均衡国民收入的大小。所以，总需求的变动会引起均衡国民收入同方向变动，即总需求增加，均衡国民收入增加；总需求减少，均衡国民收入减少，如图 8－7 所示。假设总需求 $AD=A+b\cdot Y$ 中，$b\cdot Y$ 不变，只改变自发总需求 A，假设其增量为 ΔA。总需求增加，即为 $AD_1=(A+\Delta A)+b\cdot Y$；总需求减少，即为 $AD_2=(A-\Delta A)+b\cdot Y$。

图 8－7 中，总需求曲线 AD_0 移动到 AD_1，表示总需求增加；总需求曲线 AD_0 移动到 AD_2，表示总需求减少。当总需求为 AD_0 时，决定了均衡国民收入为 Y_0。当总需求为 AD_1 时，决定了均衡国民收入为 Y_1，$Y_1>Y_0$，表示由于总需求水平由 AD_0 增加到 AD_1，从而使均衡国民收入水平由 Y_0 增加到 Y_1。当总需求为 AD_2 时，决定了均衡国民收入为 Y_2，$Y_2<Y_0$，表示由于总需求水平由 AD_0 减少到 AD_2，从而使均衡国民收入水平由 Y_0 减少到 Y_2。

图 8－7 中，总需求的变动表现为总需求曲线的平行移动，这表明总需求变动是由于自发总需求的变动引起的。

（四）节约的悖论

根据上述总需求与国民收入变动的关系，还可以进一步研究储蓄与国民收入变动的关系。在收入既定时，消费与储蓄是呈反方向变动的，即消费增加，储蓄减少；消费减少，储蓄增加。

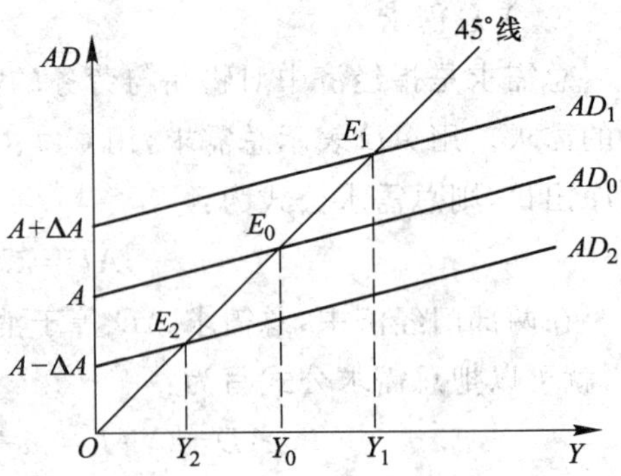

图 8－7 总需求与均衡国民收入的变动

消费是总需求的一个重要组成部分，储蓄增加使消费减少，总需求减少，从而国民收入减少；反之，储蓄减少使消费增加，总需求增加，从而国民收入增加。因此，储蓄的变动会引起国民收入反方向变动。

根据消费与储蓄对国民收入的不同影响，凯恩斯得出一个与传统的道德观相矛盾的推论：按照传统道德观，增加储蓄是好的，减少储蓄是恶的。但按上述储蓄变动引起国民收入反方向变动的理论，增加储蓄会减少国民收入，使经济衰退，是恶的；而减少储蓄会增加国民收入，使经济繁荣，是好的。这种矛盾被称为“节约的悖论”。

课堂活动

中国过去有一句老话：新三年，旧三年，缝缝补补又三年。如果真是如此节约，纺织行业就会面临纺织品卖不出去，工人下岗，收入降低，甚至经济衰退的境地。因此节俭对个人来说可能是一种美德，但对整个社会来说就不是美德，而是一种退步。因为大家都节俭，储蓄增加，如果这部分储蓄不能及时转化为投资形成新的消费力量，就会减少社会需求，对国民经济活动造成一种紧缩的压力，导致经济萧条。国民收入也因此下降，就业减少。尤其是在经济萧条时期，这种节俭更会加剧萧条，形成恶性循环。

你认为节约到底是一种值得提倡的美德，还是导致经济衰退的罪恶之源呢？

三 乘数理论

自发总需求的增加会引起国民收入增加，但是，一定量自发总需求的增加会使国民收入增加多少，即总需求增加量与国民收入增加量之间的关系如何呢？这就是乘数理论要回答的问题。

乘数是指自发总需求的增加所引起的国民收入增加的倍数，或者说是国民收入增加量与引起这种增加的自发总需求增加量之间的比率。根据均衡国民收入的决定模型，增加的总需求与增加的国民收入相等，即：

$$\Delta Y=\Delta AD$$

$$\Delta Y=\Delta A+b\cdot\Delta Y$$

$$\Delta Y - b \cdot \Delta Y = \Delta A$$

$$\Delta Y = \Delta A \cdot [1/(1-b)]$$

增加的国民收入(ΔY)与引起这种增加的自发总需求增加量(ΔA)之比[$1/1-b$]就是乘数。如果用 K 代表乘数,则有:

$$K = 1/(1-MPC) \text{或}$$

$$K = 1/MPS$$

乘数的公式表明,乘数的大小取决于边际消费倾向 MPC 和边际储蓄倾向 MPS。乘数与边际消费倾向呈同方向变化,即边际消费倾向越高,乘数越大;边际消费倾向越低,乘数就越小。这是因为边际消费倾向越大,增加的收入就有更多的部分用于消费,从而使总需求和国民收入增加得更多。乘数与边际储蓄倾向呈反方向变化,边际储蓄倾向越大,乘数越小;边际储蓄倾向越小,乘数越大。

把 $\Delta Y = \Delta A \cdot [1/(1-b)]$ 推及一般,就可以得出投资乘数公式。如果以 ΔY 代表国民收入的增加量,ΔI 代表投资的增加量,K 代表投资乘数,则:

$$K = \Delta Y / \Delta I$$

例如,假设社会的边际消费倾向为 0.8,如果该经济社会增加投资 100 万美元,求国民收入的增量。

由题意得 $K = 1/(1-b) = 1/(1-0.8) = 5$,则 $\Delta Y = K \cdot \Delta I = 5 \times 100 = 500$(万美元)。也就是说,增加投资 100 万美元所带来的国民收入增量为 500 万美元。

从乘数的公式还可以看出,因为边际消费倾向小于 1,所以乘数一定是大于 1 的。这也反映了国民经济各部门之间存在着密切的联系。某一部门自发总需求的增加,不仅会使本部门收入增加,而且会在其他部门中引起连锁反应,从而使这些部门的需求与收入也增加,最终使国民收入的增加量数倍于最初自发总需求的增加量。

乘数的作用是双重的,即当自发总需求增加时,所引起的国民收入的增加量要大于最初自发总需求的增加量;当自发总需求减少时,所引起的国民收入的减少量也大于最初自发总需求的减少量。所以,经济学家形象地把乘数理论称为一把“双刃剑”。

了解了乘数的双重作用,就可以在经济萧条时增加自发总需求,使国民经济迅速走向繁荣和高涨;在经济繁荣时减少自发总需求,使国民经济发展避免过热。

应该承认,国民经济各部门之间确实存在着乘数理论所反映的这种连锁反应,国民收入的增加量也大于最初自发总需求的增加量,但乘数作用发生需要有一定的条件。首先,乘数作用发生的前提条件是社会资源没有得到充分利用,存在闲置不用的生产能力。这样总需求的增加才会使各种资源得到充分利用,产生乘数作用,否则只会引起物价上涨。其次,经济中不存在“瓶颈部门”,或瓶颈约束程度较小。如果某些关键部门(如能源,原料或交通)存在制约其他资源利用的“瓶颈状态”,乘数原理也无法发挥作用。

案 例

繁荣的方法

1933 年凯恩斯在《泰晤士报》上发表了题为《繁荣的方法》的文章，首次阐述了关于乘数的概念。在今天看来，乘数的概念仍是“凯恩斯主义魔法中最著名的部分”。凯恩斯将乘数效应看做是国家繁荣的秘密，还亲自用古怪的行为实践着乘数效应。下面是经济学家卡尔文·B. 胡佛教授记录的一个小故事：1934 年在华盛顿的一家饭店里，当我准备与凯恩斯共进晚餐时，他善意地讽刺了我从搁架上挑选毛巾而避免将其弄乱的优雅举止，他用胳膊扫了一下，将两三条毛巾扫到地板上，并且开玩笑地说：“我确信与你非常谨慎的避免浪费相比，我对于美国经济更加有益，因为弄乱这些毛巾可以刺激就业。”夸张的经济学家们甚至用这样一个形象的比喻来解释乘数效应：如果财政部把用过的瓶子塞满钞票，并把这些塞满钞票的瓶子埋在废弃矿井里，然后用城市垃圾把矿井填平，并听任私有企业根据自由放任原则把钞票再挖出来，那么失业问题将不再存在。

第三节 *IS*–*LM* 模型

在简单的凯恩斯主义模型中，只研究了利率与投资不变的情况下，总需求如何决定均衡国民收入。但现实经济社会中，利率和投资都是变动的，而且对总需求和国民收入的影响较大。

IS–*LM* 模型是说明产品市场与货币市场同时达到均衡时国民收入与利率决定的模型。在这里，I 代表投资，S 代表储蓄，L 代表货币需求，M 代表货币供给。这一模型主要分析在利率和投资变动的情况下，总需求对国民收入的决定，以及利率与国民收入之间的关系。

一 *IS* 曲线

IS 曲线是描述产品市场达到均衡，即 $I=S$ 时，国民收入与利率之间存在反方向变动关系的曲线。*IS* 曲线如图 8–8 所示。

图 8–8 中，横轴 Y 代表国民收入，纵轴 i 代表利率。*IS* 曲线上的任何一点都满足 $I=S$，即产品市场实现了均衡。*IS* 曲线向右下方倾斜，表明在产品市场实现均衡时，利率与国民收入呈反方向变动，即利率高则国民收入低，利率低则国民收入高。

在产品市场上，利率与国民收入呈反方向变动是因为利率与投资呈反方向变动。我们知道，投资的目的是为了实现利润最大化。投资者一般要用贷款来投资，而贷款必须支付利息，所以利润最大化实际是偿还利息后纯利润的最大化。这样，投资就取决于利润率与利率。如果利润率既定，则投资就取决于利率。利率越低，纯利润就越大，从而投资就越多；反之，利率越高，纯利润就越小，从而投资就越少。因此，利率与投资呈反方向变动。投资是总需求的一个重要组成部分，投资增加，总需求增加；投资减少，总需求减少。而总需求又与国民收入呈同方向变动，因此利率与国民收入呈反方向变动。

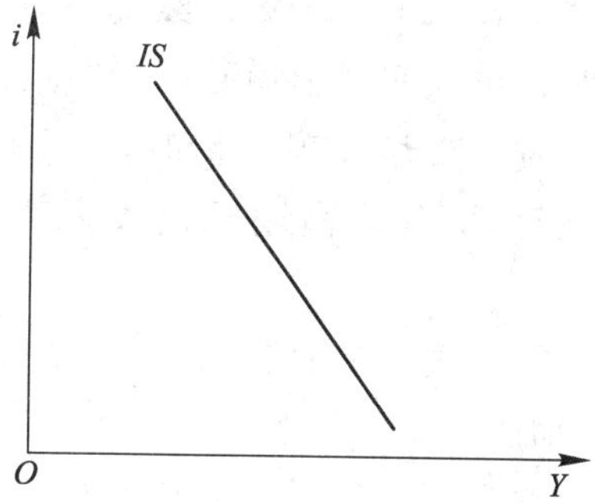

图 8-8 IS 曲线

在两部门经济中，总需求由消费和投资两部分构成，因为 $C=a+b\cdot Y$，$I=I_0-d\cdot i$，因此总需求为：

$$AD=a+b\cdot Y+I_0-d\cdot i=(a+I_0)+b\cdot Y-d\cdot i$$

式中，$(a+I_0)$为自发消费与自发投资之和，可以称为自发总需求。

假定边际消费倾向 b 不变，则总需求 AD 与利率 i 呈反方向变动，总需求与均衡国民收入呈同方向变动，所以利率与国民收入呈反方向变动。

在 $AD=(a+I_0)+b\cdot Y-d\cdot i$ 中，如果自发总需求出现变动，例如自发消费、自发投资发生变动，会使 IS 曲线的位置平行移动，如图 8-9 所示。

图 8-9 中，当自发总需求增加时，IS 曲线向右上方平行移动，即从 IS_0 移动到 IS_1；当自发总需求减少时，IS 曲线向左下方平行移动，即从 IS_0 移动到 IS_2。

二 LM 曲线

LM 曲线是描述货币市场达到均衡，即 $L=M$ 时，国民收入与利率之间存在的同方向变动关系的曲线。LM 曲线如图 8-10 所示。

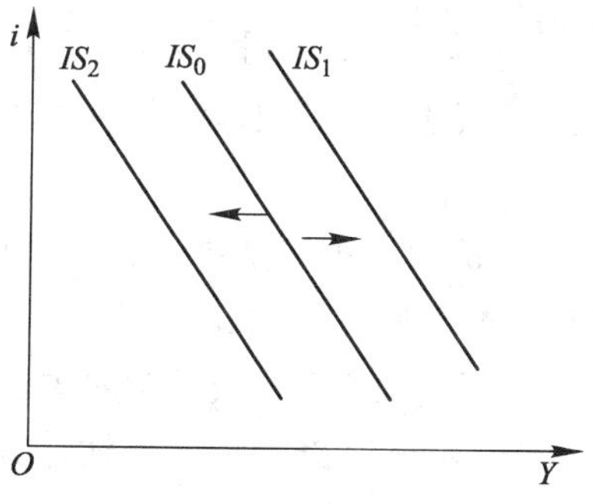

图 8-9 IS 曲线的移动

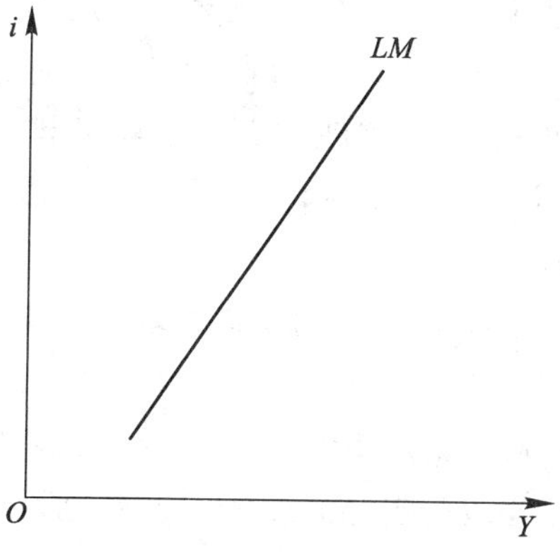

图 8-10 LM 曲线

图 8－10 中，LM 曲线上任何一点都存在 $L=M$，即货币市场实现了均衡。LM 曲线向右上方倾斜，表明在货币市场实现均衡时，利率与国民收入呈同方向变动，即利率高则国民收入高，利率低则国民收入低。

货币供给量的变动会使 LM 曲线的位置平行移动，如图 8－11 所示。

图 8－11 中，当货币供给量增加时，LM 曲线向右下方平行移动，即从 LM_0 移动到 LM_1；当货币供给量减少时，LM 曲线向左上方平行移动，即从 LM_0 移动到 LM_2。

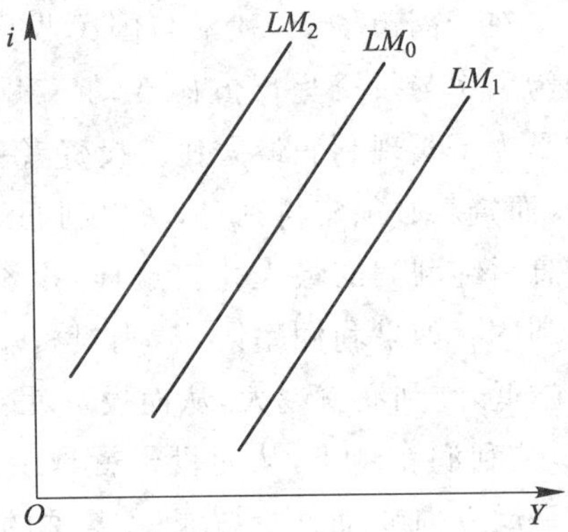

图 8－11 LM 曲线的移动

三 IS－LM 模型

$IS-LM$ 模型是说明产品市场与货币市场同时达到均衡时，利率与国民收入决定的模型。把 IS 曲线与 LM 曲线放在同一幅图中，就可得出说明两个市场均衡时国民收入与利率决定的 $IS-LM$ 模型，如图 8－12 所示。

图 8－12 中，IS 曲线上任意一点都表示产品市场的均衡，即 $I=S$。LM 曲线上任意一点都表示货币市场的均衡，即 $L=M$。IS 曲线与 LM 曲线相交于 E 点，在 E 点则是两个市场同时达到均衡，这时决定了均衡的利率水平为 i_0，均衡的国民收入为 Y_0。而且，也只有在利率为 i_0，国民收入为 Y_0 时，两个市场才能同时达到均衡。

当产品市场与货币市场未达到均衡时，就会自发地进行调整。

如果自发总需求出现了变动，例如自发消费、自发投资发生变动，使 IS 曲线的位置平行移动，从而就会使国民收入和利率发生变动。在 $IS-LM$ 模型中，在 LM 曲线不变的情况下，当自发总需求增加时，IS 曲线向右上方平行移动，即从 IS_0 移动到 IS_1，从而国民收入增加，利率上升；当自发总需求减少时，IS 曲线向左下方平行移动，即从 IS_0 移动到 IS_2，从而国民收入减少，利率下降，如图 8－13 所示。

图 8－13 中，IS_0 与 LM 相交于 E_0，决定了利率为 i_0，国民收入为 Y_0。当自发总需求增加时，IS 曲线从 IS_0 移动到 IS_1，这就引起国民收入从 Y_0 增加到 Y_1，利率从 i_0 上升为 i_1。反之，当自发总需求减少时，IS 曲线从 IS_0 移动到 IS_2，这就引起国民收入从 Y_0 减少到 Y_2，利率从 i_0 下降到 i_2。

在三部门经济中，政府支出由政府的政策决定，在经济分析中也视为一种自发性需求，也是自发总需求的一个组成部分。所以，如果把财政支出的变动作为自发总需求的变动，其所分析的就是财政政策对国民收入和利率的影响。图 8－13 可用来说明财政政策对国民收入和利率的影响。当政府实行扩张性财政政策时，IS 曲线由 IS_0 移动到 IS_1，投资增加，总需求增加。当政府实行紧缩性财政政策时，IS 曲线从 IS_0 移动到 IS_2，投资减少，总需求减少。

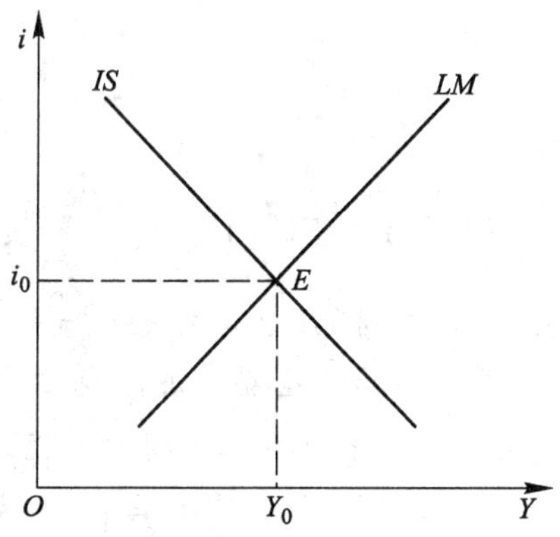

图 8-12 IS-LM 模型

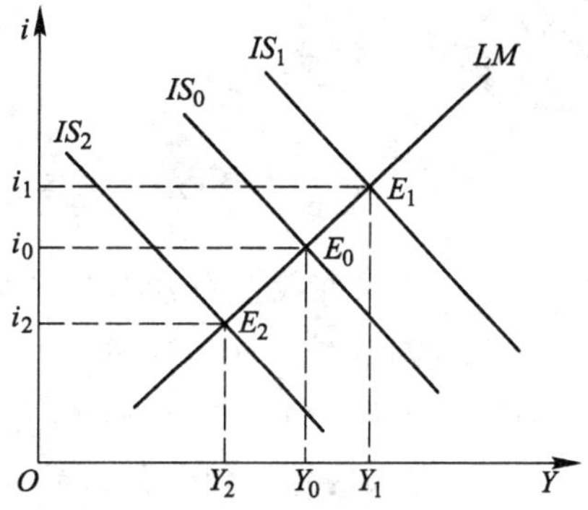

图 8-13 IS 曲线变动与 IS-LM 模型

由于货币供给量的变动会使 LM 曲线平行移动，从而就会使国民收入和利率发生变动。在 IS-LM 模型中，在 IS 曲线不变的情况下，货币供给量增加，LM 曲线向右下方平行移动，即从 LM_0 移动到 LM_1，从而国民收入增加，利率下降；当货币供给量减少时，LM 曲线向左上方平行移动，即从 LM_0 移动到 LM_2，从而国民收入减少，利率上升，如图 8-14 所示。

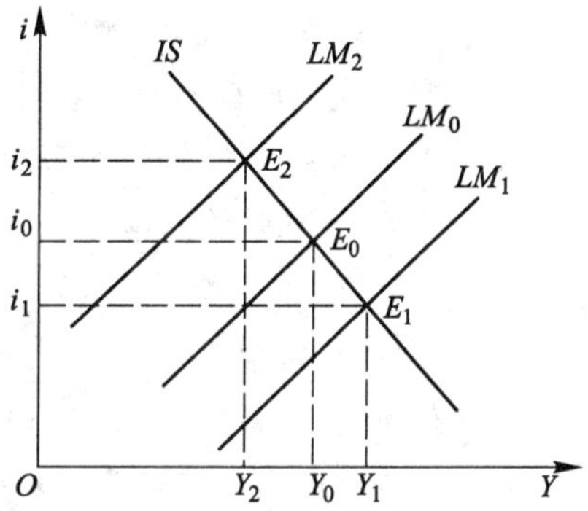

图 8-14 LM 曲线变动与 IS-LM 模型

图 8-14 中，LM_0 与 IS 相交于 E_0，决定了利率为 i_0，国民收入为 Y_0。当货币量增加时，LM 曲线从 LM_0 移动到 LM_1，这就引起国民收入从 Y_0 增加到 Y_1，利率从 i_0 下降为 i_1。反之，当货币量减少时，LM 曲线从 LM_0 移动到 LM_2，这就引起国民收入从 Y_0 减少到 Y_2，利率从 i_0 上升为 i_2。

如果货币量的变动是由央行的货币政策变动引起的，相应分析的就是货币政策对国民收入和利率的影响。由于货币量的变动是由央行的货币政策变动所引起的，图 8-14 就说明了货币政策对国民收入与利率的影响。当央行实行扩张性货币政策时，LM 曲线从 LM_0 移动到 LM_1，货币供给量增加；当央行实行紧缩性货币政策时，LM 曲线从 LM_0 移动到 LM_2，货币供给量减少。

总之，IS-LM 模型分析了储蓄、投资、货币需求与货币供给是如何影响国民收入和利率的。在任何情况下，都必须使财政政策与货币政策相配合，既要保持产品市场均衡，也要保持货币市场均衡，不能顾此失彼。这一模型不仅精炼地概括了总需求的变动分析，而且可用来分析财政政策和货币政策的影响。因此，这一模型被视为凯恩斯主义宏观经济学的核心。

资料库

GDP 不是万能的,但没有 GDP 是万万不能的

作为衡量经济增长的指标,越来越多的经济学者对 GDP 的重要性产生了怀疑。斯蒂格利茨曾经指出,如果一对夫妇留在家中打扫卫生和做饭,这将不会被列入 GDP 的统计范围之内;假如这对夫妇外出工作,另外雇人做清洁和烹调工作,那么这对夫妇和佣人的经济活动都会被计入 GDP。说得更明白一些,如果一名男士雇用一名保姆,保姆的工资也将计入 GDP。如果这位男士与保姆结婚,不给保姆发工资了,GDP 就会减少。

德国学者厄恩斯特·冯·魏茨察克和两位美国学者艾墨里·洛文斯,L. 亨特·洛文斯在他们合著的《四倍跃进》一书中对 GDP 在衡量经济增长中的作用更是提出了诘难,他们生动地写道:“乡间小路上,两辆汽车静静驶过,一切平安无事,它们对 GDP 的贡献几乎为零。但是,其中一个司机由于疏忽,突然将车开向路的另一侧,连同到达的第三辆汽车造成了一起恶性交通事故。‘好极了’,GDP 说。因为,随之而来的是:叫来救护车、医生、护士,联系意外事故服务中心,汽车修理或买新车,法律诉讼,亲属探视伤者,损失赔偿,保险代理,新闻报道,等等,所有这些都被看做正式的职业行为,都是有偿服务。即使任何参与方都没有因此而提高生活水平,甚至有些人还蒙受了巨大损失,但我们的‘财富’——所谓的 GDP 依然在增加。”基于以上的分析,三位学者深刻地指出:“平心而论,GDP 并没有定义成度量财富或福利的指标,而只是用来衡量那些易于度量的经济活动的营业额。”

需要进一步指出的是,国内生产总值统计中所包括的外资企业虽然在我国境内从统计学意义上给我国创造了 GDP,但利润却是汇回他们自己国家的。一句话,他们把 GDP 留给了我们,把利润转回了自己的国家。这就如同在天津打工的安徽民工把 GDP 留给了天津,把挣的钱汇回了安徽一样。看来 GDP 只是一个“营业额”,不能反映环境污染的程度,不能反映资源的浪费程度,看不出支撑 GDP 的“物质”内容。在当今中国,资源浪费的“亮点”工程,“半截子”工程,都可以计入 GDP,都可以增加 GDP。

尽管 GDP 存在种种缺陷,但世界上本来就不存在一种包罗万象、反映一切的经济指标,在我们现在使用的描述和衡量一国经济发展状况的指标体系中,GDP 无疑是最重要的指标之一。因此,我们说,GDP 不是万能的,但没有 GDP 是万万不能的。

本章小结

- 国民收入核算与决定
  - 国民收入核算
    - 国内生产总值的含义
    - 国内生产总值的计算方法
    - 国民收入核算的五个总量
    - 国民收入核算的其他总量
    - 国民收入核算的恒等关系
  - 简单国民收入决定模型
    - 消费、储蓄与投资函数
    - 总需求与均衡国民收入
    - 乘数理论
  - *IS-LM*模型
    - *IS*曲线
    - *LM*曲线
    - *IS-LM*模型

同步练习

一、单项选择题

1. 下列哪一项不列入国内生产总值的核算？（　　）

A. 出口到国外的一批货物

B. 政府给贫困家庭发放的一笔救济金

C. 经纪人为一座旧房买卖收取的佣金

D. 保险公司收到的家庭财产保险费

2. 国内生产总值减去下列哪项成为国内生产净值？（　　）

A. 直接税　　B. 原材料支出　　C. 折旧　　D. 间接税

3. 在一个由家庭、企业、政府和国外的部门构成的四部门经济中，GDP 是（　　）的总和。

A. 消费、总投资、政府购买和净出口

B. 消费、净投资、政府购买和净出口

C. 消费、总投资、政府购买和总出口

D. 工资、地租、利息、利润和折旧

4. 在其他条件不变的情况下，下列哪个原因会使消费曲线上的点沿着消费曲线向右上方移动。(　　)

A. 可支配收入增加　　B. 价格水平下降

C. 利息率下降　　D. 消费者对于经济状况有乐观的预期

5. 凯恩斯主张乘数效应可以扭转经济萧条。基于这个理论，以下哪项不能增加均衡产量。(　　)

A. 自发投资的初始增加　　B. 政府支出的初始增加

C. 政府税收的减少　　D. 政府转移支付的减少

6. 如果边际消费倾向的系数为 0.75，削减 0.05 万亿元的自发投资，会使均衡产出(　　)。

A. 增加 0.05 万亿元　　B. 减少 0.05 万亿元

C. 增加 0.2 万亿元　　D. 减少 0.2 万亿元

7. 一国的国内生产总值小于国民生产总值，说明该国公民从外国取得的收入(　　)外国公民从该国取得的收入。

A. 大于　　B. 小于　　C. 等于　　D. 不确定

8. 今年的名义 GDP 大于去年的名义 GDP，说明(　　)。

A. 物价水平提高了　　B. 产量水平提高了

C. 物价水平和产量水平都提高了　　D. 不确定

9. “面粉是中间产品”这一命题(　　)。

A. 一定是对的　　B. 一定不是对的

C. 可能是对的，也可能是错的　　D. 以上说法全对

10. 从短期来说，当居民的可支配收入等于零时，消费支出可能(　　)。

A. 大于零　　B. 等于零

C. 小于零　　D. 以上几种情况都可能出现

11. 自发投资支出增加 10 亿美元，会使 IS 曲线(　　)。

A. 右移 10 亿美元　　B. 左移 10 亿美元

C. 右移投资乘数乘以 10 亿美元　　D. 左移投资乘数乘以 10 亿美元

二、简答题

1. 为什么政府转移支付不计入 GDP?

2. 国内生产总值与国民生产总值有何区别与联系?

3. 什么是乘数? 乘数效应发挥作用的条件是什么?

4. 为什么产品市场上的 IS 曲线向右下方倾斜，货币市场上的 LM 曲线向右上方倾斜?

三、计算题

1. 假设某经济社会的消费函数为 $C=100+0.8Y$，投资为 50(单位：10 亿美元)。求均

衡国民收入、消费和储蓄。

2. 假设某经济社会的储蓄函数为 $S=-1\ 000+0.25Y$，投资从 300 增加到 500 时，均衡国民收入增加多少？

3. 已知货币供给量 $MS=220$，货币需求方程为 $L=0.4Y+1.2/i$，投资函数为 $I=195-2\ 000i$，储蓄函数为 $S=-50+0.25Y$。设价格水平 $P=1$，求均衡的国民收入水平和利率水平。

4. 已知消费函数为 $C=30+0.8Y$，投资函数为 $I=60-10i$，求 IS 曲线方程。

实训项目

勤俭与乘数效应

这是一个流传很久的故事：小镇上，一个荒淫的富人死了。全镇的人都为他哀悼，当他的棺材被放进坟墓时，四处都是哭泣、哀叹声，就连教士和圣人死去时人们都没有如此悲伤。第二天，镇上的另一个富人也死了，与前一个富人相反，他节俭禁欲，只吃干面包和萝卜。他一生对宗教都很虔诚，整天在豪华的研究室内学习法典，当他死后，除了他的家人外，没有人为他哀悼，葬礼冷冷清清。一个陌生人对此迷惑不解，就问道："请向我解释一下这个镇上的人为什么尊敬一个荒淫的人，而忽视一个圣人。"镇上的居民回答说："昨天下葬的那个富人，虽然他是个色鬼和酒鬼，却是镇上最大的施舍者。他性格随和、开朗，镇上的每一个人都从他那里获益。他向一个人买酒，向另一个人买鸡，向第三个人买奶酪，出手还十分大方。可死去的另一个富人又做了什么呢？他整天吃面包和萝卜，没人能从他身上赚到一分钱，当然没有人会想念他。"

勤俭，这个古老的美德也被带入我们的讨论中。在古典经济学家眼中，节约是一种美德，因为储蓄的增加意味着投资的增加，将促进经济增长。然而凯恩斯却提出了相反的观点，他认为储蓄的增加可能导致支出的减少，因而引起产出的下降，并引发衰退。如果说储蓄的增加导致支出的减少，那么消费的增加又是如何增加产出的呢？

问题：请你运用乘数理论分析：假如你多买一个麦当劳鸡腿汉堡，这会怎样带动麦当劳的收入、商业区的租金增长和农场养殖业的连锁发展？假如人们增加对汽车的需求，那么机动车辆和工业设备生产部门，金属制品、机床、电子设备、纺织品、橡胶等相关行业，以及最终整个国民经济将会发生怎样的连锁反应？

第九章 总需求–总供给模型

学习目标

知识目标

- 理解总需求和总供给的概念
- 掌握总需求曲线的移动
- 掌握总供给曲线的类型及移动
- 掌握总需求与总供给共同作用下的均衡分析

能力目标

- 能够利用总需求–总供给模型对社会现象作出分析
- 能够利用总需求–总供给模型在现实社会中作出决策

案例导入

“大炮一响，黄金万两”

在震惊世界的“9·11”恐怖袭击之后，美英两国对阿富汗发动了军事打击。战争对美国经济产生了一些积极影响：不少人希望美国军火商能得到大量的坦克和飞机订单，通过增加军事支出刺激总需求增加，失业情况也会因许多人应征上前线而得到缓解，美国股市乃至经济借此可一扫晦气。

专家分析认为，此次战争对美国经济的影响与越战和海湾战争不同。20世纪60年代末期，联邦政府的巨额国防开支和非国防开支，使本来已很强劲的私营部门总需求进一步增强，并积聚了很大的通货膨胀压力，这种压力在整个70年代也未能得到充分缓解。此后一直到80年代末期，大部分经济决策的主要任务就是抑制通货膨胀。

但阿富汗战争同以往的战争迥异。首先，它不太可能像海湾战争那样动用大规模地面部队。更重要的是，这场对抗隐蔽敌人的战争将主要通过非常规手段进行，使用的相关国防资源大多是军备库存中所没有的，需要新的开支计划，这对经济中的总需求将产生积极的影响。

本章将改变前几章中价格不变的假设，着重说明产量和价格水平间的关系，考察产品市场、货币市场、劳动市场同时达到均衡时产量和价格的关系。

第一节 总需求曲线

一 总需求函数

（一）总需求的概念

总需求（AD）是指整个经济社会在每一价格总水平上对产品和劳务的需求总量，它由消费需求（C）、投资需求（I）、政府需求（G）和国外需求（NX）构成。

（二）价格水平变化与总支出的关系

在此以物价总水平（P）上升为例进行说明。物价总水平上升会产生以下效应。

1. 利率效应

价格水平上升时，人们需要更多货币从事交易。假定价格水平为100%时需要10亿美元从事交易，价格水平上升为200%时就需要20亿美元从事交易，虽然人们的实际收入没有变化，但价格水平上升了，因此商品和劳务交易就需要更多的货币。

价格水平越高，商品和劳务价格越高，所需支付的货币就越多。可见，价格总水平上升，引起货币需求增加，如果货币供给没有变化，此时利率必然上升，进而投资水平下降，由此总支出水平和收入水平也会下降。

2. 实际购买力效应

物价总水平上升，人们手中资产的实际购买力下降，由此人们的消费和投资支出水平就会下降，导致总支出水平下降。

3. 税负效应

物价总水平上升会导致人们的名义收入增加，使人们进入更高的纳税等级，从而使人们的税负增加，实际可支配收入下降，进而使人们的消费和投资水平下降，导致总支出水平下降。

4. 相对价格效应（汇率效应）

如果经济是开放的，则本国物价总水平上升使得国外物价总水平相对下降，相比之下，此时一方面购买外国货比较合算，由此进口增加，出口减少，导致净出口减少，使得总支出减少；另一方面，此时向国外投资显然比较合算（因为成本较低）、因而向国外投资增加，国内投资减少，这也导致国内总需求水平降低、总支出减少。

由此可见，国内物价总水平上升，必然使国内总支出水平下降。反之，国内物价总水平下降，必然使国内总支出水平上升，两者之间呈反方向变动。

（三）总需求函数

总需求函数是以产出（国民收入）表示的需求总量和价格水平之间的关系。由上面的论述可知：若社会物价总水平上升，则经济社会对商品的总需求减少；若社会物价总水平下降，则经济社会对商品的总需求增加。

二　总需求曲线的推导

（一）由总支出（AE）与国民收入（Y）推导总需求曲线

图 9－1 显示，价格为 P_0 时，均衡总支出为 Y_0，当价格为 P_1 时，均衡总支出是 Y_1。从图 9－1 可以看出，物价总水平越高，总需求量或者说均衡总支出水平越低。因此，总需求曲线和微观经济学中的需求曲线一样，也是向右下方倾斜的。

（二）由 IS-LM 曲线推导总需求曲线

从图 9－2 可以看到，当价格水平从 P_0 上升到 P_1 时，LM 曲线由 LM_0 向左上方移动到 LM_1，使得利率从 i_0 上升到 i_1，国民收入水平从 Y_0 下降到 Y_1。不同的价格水平和不同的国民收入水平组合，构成了总需求曲线 AD。

也可以用代数式进行推导。

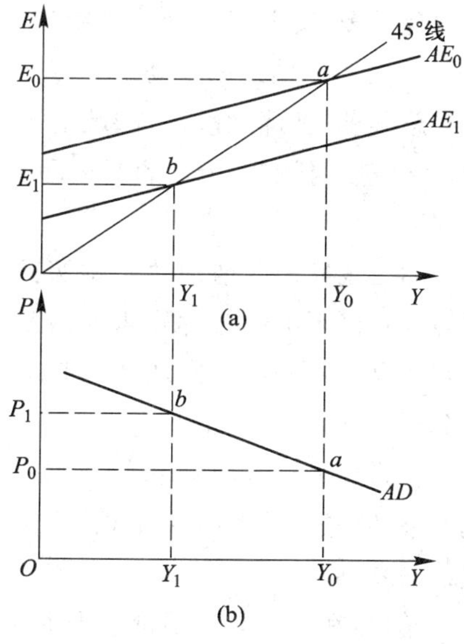

图 9－1　总需求曲线的推导

假设 IS 曲线方程为：$Y=800-2\,000i$，LM 曲线方程为：$Y=250/P+2\,000i$

解联立方程，消掉 i，得出：$Y=400+125/P$

取不同的 P 与 Y 值得到一系列组合：

$P=1, Y=525$；

$P=1.25, Y=500$；

$P=2.5, Y=450$；

从这些组合也可以看出，随着物价水平的提高均衡产量会出现减少的趋势；反之，均衡产量会增加。这说明均衡产量水平或者说总需求与物价总水平呈反向变动的关系。

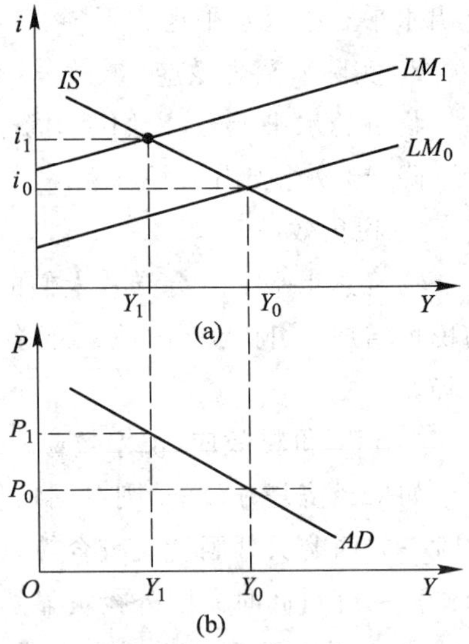

图 9-2 由 IS-LM 曲线推导总需求曲线

（三）总需求曲线的斜率和变动

1. 总需求曲线的斜率——均衡国民收入对物价水平变化的敏感程度

AD 曲线的斜率越小，AD 曲线越平缓，则物价水平一个较小的变化将会引起均衡国民收入较大的变化；反之，AD 曲线的斜率越大，AD 曲线越陡峭，则物价水平的一个较大变化只会引起均衡国民收入较小的变化。

IS 曲线和 LM 曲线斜率的变化，都会改变 AD 曲线的斜率。在 IS 曲线斜率不变的情况下，LM 曲线越陡峭，AD 曲线越平缓；反之，AD 曲线越陡峭。在 LM 曲线斜率不变的情况下，IS 曲线越平缓，AD 曲线越平缓；反之，AD 曲线越陡峭。

2. 总需求曲线的变动

总需求是由消费、投资、政府支出和净出口构成的，四个量中任何一个量的变化都会使总需求曲线发生移动。

如当政府采取增加政府购买的扩张性财政政策时，IS_0 右移至 IS_1，使总需求曲线从 AD_0 向右上方移动至 AD_1，在价格水平 P_0 不变时，国民收入从 Y_0 增加到 Y_1，如图 9-3 所示。

扩张性的财政政策和货币政策会使总需求曲线向右移动；紧缩性的财政政策和货币政策会使总需求曲线向左移动。

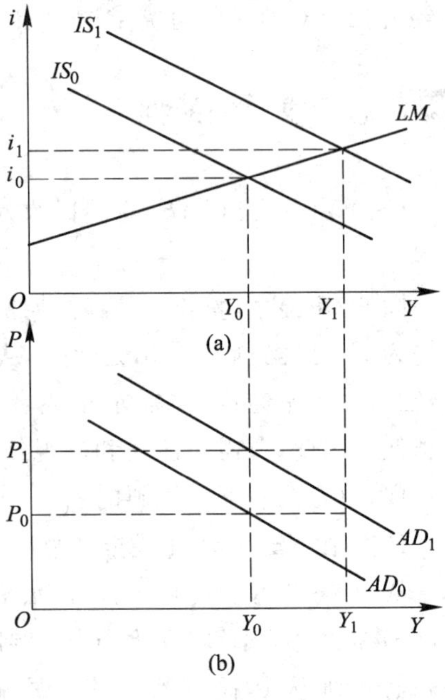

图 9-3 总需求曲线的变动

总之，在任一既定物价水平上对商品和服务的需求增加，总需求增加，AD 曲线向右移动；反之，总需求减少，AD 曲线向左移动。

第二节 总供给曲线

一 总供给的概念

总供给(AS)是经济社会所提供的总产量(或国民收入),即在每一价格水平上提供的商品和劳务的总量,它主要由生产性投入(主要是劳动、资本)的数量和技术决定。

二 总供给曲线的类型

总供给曲线是表示产出量和价格水平各种不同组合的曲线。一般有以下两种总供给曲线。

(一) 长期总供给曲线——古典总供给曲线

长期总供给曲线也称古典总供给曲线,古典学派认为,在长期中,价格和货币工资具有完全的伸缩性,货币工资随劳动供求关系变动而变化。当劳动市场存在超额劳动供给时,货币工资率就会降低。反之,存在超额劳动需求时,货币工资率就会提高。换句话说,在长期中,经济的就业水平并不随着价格水平和工资水平的变动而变动,而始终处于充分就业的状态上。因此,古典学派认为,总供给曲线是一条位于经济潜在产量或充分就业产量水平上的垂线。

如图 9-4 所示,长期总供给曲线是一条位于充分就业产量水平上的垂线。它表明,在长期中,实际产出量主要由潜在产出决定,因而不受价格水平的影响,或者说,当价格水平发生变动,实际工资相应调整后,产出量不会相应变化。

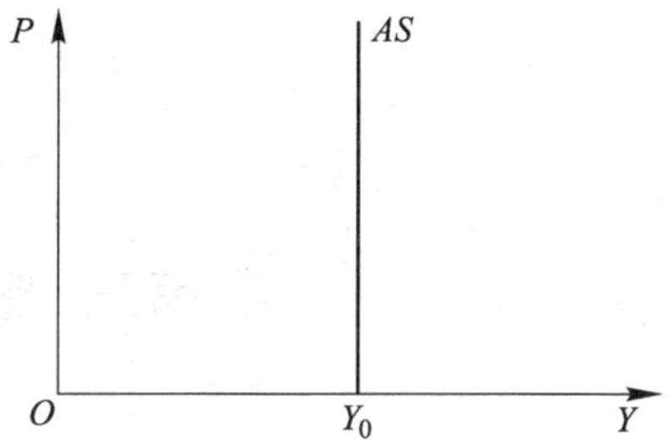

图 9-4 古典总供给曲线

在长期总供给曲线中,随着市场物价总水平的提高,劳动市场的均衡供求量始终保持在充分就业水平不变,国民收入不会随物价水平的提高而上升,总供给曲线在长期条件下为一条充分就业产量下的垂线。

当国家采取增加总需求的政策时,AD 曲线向右上方移动,与垂直总供给曲线相交于对应的较高物价水平上,但并不能增加产量。这说明增加总需求的政策在长期中只能造成物价上涨,甚至通货膨胀,如图 9-5 所示。

(二) 短期总供给曲线

短期总供给曲线向右上方倾斜,表明产量与价格间存在一种同向变动的关系,即价格水平提高,产量增加;价格水平下降,产量减少,如图 9-6 所示。

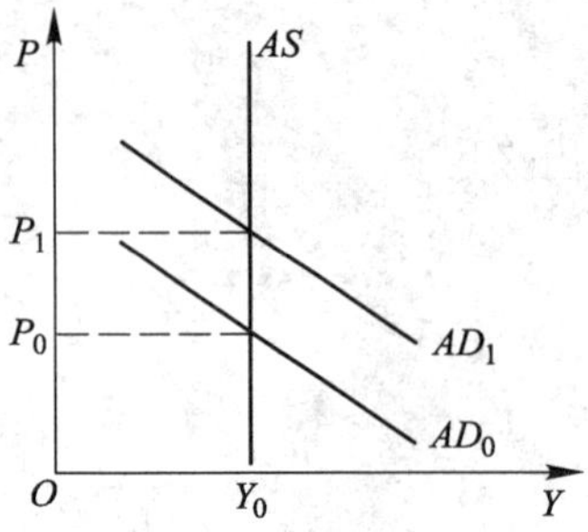

图 9-5 古典总供给曲线的政策含义

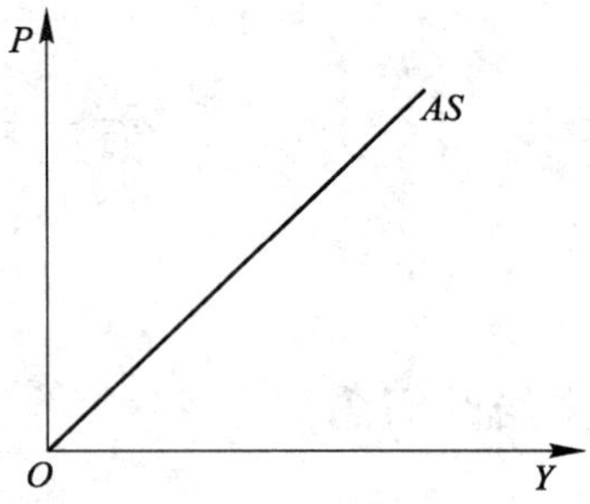

图 9-6 短期总供给曲线

只要国民收入或产量处在小于充分就业产量的水平上，国家采取增加总需求的政策，AD 曲线就会向右上方移动，与总供给曲线相交于对应的较高产量水平上，对应的价格上升，使得产量增加。这说明增加总需求的政策在短期内可以使经济达到充分就业状态，如图 9-7 所示。

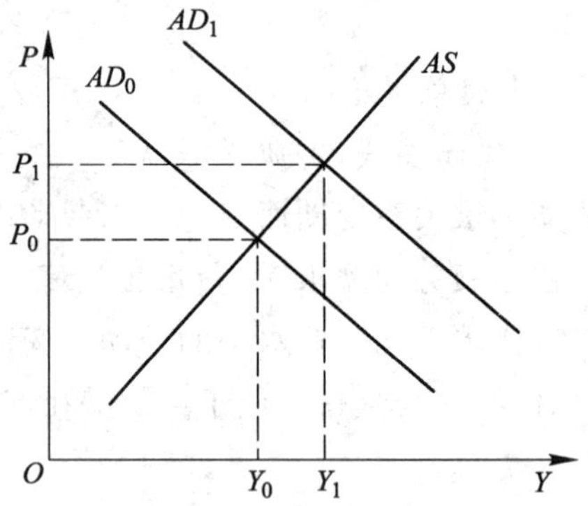

图 9-7 短期总供给曲线的政策含义

第三节 总需求-总供给模型

总需求曲线表示产品市场和货币市场同时达到均衡时价格水平与国民收入间的关系，总供给曲线表示劳动力市场价格水平与国民收入间的关系。把这两条曲线放在一个以价格水平 P 为纵轴、国民收入 Y 为横轴的坐标平面上，就得到总需求-总供给模型，总需求与总供给曲线的交点对应的即是产品市场、货币市场和劳动市场同时达到均衡时的国民收入和价格水平。

由于存在古典总供给曲线和短期总供给曲线两种总供给曲线，所以当引入总需求曲线时，就会形成两种总需求-总供给模型。

一 古典总需求-总供给模型

古典模型假设货币工资可以自由升降，因而总供给曲线是一条位于充分就业国民收入上的垂线，表示潜在的国民收入对价格变动完全缺乏弹性或者说价格变动对国民收入不产生影响。因此，当总需求曲线移动或者说总需求发生变动时，只能导致价格水平的变动，并不能由此影响潜在的国民收入水平，如图 9－8 所示。

二 短期总需求-总供给模型

短期总供给曲线为向右上方倾斜的线，在这种情况下，如果总需求曲线向右移动，比如政府采取扩张性财政或货币政策，则会引起价格水平的上升和国民收入的较大增长，如图 9－9 所示。

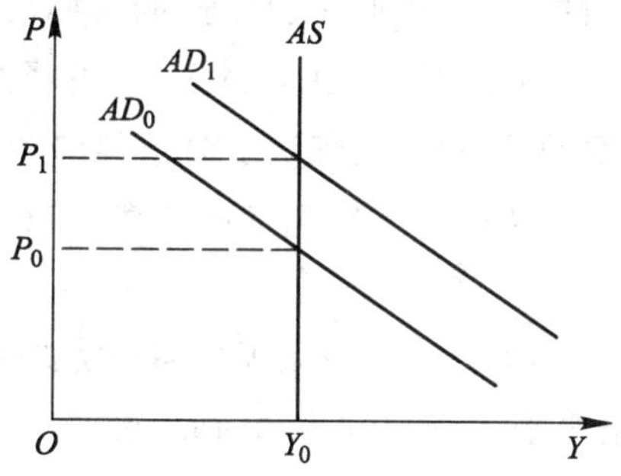

图 9－8 古典总需求-总供给模型

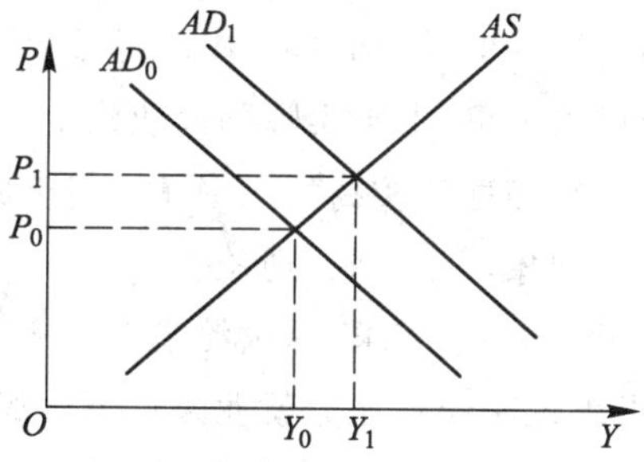

图 9－9 短期总需求-总供给模型

三 古典总供给曲线、短期总供给曲线和总需求曲线的组合分析

（一）总需求曲线的移动

现代主流经济学把古典总供给曲线、短期总供给曲线以及总需求曲线组合起来，放在同一坐标系中，考察在短期内由于总需求曲线移动而引起的国民收入、价格水平的变动情况，由此分析国民经济波动的原因，如图 9－10 所示。

在短期总供给曲线 AS_1 和长期总供给曲线 AS_2 不变的条件下，如果移动总需求曲线，由 AD_0 右移至 AD_1，则总需求的变动会使经济社会由经济萧条转向经济过度繁荣。在经济萧条阶段，短期总供给曲线 AS_1 与总需求曲线 AD_0 相交于 E_0 点，这时的价格为 P_0，产量为 Y_0，两者水平均较低，$Y_0<Y^*$，即实际产量小于潜在产量。如果政府采用扩张性经济政策刺激总需求，使 AD_0 向右移至 AD_1，则新的均衡点为 E_1，对应的价格水平为 P_1，国民收入为 Y_1，两者均处于较高水平，此时 $Y_1>Y^*$，经济出现过度繁荣。

（二）短期总供给曲线的移动

如果总需求曲线和长期总供给曲线不变，短期总供给曲线发生移动，则价格水平和国民收入的变动情况如图 9－11 所示。

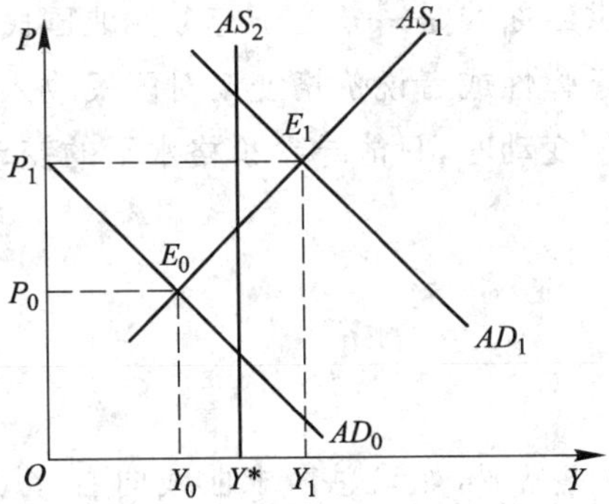

图 9－10 总需求曲线的移动

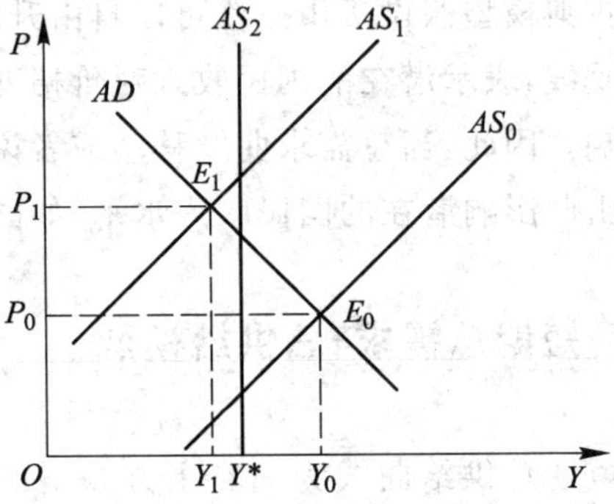

图 9－11 短期总供给曲线的移动

如果短期总供给曲线 AS_0 由于供给的冲击（农业歉收，石油价格上涨等）向左移动，移至 AS_1，AD 线不变，则均衡点由 E_0 移至 E_1，价格由 P_0 上升至 P_1，国民收入从 Y_0 下降至 Y_1。从图中可以看出，由于实际国民收入 Y_1 小于潜在国民收入 Y^*，经济处于萧条停滞状态，但是物价水平却处于较高的水平 P_1，高于原来的价格水平 P_0，经济出现了通货膨胀和经济萧条共生的现象，即"滞胀"现象。

由上可见，总需求-总供给模型可用于解释经济的萧条、高涨、滞胀等短期经济波动的原因，还可以说明长期充分就业条件下国民收入和价格水平的变动趋势。因此，虽然在政策主张上认为经济社会从长期趋势看可以实现充分就业均衡，但并不排除在短期内经济萧条和高涨等现象的存在。因此，仍旧需要运用凯恩斯提出的政府宏观调控政策，稳定和熨平经济的波动，以实现经济的持续稳定均衡增长。

案 例

石油对总供给的冲击

石油是现代经济社会中的一种重要投入品，而世界上大部分石油来自沙特阿拉伯、科威特和其他中东国家。当某个事件导致中东地区的石油供给减少时，世界石油价格就会上升，各国生产汽油、轮胎和许多其他产品的企业成本就会增加，结果总供给曲线向左移动，引起滞胀。

第一起这种事件发生在 20 世纪 70 年代。当时，有大量石油储藏的国家作为欧佩克成员走到了一起，欧佩克是一个卡特尔组织，它企图通过减少生产提高石油价格。从 1973 年到 1975 年，石油价格几乎翻了一番，世界各石油进口国都经历了同时出现的通胀和经济衰退。在美国，按 CPI 衡量的通胀率几十年来第一次超过 10%，失业率从 1973 年的 4.9% 上升到 1975 年的 8.5%。

几年后，几乎完全相同的事情又发生了。在 20 世纪 70 年代末期，欧佩克国家再一次限制石油的供给以提高价格。从 1978 年到 1981 年，石油价格翻了一番还多，结果又是滞胀。第一次欧佩克事件后，美国的通胀已经接近平息，但现在每年的通胀率又上升到 10% 以上，1978 年和 1979 年的失业率为 6% 左右，在其后上升到 10% 以上。

本章小结

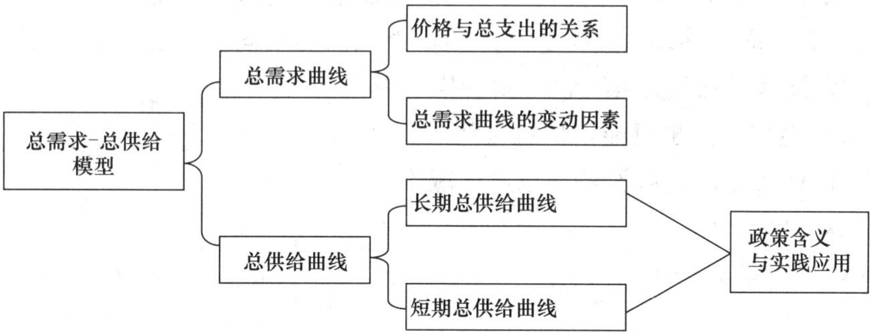

同步练习

一、单项选择题

1. 总需求曲线向右下方倾斜是由于（　　）。

A. 价格水平上升时，投资会减少　　B. 价格水平上升时，消费会减少

C. 价格水平上升时，净出口会减少　　D. 以上几个原因都对

2. 总需求曲线（　　）。

A. 当其他条件不变时，政府支出减少时会右移

B. 当其他条件不变时，价格水平上升时会左移

C. 当其他条件不变时，税收减少会左移

D. 当其他条件不变时，名义货币供给增加会右移

3. 利率效应表明( )。

A. 货币供给减少会使利率上升,并使消费和投资支出下降

B. 价格水平上升将增加货币需求,提高利率,使消费和投资支出下降

C. 价格水平上升将增加货币需求,降低利率,使消费和投资支出下降

D. 价格水平上升将减少货币需求,降低利率,使消费和投资支出增加

4. 进出口效应表明,如果我国价格水平相对于外国而言下降了,在其他条件不变的情况下( )。

A. 将使总需求曲线向左移 B. 将使总供给曲线向左移

C. 将使我国的出口下降,进口增加 D. 将使我国的出口增加,进口下降

5. 总供给曲线右移可能是因为( )。

A. 其他情况不变而厂商对劳动需求增加了

B. 其他情况不变而所得税增加了

C. 其他情况不变时,原材料涨价了

D. 其他情况不变时,劳动生产率下降了

6. 如果实际产出增加,而价格水平下降,这可能是由( )引起的?

A. 总需求曲线向右移动 B. 总需求曲线向左移动

C. 总供给曲线向右移动 D. 总供给曲线向左移动

7. 如果总需求增加而总供给减少,则价格水平( )。

A. 会下降,但实际产出可能增加也可能减少

B. 会上升,但实际产出可能增加也可能减少

C. 和实际产出都会上升

D. 和实际产出都会下降

二、简答题

1. 长期总供给曲线和短期总供给曲线有什么区别?

2. 长期总供给曲线和短期总供给曲线的政策含义有何不同?

3. 用总需求和总供给曲线的变动,说明宏观经济中萧条、过热和滞胀的状态。

三、计算题

1. 假定某两部门经济中存在以下关系:$Y=C+I$,$C=100+0.8Y$,$I=150-6i$,$MD=(0.2Y-4i)P$ (货币需求函数),在某年的货币供给 $MS=150$,试求:

(1) 总需求函数;

(2) 若 $P=1$,收入和利率为多少?

(3) 若货币供给超过或低于 150,经济会发生什么情况?

(4) 若该经济的总供给函数 $AS=800+150P$,求收入和价格水平。

2. 假定总需求曲线 $AD=5\ 000-1\ 000P$,供给曲线 $AS=2\ 000+2\ 000P$。试求:

（1）均衡价格和产量。

（2）若充分就业量 $Y=4\ 000$，经济调整到最后价格和产量各为多少？

实训项目

奥运会给我国经济带来什么？

1984 年，美国商界奇才尤伯罗斯创造性地将奥运和商业紧密结合，使当年的洛杉矶奥运会成为“第一次赚钱的奥运会”。从那以后，原本都是“赔本赚吆喝”的奥运会迸发出一种“镶金边儿的日子变成钱”的超能力。于是，“奥运经济”这个概念出现了。

2001 年 7 月 13 日，北京申奥代表团在莫斯科进行最后的陈述。中国申奥形象大使、著名运动员邓亚萍在陈述报告中说：“在悉尼火炬接力的时候，有一个小男孩向我走来，当他摸到火炬的时候，他的眼睛一下子亮了，我能感觉到在那个时候，他的一生发生了变化……”有人将邓亚萍的这句话归纳为：奥运能够改变人的一生。更有人据此引申道：奥运不仅能够改变一个人，也能改变一个企业，改变一个城市，乃至改变一个国家！

2008 年，第 29 届奥运会在北京举行。而奥运经济，在我们的社会生活中已经变得无处不在。一份权威报告显示，1984 年洛杉矶奥运会为南加利福尼亚地区带来了 32.9 亿美元的收益；1992 年巴塞罗那奥运会给这个地区带来了 260.48 亿美元的经济效益；1996 年亚特兰大奥运会为佐治亚州带来了 51 亿美元的总效益；2000 年悉尼奥运会给澳大利亚和新南威尔士州带来了 63 亿美元的收益。

那么，奥运给中国经济带来了什么？

问题：

（1）用总需求理论解释为什么现在举办奥运会能赚钱？

（2）中国举办奥运会给经济带来了什么好处？

第十章　失业、通货膨胀与经济周期

学习目标

知识目标

- 掌握失业的成因与种类
- 掌握通货膨胀的成因与种类
- 理解经济周期的特征

能力目标

- 能够利用经济政策分析如何降低现实生活中的高失业率
- 能够利用经济政策分析如何应对现实生活中的通货膨胀

案例导入

美国总统选举与失业率

在大多数美国总统选举年，如果当年早期的失业率是下降的，在位总统多半能够继续当选。2004年小布什竞选连任，再次验证了这一经验规律；反之，如果失业率升高，在位者往往就会在竞选连任中失败。

让我们看看美国2010年的中期选举：民主党的“命门”——高失业率。

对奥巴马和民主党来说，高失业率已经成为中期选举中的一大命门，而他们并未从一开始就认识到这一点。在奥巴马上台的第一年内，医疗改革成为施政的重中之重，到了2010年1月，奥巴马不得不强调就业，因为当时其支持率已跌至50%以下，高失业率是其支持率大跌的主要原因之一。为了创造就业，奥巴马政府出台了不少变革计划，如增加出口、加强新能源开发等，但这些计划都很难在短期内创造大量的就业机会。

自2007年12月美国经济衰退以来，共有850万美国人失去工作，创下第二次世界大战后美国历次衰退中失业人数的最高纪录。2009年10月，美国失业率高达10.2%，为26年来最高水平。到了2010年6月，失业率仍达9.6%。

当初奥巴马之所以能够上台的主要原因在于，大量选民指望他能将他们从金融风暴的痛苦中拯救出来。如果到了中期选举时，高失业率问题还没有明显改善，很多选民将无法不对奥巴马和民主党感到失望。与此同时，高失业率问题为共和党人提供了“政治炮弹”，他们屡次利用高失业率抨击民主党，称其未能让美国人摆脱危机。甚至有共和党人给奥巴马贴上了“失业总统”的标签，称他使情况变得更糟。

资料来源：根据网易相关新闻整理，2010年7月25日

为什么经济中存在大量工作需要完成，但还是有上百万的人失业呢？

为什么我国经历了一段长时间的“除了工资不涨，什么都涨”的时期呢？

为什么经济发展有时候势头强劲，高歌猛进，而有时却萎靡不振，不进反退呢？

以上三个问题也是政府在干预经济生活中经常思考的三个问题，它涉及失业率、通货膨胀与经济周期三方面的问题，本章将结合经济周期理论研究通货膨胀与失业的深层次原因，探讨通货膨胀与失业的相互关系，进而寻求减少失业和控制通货膨胀的宏观政策，达到稳定物价与降低失业率的经济目标。

第一节 失业理论

一 失业的概念与衡量

（一）失业的相关概念

就业者是指正从事有报酬的工作的人，因病、因假等缺勤者也算就业者。

失业者是指在法定的工作年龄范围内愿意并能够工作而没有工作，且正在寻找工作的人。

劳动力为就业者人数与失业者人数之和。

非劳动力是指在家操持家务、退休、身体不佳、不能工作等的群体，如军人、全日制学生、退休者、服刑人员等。

由于各个国家国情不同，各国对工作年龄和失业的范围都有不同的规定。在美国，法定工作年龄是16—65岁，在中国，法定工作年龄是18—60岁。

（二）失业的衡量

经济中衡量失业状况最基本的指标是失业率，是失业者人数占劳动力总数的百分比。用公式表示为：

$$失业率=\frac{失业人数}{劳动力总数}\times 100\%$$

二 失业的分类

对失业进行分类，可以帮助政府判断劳动市场的状况，对症下药，降低失业率。失业通常可分为以下三种。

（一）摩擦性失业

摩擦性失业是指经济中由于难以避免的正常的劳动力流动而引起的失业。在动态经济中，由于人们在各地区之间、各种工作职位之间不停地变动，会出现一定数量的失业者，还有新加入劳动力队伍正在寻找工作的失业者，也归入摩擦性失业的范围，它是过渡性和短期性的。例如刚毕业的大学生需要寻找工作，已经有工作经验的人不再满足于现有的薪金水平跳槽到另一家企业等。

（二）结构性失业

结构性失业是指由于劳动力的需求和供给不对称所造成的失业，是由于失业者没有合适的技能或者工作地点不当导致“失业与空位”并存、劳动力的流动不能适应劳动力需求变动所引起的失业，这种失业是长期性的。有些经济部门发展迅速，而有些经济部门正在收缩；有些地区正在开发，而有些地区已经衰落，但由于劳动力有其一时难以改变的技术结构、地区结构和性别结构，很难适应经济结构的这种变动，从而就会出现失业。例如流行病爆发时期对护士的需求急剧上升，但同期护士数量的增长却相对缓慢，就会造成结构性失业。

（三）周期性失业

周期性失业是指经济周期进入衰退或萧条时，由于总需求下降而造成的失业。当总支出和总产出下降时，失业在所有领域都明显上升。例如，美国在 20 世纪整个 90 年代经历了经济的繁荣期，在这 10 年中，每个州的失业率都出现了下降。

三 失业的经济学描述

（一）自愿失业与非自愿失业

自愿失业是指不愿意接受现有的工作条件而未被雇用所造成的失业。与此相对的非自愿失业是指具有劳动能力并愿意按照现行的工资率就业，但由于有效需求不足而找不到工作造成的失业，又称需求不足型失业。

（二）失业的图形描述

如图 10－1 所示，横轴为劳动力数量 N，纵轴为劳动力价格（工资率）W，N_D为劳动需求曲线，N_S为劳动供给曲线。

在图 10－1(a)中，劳动市场处于均衡状态，N_D与 N_S此时相交于 E 点，市场工资率为 W^*，就业人数为 N_E。另有(N^*-N_E)数量的工人，由于他们要求较高的工资率，不愿意在现有的市场工资标准下就业，因此属于自愿失业者，此时劳动市场达到充分就业状态。

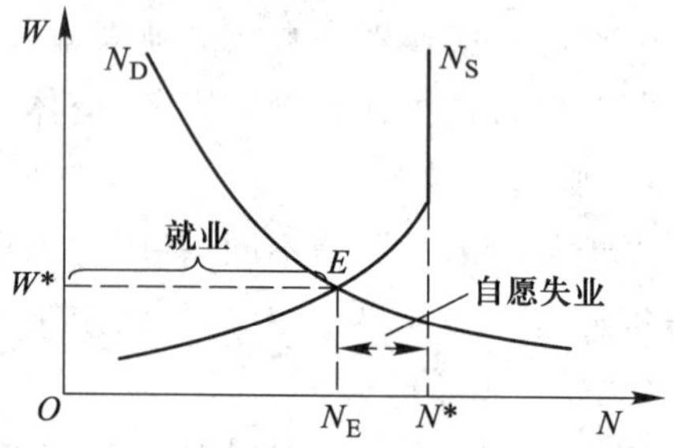

(a)均衡状态的劳动市场

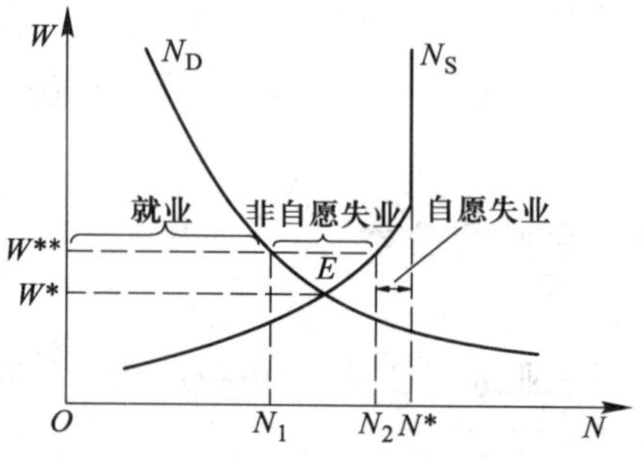

(b)非均衡状态的劳动市场

图 10－1 失业的图形解释

在图 10－1(b)中，劳动市场处于非均衡状态，此时市场工资率为 W^{**}，企业愿意雇用的工人数量为 N_1，而愿意在现行工资标准下工作的工人数量为 N_2，于是造成(N_2-N_1)数量的非自愿失业者和(N^*-N_2)数量的自愿失业者。这些非自愿失业者正是经济学中失业问题关注的对象。

资料库

最低工资法是“美好的肥皂泡”?

最低工资法是指工会迫使政府通过立法规定最低工资,规定企业支付给工人的工资不能低于某个水平。由政府规定最低工资是一种典型的价格管制行为。

著名经济学家斯蒂格勒在其1946年发表的《最低工资立法经济学》一文中曾指出,旨在帮助穷人而制定的最低工资法,不仅无助于减轻贫困,而且扭曲了市场的资源配置功能。由于政府人为地干预劳动市场的均衡价格(工资),从而引起对劳动力需求的减少,导致失业人数的急剧增加。此外,从社会政策角度看,规定最低工资的目的是为了保护社会中弱势群体的权利和利益,尤其是避免非熟练工人遭到解雇的厄运。对于熟练工人而言,最低工资法发挥的作用极其有限,因为他们的劳动力价值一般高于设定的最低工资标准,所获得的报酬在满足基本生活需要和日常开支后,往往还有很大的边际剩余。因此,在实施最低工资法后,为了保持原有的利润不变并不断地增加利润,以在激烈的市场竞争中立于不败之地,雇主常充分利用熟练劳动力的价值,用熟练劳动力代替非熟练劳动力,导致非熟练劳动力的就业状况进一步恶化。经验事实也证明,欧洲实行最低工资法已有很多年,其结果是欧洲劳动力市场缺乏弹性,造成劳动者队伍存在较高比例的长期失业者。因此,从根本上讲,作为一项经济政策,最低工资法试图在效率与公平间寻找平衡的方法是失败的。

四 失业的经济损失

对于个人来说,如果是自愿失业,则会给他带来闲暇的享受。但如果是非自愿失业,则会使他的收入减少,生活水平下降。

对社会来说,失业增加了社会福利支出,造成财政困难,同时,失业率过高又会影响社会的安定,带来其他社会问题。从机会成本角度看,当失业率上升,经济中原本可以由失业工人生产的产品和提供的劳务就全部损失了,因此失业在经济上最大的损失就是实际国民收入的减少。下面首先介绍自然失业率的概念。

(一) 自然失业率

自然失业率是指劳动市场达到充分就业状态的失业率,充分就业状态并非指人人都有工作。自然失业率即是指劳动市场达到均衡时的失业率,如图10-1(a),此时的失业率即为自然失业率。自然失业率的高低取决于劳动市场的完善程度、经济周期状况等因素。自然失业率由各国政府根据实际情况确定。

课堂活动

从第二次世界大战后的情况看，自然失业率有不断上升的趋势。以美国为例，20 世纪五六十年代的自然失业率为 3.5%～4.5%，即有 95.5%～96.5%的人就业就是实现了充分就业。70 年代的自然失业率为 4.5%～5.5%，即有 94.5%～95.5%的人就业就是实现了充分就业。80 年代的自然失业率为 5.5%～6.5%，即有 93.5%～94.5%的人就业就是实现了充分就业。

从以上数据，你是否能理解充分就业并非自然失业率为 0?

（二）奥肯定律

美国经济学家阿瑟·奥肯在 20 世纪 60 年代提出的奥肯定律，说明了失业率与实际国民收入增长率间的关系。

奥肯定律：失业率每高于自然失业率 1 个百分点，即增加 1%，则实际 GDP 减少 2%；反之，失业率每减少 1%，则实际 GDP 增加 2%。

理解奥肯定律时应注意：

第一，它表明了失业率与实际国民收入增长率之间是反方向变动的关系。

第二，失业率与实际国民收入增长率之间 1∶2 的关系只是一个平均比率，是根据经验统计资料得出的，在不同时期并不完全相同。在 20 世纪 60 年代，这一比率是 1∶3；在 20 世纪 70 年代，这一比率是 1∶2.5～1∶2.7；在 20 世纪 80 年代，这一比率是 1∶2.5～1∶2.9。

第三，奥肯定理主要适用于没有实现充分就业的情况。在实现了充分就业的情况下，自然失业率与实际国民收入增长率的这一关系就弱得多，一般其比率在 1∶0.76 左右。

第二节　通货膨胀

列宁曾经说过，“摧毁资本主义的最好办法是使货币贬值。”

而凯恩斯也说过：“通过一种持续不断的通货膨胀过程，政府能够秘密地和不被察觉地没收其公民的大量财富。”

一　通货膨胀的概念与衡量

（一）通货膨胀的概念

通货膨胀是指物价水平普遍而持续的上升。这个概念包含两层含义：一是大多数商品和劳务的价格上升；二是物价水平的上升是要持续一段时间，不是一时上涨。

（二）衡量通货膨胀的指标

衡量通货膨胀的指标是物价指数，它是表明某些商品的价格从一个时期到下一时期变动程度的指数。物价指数不是各种商品价格简单的算术平均数，而是所有商品和劳务量与本期价格乘积总额除以所有商品和劳务量与基期价格乘积总额之商。计算物价指数的一般公式是：

$$物价指数=\frac{\sum P_t Q_t}{\sum P_0 Q_t}\times 100\%$$

上式中，P_0、P_t是基期和本期的价格水平，Q_t是本期商品量。

根据计算物价指数时包括的商品品种的不同，主要分为三种物价指数。

第一，消费物价指数(CPI)，又称零售物价指数或生活费用指数，是衡量各个时期居民个人消费的商品和劳务零售价格变化的指标。

第二，生产者价格指数(PPI)，与CPI不同，这是衡量各个时期企业购买的物品和劳务价格变化的指标。

第三，国民生产总值折算数，是衡量各个时期一切商品与劳务价格变化的指标。

案 例

猪肉"绑架"CPI创3年新高

中国国家统计局2011年7月9日公布的数据显示，6月份中国居民消费价格指数(CPI)同比上涨6.4%，创下36个月以来的新高。猪肉价格暴涨成为物价上涨的主要推手。

国家统计局数据显示，6月份全国食品类价格同比上涨14.4%，影响CPI上涨约4.26个百分点。其中，猪肉价格上涨57.1%，不仅直接影响食品价格，甚至影响价格总水平上涨约1.37个百分点。

"现在纯精肉19元/斤[①]，肋排25元/斤，里脊肉20元/斤……这么贵的猪肉价格实在有些无法接受。"经常在浦东樱花路菜市场买菜的吴阿姨向记者表示，"不仅猪肉贵，鱼、虾也不便宜。"

实际上，就单个品种而言，猪肉价格的涨幅甚至已经超过70%。国家统计局公布的50个城市主要食品平均价格变动情况显示，6月下旬五花肉的价格已经达到29.72元/公斤，而去年同期的价格为17.18元/公斤，一年间的涨幅高达73%。

① 注：1斤=500克。

除了猪肉价格，其他食品如粮食、鲜蛋、水产品价格的同比涨幅也都在两位数。在一片“涨”声之中，很多制造、服务产品也都开始提价。

中商流通生产力促进中心专家陈克新表示，实际上由于滞后性，上半年CPI的压力更多来自去年下半年大宗商品价格上涨的带动，而今年上半年大宗商品价格的上涨将在下半年真正传导到终端物价，通胀压力依然不可掉以轻心。

资料来源：根据新华网相关新闻整理。

（三）通货膨胀的分类

根据通货膨胀对经济影响的严重程度和通胀率的大小，可以将它分为四类，如表10－1所示。

表10－1 通胀种类对比

通胀种类	特点	对经济影响程度	通胀率
爬行式通胀	通胀率低而稳定	影响不大，反而有利于实现充分就业	不超过2%～3%
温和式通胀	通货膨胀率不高	物价有所上涨，但对人民生活产生的影响不大	3%～10%
奔腾式通胀	通货膨胀率较高	物价上涨较多，对人民生活产生不利的影响	10%～100%，而且继续攀高
恶性通胀	通胀率非常高	物价和金融体系完全崩溃、经济崩溃，以致政权更迭	持续为100%以上，完全失控

通货膨胀还可根据其成因进行分类，主要分成需求拉动型通货膨胀，供给推动型通货膨胀，供求混合推动型通货膨胀和结构性通货膨胀四类。

二 通货膨胀的成因

在世界上不同的国家、不同的时期都出现过不同程度的通货膨胀，为了能够更好地控制通胀，下面着重从通胀的产生机理来对通胀进行分类研究。

（一）需求拉动型通货膨胀

需求拉动型通货膨胀是指物价水平的上涨是由于产品市场上的总需求过度增长引起的，因此也称买方通胀。

从总需求的角度分析，当商品与劳务的总需求增加时，总供给不能很快地增加，总需求大于总供给，从而引起一般物价水平持续、显著上涨，即“太多的货币追逐较少的货物”。

对引起总需求过度膨胀的原因又有两种解释。其一是凯恩斯主义的解释，其强调实际因素对总需求的影响；其二是货币主义的解释，强调货币因素对总需求的影响。

1. 凯恩斯主义的解释

实际因素变动如消费、投资、政府支出、出口增加，而税收、进口减少，从而导致总需求增加，表现为 AD 曲线右移，如图 10－2 所示。

（1）充分就业以前的阶段（AD_1 到 AD_3）。总需求曲线从 AD_1 右移到 AD_3 的过程中，引起价格水平上升和实际国民收入增加，称为半通胀（瓶颈式通胀）。

（2）实现了充分就业的阶段（从 AD_3 到 AD_4）。总需求曲线从 AD_3 向右移动到 AD_4 过程中，所有资源已经得到充分利用，这时总需求增加只会引起价格水平上升，而实际国民收入不发生任何变化，形成完全通货膨胀。

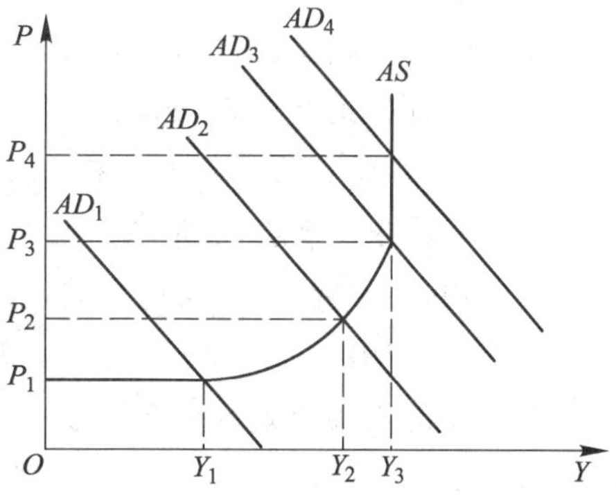

图 10－2 需求拉动型通货膨胀

2. 货币主义的解释

货币因素引起的通货膨胀是指由于货币供给增加，使得利率下降，从而引起交易性货币需求增加，购买力增长，在总供给不变的情况下，就会给物价一个向上推的力，进而引发通货膨胀。

案 例

国民党统治时期的恶性通货膨胀

1935 年的法币改革为国民党政府推行通货膨胀政策铺平了道路。由于国民党政府过分依赖增发货币来为巨额的政府预算赤字融资，在从 1935 年法币开始走上中国历史舞台至 1949 年的短短十几年间，法币经历了一个持续而且不断加速的贬值过程，最后完全形同废纸，且看 100 元法币实际购买力的变化：

1937 年可买大牛两头；

1941 年可买猪一头；

1945 年可买鱼一条；

1946 年可买鸡蛋一个；

1947 年可买油条 1/5 根；

1948 年可买大米两粒。

其贬值速度简直超乎人们的想象。如此严重的通货膨胀有着深刻的政治和经济背景。首先，连年的战争使得国民党政府陷入严重的财政危机。1945 年以后，国民党政府更是疯狂扩大财政支出以支持急剧增加的内战军费开支，而巨额的财政赤字在当时条件下只能通过发行货币弥补。其次，连年的战争使得本来就匮乏的物资供给更加不足，社会总需求超过总供给，导致物价的飞升。再次，国统区在内战的失败中不断缩小，致使法币以及后来的金圆券、银圆券的流通范围不断缩小，这又加快了货币流通速度，加重了日益恶化的通货膨胀。最后，法币从诞生之日起便不断贬值，使得老百姓有很高的通货膨胀预期，1945 年后，国民党在国内战场上的节节败退更使老百姓丧失了对法币的信任。

1946 年春，由于物价上升加剧，时任行政院院长的宋子文决定采取抛售黄金的办法稳定物价和币值。这一措施曾在抗战时期使用过，并取得了一定效果。但是这一次却不灵了，手上掌握巨额游资的官僚资本家根本不相信物价能够稳定，因此他们趁机大作黄金投机生意，在市场上大量买进黄金。这种投机行为导致黄金价格急速上升。金价与物价相互刺激，进一步加速了物价的直线上升。当黄金的抛售满足不了投机者的需要时，出现了黄金抢购风潮。到 1947 年 2 月 10 日，中央银行不得不停止黄金的出售。供给的中断造成金价暴涨，从而带动物价上涨，全国市场一片混乱，社会出现骚乱。国民党政府于 2 月 16 日公布了“经济紧急措施方案”，黄金政策由自由买卖转变为绝对冻结。

抛售黄金的改革失败后，国民党政府采取了“经济紧急措施”，加强金融管制。但由于军费开支居高不下，物价上涨的浪潮持续不断，法币的印刷成本已经超过其自身所代表的价值，失去了正常货币的一切职能，给人民群众带来的只是恐慌和不满。蒋介石采纳了财政部长王云五的金圆券改革方案，于 1948 年 8 月 19 日发布了《财政经济紧急处分令》，宣布以中央银行所存黄金和证券作保，发行金圆券代替法币。以 300 万元法币折合金圆 1 元，金圆的含金量为纯金 0.222 17 克，发行总额以 20 亿为限，并限期收兑换成金圆。但南京政府既没有规定金圆券兑换金圆的办法，也没有规定其兑换外汇的办法，因此金圆券的含金量实际上是一种虚值，没有任何意义。借助于政治高压的强制手段，金圆券得以推行。但财政赤字的进一步扩大使得金圆券的发行额很快突破了 20 亿元的上限，此时美国已经关上援助的大门，蒋介石集团只能把军事开支的来源都压在增发的货币上，国统区很快变成了金圆券的世界。从 1948 年 8 月到 1949 年 5 月，前后不到 9 个月时间，金圆券的发行额就增加了 30 多万倍，金圆券的购买力跌至原来的 500 多万分之一。金圆券改革不到 1 年便以失败告终。

1949 年 7 月 4 日，国民党政府又推出了银圆券的改革，在广州发行所谓可无限制兑现的“银圆券”，银圆券 1 元折合金圆券 5 亿元。但是，中国的老百姓此时已经对国民党政府的任何改革都失去信任了。

（二）供给推动型通货膨胀

供给推动型通货膨胀是指由于成本的增加，使得总供给减少进而引起的通货膨胀。

引起总供给减少的因素也是多方面的，如原材料价格提高，成本增加，天灾人祸，产量下降，垄断因素导致产量受限等，其中成本增加是引起总供给减少的主要原因。成本的增加意味着只有在高于从前的价格水平时，才能达到与以前同样的产量水平，如图 10－3 所示，总供给曲线从 AS_0向左上方移动到 AS_1。在总需求不变的情况下，国民收入从 Y_0减少到 Y_1，价格水平由 P_0上升到 P_1。这种价格上升就是成本推动型通货膨胀。

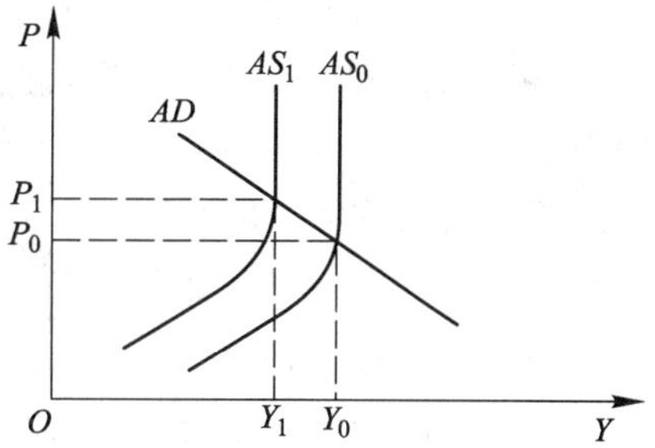

图 10－3 供给推进型通货膨胀

成本推动型通货膨胀又可根据其成因的不同分为以下几种：

1. 工资成本推动的通货膨胀

许多经济学家认为，工资是成本中的主要部分。工资的提高会使生产成本增加，从而使价格水平上升。工资增加最初是始于个别部门，但由于各部门之间工资的攀比行为，个别部门工资的增加往往会导致整个社会的工资水平上升，从而引起普遍的通货膨胀。而这种通货膨胀一旦开始，还会形成“工资—物价螺旋式上升循环”，即工资上升引起物价上升，物价上升又引起工资上升。这样，工资与物价不断互相推动，形成严重的通货膨胀。

2. 利润推动的通货膨胀

它又称价格推动的通货膨胀，指市场上具有垄断地位的厂商为了增加利润而提高价格所引起的通货膨胀。在不完全竞争市场上，具有垄断地位的厂商控制了产品的销售价格，从而可以提高价格以增加利润，这种利润的增加使物价上升，形成通货膨胀。

3. 进口成本推动的通货膨胀

这是指在开放经济中，由于进口的原材料价格上升而引起的通货膨胀。在这种情况下，一国的通货膨胀通过国际贸易渠道影响其他国家。例如，20 世纪 70 年代初，西方国家通货膨胀严重的重要原因之一就是世界市场石油价格的大幅度上升。这种通货膨胀发生时，物价的上升会导致生产减少，从而又引起萧条。

与这种通货膨胀相对应的是出口型通货膨胀，即由于出口迅速增加，导致出口生产部门成本增加，国内产品供给不足，引起通货膨胀。

（三）供求混合型通货膨胀

这是指经济社会中通货膨胀的根源不是单一的总需求或总供给变化，而是这两者共同作用的结果。

如果通货膨胀是由需求拉动开始的，即过度需求的存在引起物价上升，这种物价上升又会使工资增加，而供给成本的增加又引起了成本推动的通货膨胀。

如果通货膨胀是由工资成本增加引起物价上升，这时如果没有总需求的相应增加，工资上升最终会减少生产，增加失业，从而使成本推动引发的通货膨胀停止。只有在成本推动的同时，又出现总需求的增加，这种通货膨胀才能持续下去。

（四）结构性通货膨胀

结构性通货膨胀是指在没有需求拉动和成本推动的情况下，由产业结构和就业结构发生变化引起成本上升、物价上涨的情况。

1. 劳动生产率的差异与各生产部门间收入水平的赶超

各经济部门的劳动生产率不同，因此工资增长率也应有所不同，但各部门的工资水平由于攀比行为而向高工资水平看齐，会使整个社会的工资增长超过劳动生产率增长，从而引发通货膨胀。

2. 劳动市场的结构特征

劳动市场的特点是失业与空位并存，即一方面有人没工作，另一方面又同时存在有工作无人做的情况。在这种情况下，由于工资能升不能降的刚性特点，有失业存在，工资不能下降；有空位存在，则工资上升。这样，工资总水平的提高就会导致通货膨胀。

三 通货膨胀的经济效应

如果通货膨胀率相当稳定，人们可以完全预期，那么通货膨胀对经济影响很小。因为在这种可预期的通货膨胀下，各种名义变量(名义工资、名义利息率等)都可以根据通货膨胀率进行调整，从而使实际变量(实际工资、实际利息率等)不变。这时，通货膨胀的唯一影响是人们将减少他们所持有的现金量。

在不能完全预期的情况下，通货膨胀将影响收入分配及经济活动。

(一) 通货膨胀对收入分配的影响

1. 通货膨胀有利于债务人而不利于债权人

当发生了未预期到的通货膨胀后，债务契约无法更改，名义利息率不变，从而使实际利息率下降，债务人受益，而债权人受损。这样就会对贷款，特别是固定利率的长期贷款带来不利影响，使债权人不愿意发放此类贷款，导致投资减少。

2. 通货膨胀有利于雇主而不利于工人

在不可预期的通货膨胀之下，工资不能迅速地根据通货膨胀率进行调整，从而在名义工资不变或略有增长的情况下使实际工资下降。实际工资的下降会使利润增加，而利润的增加是有利于刺激投资的。

3. 通货膨胀有利于政府而不利于公众

在不可预期的通货膨胀之下，名义工资总会有所增加(尽管并不一定能保持原有的实际工资水平)。随着名义工资的提高，达到纳税起征点的人增加，使得许多人进入了更高的税率等级。这样，政府的税收增加，而公众纳税数额增加，实际收入减少。

(二) 通货膨胀对经济发展的影响

1. 有利论

“有利论”者认为，通货膨胀尤其是温和的通货膨胀有利于经济发展，在他们看来，“通货膨胀是经济发展必不可缺的润滑剂”。他们的理由是：第一，通货膨胀引起的有利于雇主不利于工人的影响可以增加利润，从而刺激投资。第二，通货膨胀可以增加政府的税收，从而增加政府的支出，这就刺激了经济发展。第三，通货膨胀会加剧收入分配的不平等，而富人的储蓄倾向又大于穷人，所以通货膨胀可以通过加剧收入分配不平等而增加储蓄。他们强调，对于资金缺乏的发展中国家来说，利用通货膨胀来发展经济尤为重要。

2. 不利论

“不利论”者认为，通货膨胀是不利于经济发展的。他们的理由是：第一，在市场经济中，通货膨胀使价格信号扭曲，无法正常反映社会供求状态，从而使价格失去调节经济的作用，经济无法正常发展。第二，通货膨胀破坏了正常的经济秩序，使投资风险增大，社会动荡，从而经济混乱，经济效率低下。第三，通货膨胀所引起的紧缩政策会抑制经济的发展。第四，在固定汇率下通货膨胀所引起的货币贬值不利于对外经济交往。他们强调，也许通货膨胀在某个时期中可以促进经济发展，但其最终结果却是不利于经济发展，采用通货膨胀的方法刺激经济无疑是“饮鸩止渴”。

3. 中性论

“中性论”者认为，通货膨胀与经济增长并没有什么必然的联系。他们认为，货币在经济中是中性的，从长期看决定经济发展的是实际因素（劳动、资本、自然资源等），而不是价格水平。在长期中，由于货币量变动引起的通货膨胀，既不会有利于也不会不利于经济的发展，因此没有必要把经济增长与通货膨胀联系在一起。

以上三种观点各有自己的理论与实际依据，很难说哪种观点绝对正确。应该说，在不同国家的不同历史时期，通货膨胀有不同的作用。只有把通货膨胀与经济增长放在具体的历史条件下进行分析才有意义。但从第二次世界大战后各国经济发展历史来看，通货膨胀的弊大于利，借助于通货膨胀发展经济绝非上策。

四 失业与通货膨胀间的关系

（一）凯恩斯：失业与通货膨胀不会并存

凯恩斯认为，在未实现充分就业，即资源闲置的情况下，总需求的增加只会使国民收入增加，而不会引起价格水平上升。也就是说，在未实现充分就业的情况下，不会发生通货膨胀。在充分就业实现，即资源得到充分利用之后，总需求的增加无法使国民收入增加，而只会引起价格上升。也就是说，在发生了通货膨胀时，一定已经实现了充分就业。这种通货膨胀是由于总需求过度而引起的，即需求拉动型通货膨胀。

凯恩斯对失业与通货膨胀关系的这种论述，适用于20世纪30年代大萧条时的情况，但并不符合现在各国的实际情况。

（二）菲利普斯曲线：失业与通货膨胀间存在交替关系

菲利普斯曲线是用来表示失业与通货膨胀间交替关系的曲线，由新西兰经济学家菲利普斯提出，它是关于货币工资变动率和失业率之间反向关系的一条曲线，如图10－4所示。

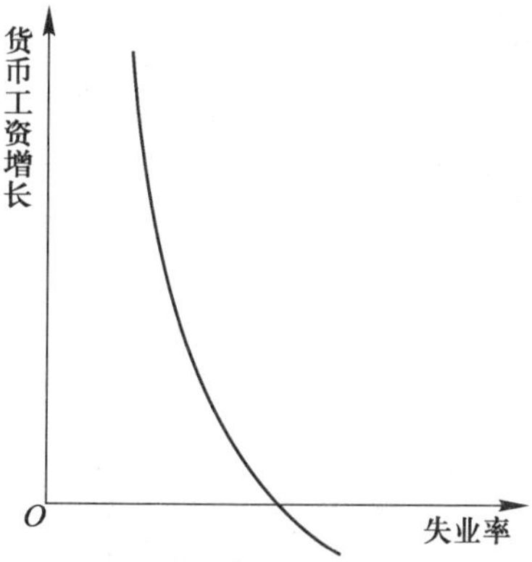

图10－4 菲利普斯曲线

1958年，菲利普斯根据英国1861—1957年间失业率和货币工资变动率的经验统计资料得出结论：当失业率较低时，货币工资增长率较高；反之，当失业率较高时，货币工资增长率较低，甚至是负数。根据成本推动型通货膨胀理论，货币工资增长率可以代表通货膨胀率。

失业率高表明经济处于萧条阶段，这时工资与物价水平都较低，从而通货膨胀率也低；反之，失业率低表明经济处于繁荣阶段，这时工资与物价水平都较高，从而通货膨胀率也较高。因此，失业率与通货膨胀率之间存在反方向变动关系。

第三节 经济周期

经济发展的历史表明：经济增长的方式从来都不是墨守成规、一成不变的，从资本主义的发展史可以看出，经济的发展总是繁荣与萧条、衰退与扩张不断循环往复的过程。

一 经济周期的概念与特点

（一）经济周期的概念

经济周期也称商业周期或经济波动，是指国民总产出、总收入和总就业量的波动，它以大部分经济部门的扩张或收缩为标志，扩张和收缩交替反复出现。

经济学家一般将经济周期划分成繁荣、衰退、萧条、复苏四个主要阶段。复苏和繁荣扩张阶段是总需求和经济活动的增长时期，通常伴随着就业、生产、价格、货币、工资、利率和利润的上升；而萧条和衰退阶段则是总需求和经济活动下降的时期，通常伴随着就业、生产、价格、货币、工资、利率和利润的下降，而谷底和峰顶则分别是整个经济周期的最低点和最高点，即萧条与繁荣的转折点。

（二）经济周期的特点

如图 10－5 所示，以虚线表示经济长期稳定的增长趋势，实线部分则用来表示经济活动围绕“长期趋势”上下波动的实际水平。

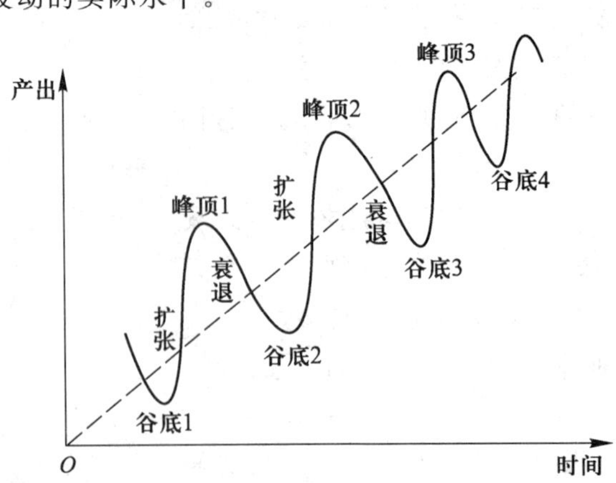

图 10－5 经济周期

从图 10－5 可以看出，经济周期波动有三个特点：

第一，每一个经济周期都包括谷底、扩张、峰顶和衰退四个阶段。扩张与衰退是相互交替的，在交替过程中有两个不同的转折点。

第二，虽然经济周期的四个阶段从逻辑上是按这个顺序排列，但它们在每次周期中的时间长度和实际形态会有很大的差异。例如，一次周期的谷底或峰顶可能仅仅持续几周，也可能持续几个月。

第三，在一定时期内，存在着生产能力的增长趋势。在某一谷底阶段，其实际的生产和就业水平，有可能出现比以前周期的峰顶时期还要高的状况。如图 10－5 所示，第四个谷底时的经济活动水平比第一个峰顶时期还高。

案 例

美国经济周期(20 世纪 50 年代至 20 世纪 90 年代)

- 第二次世界大战后美国经济的发展
  - 战后的繁荣
    - 时间：20 世纪五六十年代
    - 原因：① 战争刺激作用，开拓和占据世界市场；② 科教兴国，利用第三次科技革命的先进成果，提高劳动生产率，发展新兴产业；③ 政府对经济进行宏观管理，创造发展环境
    - 表现：经济持续高速发展，尤其是西部和南部地区；新兴工业大发展
  - 危机与经济调整
    - 时间：20 世纪七八十年代
    - 原因：中东产油国大幅度提高油价，引发了世界经济危机。美国经济受到沉重打击，经济地位下降
    - 特征："滞胀"，即生产停滞和通货膨胀并存，互相交织
    - 调整：20 世纪 80 年代中期以后，取消国家干预，控制货币增长，削减社会福利
    - 结果：经济形势好转，但美国成为最大的债务国，经济发展受制约
  - 新经济的出现
    - 时间：20 世纪 90 年代
    - 原因：① 大力改革；② 加大发展教育、科技事业力度，吸纳世界尖端人才，并充分利用新技术成果，特别是以信息产业为代表的高科技产业成为经济的主导；③ 对传统产业进行技术改造
    - 特征：信息化和全球化

二 经济周期的成因与治理

为什么经济会发生周期性波动？经济学家们对它的研究已经长达两个世纪。这里介绍经济学界的几种主要观点。

（一）经济周期的成因

1. 乘数-加速数模型

这是美国经济学家汉森和萨缪尔森提出一种传统经济周期理论。

这种理论认为，经济波动的根源在于经济自身，在前面对国民收入核算与决定的介绍中，我们已经知道投资的变动会引起总需求的变动，从而引起收入或消费若干倍的变动（即乘数作用）。而反过来，收入或消费的变动会引起销售量的变动，从而又引起投资若干倍的变动（即加速数作用），正是乘数和加速数的交互作用，造成了经济的周期性波动。

以经济扩张为例，假定经济最初由于某种原因使得自发投资增加，由于乘数作用，国民收入增加。由于加速数作用，国民收入增加又会使得投资进一步增加，由此，投资与国民收入之间呈现一种螺旋式的上升。但是经济并不会无限扩张下去，当投资受到制约，比如某些生产要素短缺的制约，经济就会停止扩张，或增长速度放慢，经济开始走向衰退，从而出现周期性波动。

2. 实际经济周期理论

上述乘数-加速数相结合的传统理论把经济周期波动看做是有规则的、可以预测的；与这种理论相反，实际经济周期理论认为经济波动是随机的、不可预测的。

这种理论认为，经济波动的原因不是源自内在力量，而是源自实际的、外生的事件。例如某种重要的投入要素（如石油）价格变动、自然灾害或技术冲击（如新发明），造成总供给的冲击，由此造成经济的波动。

例如，1994—1999 年间美国出现了低通胀与高增长并存的现象，这是由于石油价格、物价和进口成本降低所带来的有力影响，使得经济进入了扩张时期。

3. 货币主义者的观点

货币主义者认为引起经济波动的重大干扰来自政府，尤其是政府的货币政策。

例如，假定政府实行扩张性货币政策使货币供给增加并使一切商品价格上升 5%。在短期内，厂商只看到自己经营的商品价格上升 5%，未认识到其他商品价格上升的情况，因此会把自己产品价格的上升当做市场对自己产品需求的增加，从而增加生产。而劳动者也只看到自己货币工资增加，认为是实际工资增加，因而会提供更多劳动，于是生产和就业就会增加。当然，这种情况只会在短期内存在，因为经营者和劳动者迟早会认识到自己商品的实际价格和实际工资并没有增加，生产和就业会回到原来的状态。

可见，货币主义者认为未被预期的政策变动虽能引起经济波动，但经过一定时期，经济总会回到自然增长水平，政府不必干预；相反，政府干预反而会引起经济波动。

4. 新凯恩斯主义的观点

新凯恩斯主义者赞同实际经济周期理论中关于供给方面的干扰和货币主义者关于货币方面的干扰会引起经济波动的观点，但其看法与这两种学派又有所区别。他们不相信市场经济总能吸收各种冲击的影响而恢复充分就业，相反，他们认为在大多数情况下，经济中存在一种机制扩大这些冲击并使冲击的作用持续。例如，一次严重的经济衰退给经济带来的灾难，也许经济社会要花费几年时间才会恢复到没有发生衰退时的水平。

（二）经济周期的治理

对于如何治理经济周期波动，可以根据以上四个学派的经济观点，将其经济政策分为两类：

实际经济周期理论和货币主义者认为经济会迅速有效地对这些冲击作出反应，经济中存在着自然失业率，扩张性货币政策至多只会在短期内把失业率降到自然率以下，但经济却要为此付出通货膨胀的沉重代价。因而政府不必出面干预，市场本身会找出最好的解决办法。他们认为，失业问题不难解决，只要失业者降低工资和非货币报酬的要求，总会找到工作。

与上述两种理论相反，新凯恩斯主义者和乘数-加速数模型理论不认为市场会自动消除经济波动，因而需要政府干预。政府在稳定经济方面有必要采取恰当的经济政策，即在经济不景气时实行扩张性政策，在经济过热时实行紧缩性政策。

本章小结

- 失业、通货膨胀与经济周期
  - 失业理论
    - 摩擦性失业、结构性失业、周期性失业
    - 自然失业率与充分就业
    - 奥肯定律
  - 通货膨胀
    - 爬行式通胀、温和式通胀、奔腾式通胀、恶性通胀
    - 需求拉动型通胀、供给推动型通胀、供求混合型通胀、结构性通胀
    - 菲利普斯曲线：失业与通货膨胀间的交替关系
  - 经济周期
    - 繁荣、衰退、萧条、复苏

同步练习

一、单项选择题

1. 为降低失业率，应采取的财政政策工具是（　　）。

A. 提高财产税　　B. 增加货币供给量

C. 提高失业救济金　　D. 增加政府支出

2. 为降低失业率，应采取的货币政策工具是(　　)。

A. 提高税收　　B. 增加货币供给量

C. 提高失业救济金　　D. 增加政府支出

3. 通货膨胀是指(　　)。

A. 主要消费品价格上涨　　B. 生活必需品价格上涨

C. 社会物价水平持续普遍上涨　　D. 主要生产要素价格上涨

4. 由于经济萧条而形成的失业属于(　　)。

A. 摩擦性失业　　B. 结构性失业　　C. 周期性失业　　D. 永久性失业

5. 在充分就业的情况下，下列哪些因素最可能导致通货膨胀？(　　)

A. 进口增加　　B. 工资不变但劳动生产率提高

C. 出口减少　　D. 政府支出不变但税收减少

6. 下列哪项最可能是成本推动型通货膨胀的原因？(　　)

A. 银行贷款的扩张　　B. 财政预算赤字增加

C. 世界性商品价格的上涨　　D. 投资率下降

7. 菲利普斯曲线说明(　　)。

A. 通货膨胀导致失业　　B. 通货膨胀是由行业工会引起的

C. 通货膨胀与失业率呈负相关　　D. 通货膨胀与失业呈正相关

8. 下列哪两种情况不可能同时发生？(　　)

A. 结构性失业和成本推动型通货膨胀

B. 需求不足型失业和需求拉动型通货膨胀

C. 摩擦性失业和需求拉动型通货膨胀

D. 失业和通货膨胀

9. 经济周期的四个阶段依次是(　　)。

A. 繁荣、衰退、萧条、复苏　　B. 繁荣、萧条、衰退、复苏

C. 复苏、萧条、衰退、繁荣　　D. 萧条、衰退、复苏、繁荣

10. 经济之所以会发生周期性波动，是因为(　　)。

A. 乘数作用　　B. 加速数作用

C. 乘数和加速数的交织作用　　D. 外部经济因素的变动

二、简答题

1. 运用失业理论说明应如何对待不同类型的失业。

2. 在各种类型的失业中，哪些失业是可以消除的？哪些是无法消除的？

3. 某些商品卖高价和通货膨胀是否有区别？为什么？

4. 运用通货膨胀理论说明应如何对待不同类型的通货膨胀。

实训项目

经济发展不同时期，如何消除通胀“魅影”？

资料一：1988年八九月份全国各地发生的挤兑、提款、抢购风潮，标志着通货膨胀预期在我国的形成。居民消费价格指数从1987年的7.3%上涨到1988年的18.8%，1989年为18%。由于中央政府在经济整顿中对通货膨胀进行了治理，1990年的居民消费价格指数只上涨了3.1%，1991年上涨了3.4%。但是，由于采用行政手段推动经济急速增长，出现了“经济过热”，于是，1992年居民消费价格指数达到6.4%，1993年再次快速攀升至14.7%，1994年达到改革以来的最高点24.1%。这时，中央政府决定把反通胀作为今后一个时期国家宏观调控的主要目标，采取了一系列措施，致使1995年居民消费价格指数下降为17.1%，1996年继续下降至8.3%，1997年只有2.8%，实现了经济“软着陆”，即“低通胀、高增长”。

资料二：随着市场经济的发展，社会各类商品的供给逐步大于需求，加上亚洲金融危机的影响等多种制约因素，1998年居民消费价格指数下降至负数，为−0.8%，1999年为−0.14%，2000年虽然转为正数，但也只有0.4%，2001年不到2%。这样，1997年10月份全国零售物价指数首次出现负增长（−0.4%），以后持续6个月保持这一趋势。从1997年下半年开始到1999年7月，我国物价已经连续22个月下降，物价不振，商品积压严重。而且，到2002年年末，这种现象还没有完全消失，这在新中国成立以后也是没有出现过的。按照经济学的解释，这是轻微的通货紧缩。

资料三：2011年1月20日，国家统计局公布，2010年全年居民消费价格指数（CPI）同比上涨3.3%。食品价格上涨明显，居民消费中食品类和居住类价格涨幅分别为7.2%和4.5%。而全年工业品出厂价格（PPI）同比上涨5.5%，其中12月份上涨5.9%。

2010年居民消费价格指数较上年同期增长3.3%，虽未超出官方设定的全年增长3%左右的调控目标，但中国社会科学院数量经济与技术经济研究所所长汪同三表示，“这不是好事，说明中国目前有明显的通胀压力。”

而国家信息中心经济预测部首席经济师祝宝良也认为，自2010年9月后影响物价上升的因素仍然没变：国际上量化宽松货币政策的实施，输入性通胀压力加大；国内的货币发行量、信贷规模也超出原计划目标，加上劳动力成本上升、食品价格快速上涨等诸多因素，物价上涨的预期也更大，所以国内物价上升的压力还在加大。

交通银行金融研究中心报告指出：虽然12月物价指数自高点回落，但这并不意味着2011年通胀压力有所减轻。由于农产品价格上涨势头强劲、劳动力与资源品价格上涨、国内流动性依然宽裕、美元持续贬值推动大宗商品价格上涨等多项因素的共同作用，2011年上半年物价上涨压力仍将较大。

央行2010年连续6次提高存款准备金比率，两次提高基准利率，货币政策已从适度宽松转向了稳健，但随着通胀成为眼前最显著的宏观经济风险，有关专家认为，央行短期内再次果断采取调高准备金率或加息的动作，可能性较大。

但汪同三认为，“要解决成本推动型通胀需要一个长期的准备，紧缩政策不一定能够很快见效。”他还特别强调，近期美联储采取第二轮量化宽松货币政策，抑制美国的通货紧缩问题，势必给中国带来外部通胀压力。

资料来源：东方财富网，2010 年 11 月 24 日。

问题：

(1) 三份资料分别关注的是经济发展中的什么问题？

(2) 什么是通货膨胀？根据其成因，通货膨胀可分为哪些类型？资料中提到了哪些类型？

(3) 在经济过热、通货膨胀的情况下，你认为应采取什么样的政策来治理？上网搜索相关新闻，看看你所提出的措施中，有哪些与政府采取的措施不谋而合？有哪些是优于政府采取的措施的？

第十一章　宏观经济政策

学习目标

知识目标

- 掌握宏观经济政策目标及工具
- 掌握财政政策的内容及运用
- 掌握货币政策的内容及运用
- 理解内在稳定器的概念
- 了解财政政策的挤出效应

能力目标

- 能够用学习过的宏观经济学三大模型分析一国的宏观经济政策
- 能够根据经济形势运用本章理论知识解读一国的财政政策与货币政策

案例导入

中国的四万亿投资计划

2008年11月5日，国务院总理温家宝主持召开国务院常务会议，研究部署进一步扩大内需、促进经济平稳较快增长的措施。会议认为，近两个月来，世界经济金融危机日趋严峻，为抵御国际经济环境对我国的不利影响，必须采取灵活审慎的宏观经济政策，以应对复杂多变的形势。当前要实行积极的财政政策和适度宽松的货币政策，出台更加有力的扩大国内需求措施，加快民生工程、基础设施、生态环境建设和灾后重建，提高城乡居民特别是低收入群体的收入水平，促进经济平稳较快增长。

会议确定了当前进一步扩大内需、促进经济增长的十项措施。一是加快建设保障性安居工程。二是加快农村基础设施建设。三是加快铁路、公路和机场等重大基础设施建设。四是加快医疗卫生、文化教育事业发展。五是加强生态环境建设。六是加快自主创新和结构调整。七是加快地震灾区灾后重建各项工作。八是提高城乡居民收入。九是在全国所有地区、所有行业全面实施增值税转型改革，鼓励企业进行技术改造，减轻企业负担1 200亿元。十是加大金融对经济增长的支持力度。初步匡算，实施上述工程建设，到2010年底约需投资4万亿元。

中国四万亿的投资计划在国内外引起了巨大反响，并引发了热烈的讨论。在期待这一计划提振中国经济的同时，也带来了一些质疑：四万亿投资是否会造成产能过剩？四万亿投资是否会挤出私人投资？四万亿投资能否扩大消费能力？是否会引起通货膨胀？是否能实现产业升级？……

宏观经济学的任务是说明国家为何必须干预经济，以及应该如何干预经济，即要为国家干预经济提供理论依据与政策指导。因此，经济政策问题在宏观经济学中占有十分重要的地位。正如美国经济学家、诺贝尔经济学奖获得者J. 托宾所说："宏观经济学的重要任务之一就是说明如何能够运用中央政府的财政工具和货币工具来稳定经济。"

第一节 宏观经济政策概述

经济政策是要通过某些手段来达到特定目标。宏观经济政策是国家进行总量调控，以达到一定目的的手段。

一 宏观经济政策目标

宏观经济政策是要对经济进行总量调控，那么这种调控的具体目标是什么？

一般经济学家认为，宏观经济政策应达到的目标是实现经济稳定，为此要同时达到四个具体目标：经济增长、充分就业、物价稳定和国际收支平衡。

（一）经济增长

促进经济增长是国家宏观经济政策的首要目标。经济增长意味着在一定时期内社会所创造的人均产量或人均实际国内生产总值的增长。经济增长是达到一个适度的增长率，这一增长率应既能满足社会发展的需要，又是人口增长和技术进步所能达到的。要根据资源和技术进步确定适度的增长率，并考虑环境保护和减少污染问题，这就是人们所说的可持续增长。

（二）充分就业

充分就业并不是指人人都有工作，只要消灭了周期性失业就是实现了充分就业。换言之，当失业率下降至自然失业率时，就实现了充分就业，因为在任何一个经济体中自然失业率都是无法避免的。把失业率控制在社会允许的范围内，或者说把失业率保持在自然失业率的水平，实现充分就业，这是国家宏观经济政策的重要目标。

（三）物价稳定

物价稳定也并不是指通货膨胀率为零，因为通货膨胀率为零的实现要付出较高的失业代价，也是不现实的。物价稳定是指维持一个低而稳定的通货膨胀率，这种通货膨胀率能为社会所接受，对经济也不会产生不利的影响。一般而言，当经济中存在温和的通货膨胀时也就实现了物价稳定。

（四）国际收支平衡

在当今开放的市场经济环境中，长期过大的国际收支逆差或国际收支顺差都会对一国经济产生不利影响。因此，国际收支平衡是指既不发生较大幅度的逆差，也不发生较大幅度的顺差。随着国际经济交往的密切，平衡国际收支也成为一国宏观经济政策的重要目标之一。当一国国际收支处于失衡状态时，必然会对国内经济形成冲击，从而影响该国国内就业水平、价格水平及经济增长。

从根本上说，宏观经济政策的四个目标是一致的，都是稳定经济所需要的。但具体来说，宏观调控的四个政策目标之间，既存在某种互补关系，也存在矛盾和冲突。互补关系是指政府实现某一目标的同时也能促进其他目标的实现，如充分就业与经济增长目标就有一致的一面，也就是说，经济增长会提供更多的就业机会，有利于充分就业。而矛盾性是指政府实现了某一目标，就无法同时实现另一目标，甚至以牺牲另一目标为代价。这主要表现在以下几方面：充分就业与物价稳定是矛盾的，因为要实现充分就业，就必须运用扩张性财政政策和货币政策，而这些政策又会由于财政赤字的增加和货币供给量的增加而引起通货膨胀；物价稳定与经济增长之间也存在矛盾，因为经济增长过程中通货膨胀是难以避免的；充分就业与国际收支平衡两目标间也有矛盾，因为充分就业的实现会引起国民收入增加，而在边际进口倾向既定的情况下，国民收入增加必然引起进口增加，从而使国际收支状况恶化；另外，充分就业与经济增长目标之间的一致性程度虽然很高，但也存在矛盾和冲突，经济增长中的技术进步会引起资本对劳动的替代，相对缩小对劳动的需求，使部分工人尤其是文化技术水平低的工人失业。

宏观经济政策目标之间的矛盾，要求政策制定者或者确定重点政策目标，或者对这些政策目标进行协调。政策制定者在确定宏观经济政策目标时，既要考虑各项政策目标的重要程度和国内外各种政治因素，又要受到社会可接受程度的制约。

二 宏观经济政策工具

宏观经济政策工具是用来达到政策目标的手段。一般来说,政策工具是多种多样的,不同的政策工具各有不同的作用,但也往往可以达到相同的政策目标。政策工具的选择与运用是一门艺术。在宏观经济政策工具中,常用的有需求管理政策、供给管理政策以及国际经济政策。

(一) 需求管理政策

需求管理政策是通过调节总需求达到一定政策目标的宏观经济政策工具。这也是凯恩斯主义所重视的政策工具。

凯恩斯主义产生于20世纪30年代大危机时期。这一时期经济资源严重闲置,总供给不是限制国民收入增加的重要因素,经济中的关键问题是总需求不足。凯恩斯主义的国民收入决定理论,是在假定总供给无限的条件下说明总需求对国民收入的决定作用。因此,由这种理论所引出的政策工具就是需求管理政策工具。

需求管理是通过对总需求的调节,实现总需求等于总供给,达到既无失业又无通货膨胀的目标。总需求小于总供给时,在经济中会由于需求不足而产生失业,这时要运用扩张性政策工具来刺激总需求。总需求大于总供给时,在经济中会由于需求过度而引起通货膨胀,这时就要运用紧缩性政策工具来压抑总需求。需求管理政策包括财政政策与货币政策。

(二) 供给管理政策

20世纪70年代初,石油价格大幅度上升对经济产生严重影响,使经济学家认识到总供给的重要性。总需求-总供给模型分析了总供给对国民收入和价格水平的影响。这样,宏观经济政策工具中就不仅有需求管理政策,而且还有供给管理政策。

供给管理政策是通过对总供给的调节,达到一定政策目标的宏观经济政策工具。在短期内影响供给的主要因素是生产成本,特别是生产成本中的工资成本。在长期内影响供给的主要因素是生产能力,即经济增长的潜力。因此,供给管理政策包括控制工资与物价的收入政策、指数化政策、改善劳动力市场状况的人力政策,以及促进经济增长的增长政策。

(三) 国际经济政策

现实中每一个国家的经济都是开放的,各国经济之间存在日益密切的往来与相互影响。一国的宏观经济政策目标中包含国际经济关系的内容(即国际收支平衡),其他目标的实现不仅有赖于国内经济政策,而且也有赖于国际经济政策。因此,在宏观经济政策中也应包括国际经济政策,或者说政府对经济的宏观调控也包括了对国际经济关系的调节。

第二节 财政政策

财政政策是国家调控经济的主要政策工具之一。

一 财政政策的内容与运用

财政政策是通过政府支出与税收调节经济的政策。财政政策的主要内容包括政府支出与税收。政府支出包括政府公共工程支出(例如政府投资兴建基础设施)、政府购买(如政府对各种产品与劳务的购买),以及转移支付(如政府在社会福利、社会保险、贫困救济和补助等方面的支出)。政府税收主要包括个人所得税、公司所得税和其他税收。

财政政策就是运用政府开支与税收来调节经济。具体来说,在经济萧条时期,总需求小于总供给,经济中存在失业,政府应通过扩张性财政政策刺激总需求,以实现充分就业。扩张性财政政策是通过增加政府支出和减少税收来刺激经济的政策。政府公共工程支出与购买的增加有利于刺激私人投资,政府转移支付的增加可以增加个人消费,这样就会刺激总需求。减少个人所得税(主要是降低税率),可以使个人可支配收入增加,从而使消费增加;减少公司所得税可以使公司收入增加,从而增加投资,这样也会刺激总需求。在经济繁荣时期,总需求大于总供给,经济中存在通货膨胀,政府则需要通过紧缩性财政政策来压抑总需求,以实现物价稳定。紧缩性财政政策是通过减少政府支出与增加税收来抑制经济的政策。政府公共工程支出与购买的减少有利于抑制投资,政府转移支付的减少可以减少个人消费,这样就压抑了总需求。增加个人所得税(主要是提高税率)可以使个人可支配收入减少,从而使消费减少;增加公司所得税可以使公司收入减少,从而减少投资,这样也会压抑总需求。

在20世纪50年代,美国等西方国家就采取了这种“逆经济风向行事”的财政政策,其目的在于实现既无失业又无通货膨胀的经济稳定。

案　例

肯尼迪的减税政策

1963年美国的失业率似乎停顿在5.5%这样一个令人难以接受的高水平。而10年前,失业率是2.8%。属于凯恩斯主义学派的肯尼迪总统的经济顾问们相信,削减个人所得税可以促使家庭增加消费,这将引起总需求曲线向右移动。他们相信总需求曲线的移动将导致产量的增加而价格并不上升,因为他们相信经济具有过剩的生产能力,生产性工人与机器处于闲置状态。换句话说,他们认为当时的均衡点处在总供给曲线相对平坦的部位。所以,总需求曲线的移动将主要转换为产量的增加,而价格水平并不提高。

我们已经知道产量的增加意味着就业增加。肯尼迪总统顾问们的预测被证明是正确的,失业率在1965年下降到4.4%的水平。另外,从1964年到1966年实际GDP以令人瞩目的5.5%的平均速度增长。肯尼迪减税政策的成功通常被认为是凯恩斯主义学派的伟大成就之一。

二 内在稳定器

内在稳定器即财政政策自动稳定器，是指财政政策本身存在的一种会降低经济波动幅度、可以自动调节社会总需求、稳定经济的机制。

具有内在稳定器作用的财政政策工具，主要是个人所得税、公司所得税，以及各种转移支付。个人所得税与公司所得税有其固定的起征点和税率。在经济繁荣时期，由于个人收入与公司利润增加，税收也会自动增加，由于经济繁荣时期失业人数减少，各种社会保障支出也随之减少，从而抑制了消费与投资的增加，有助于减轻由于需求过度而引起的通货膨胀。在经济萧条时期，个人收入与公司利润都减少，税收也会降低，由于失业人数和需要其他补助的人数增加，转移支付会自动增加，从而抑制了消费与投资的减少，在一定程度上刺激了有效需求，有助于减轻经济萧条的程度。

这种内在稳定器自动地发生作用，调节经济，无需政府作出任何决策，但是这种内在稳定器调节经济的作用是十分有限的。它只能减轻萧条或通货膨胀的程度，并不能改变萧条或通货膨胀的总趋势；只能对其他财政政策起到自动配合的作用，并不能代替其他财政政策。因此，尽管某些财政政策具有内在稳定器的作用，但仍需政府有意识地运用不同财政政策调节经济。

三 赤字财政政策

在经济萧条时期，相应的财政政策是增加政府支出，减少政府税收，这样就必然出现财政赤字，即政府收入小于政府支出。凯恩斯认为，财政政策应该为实现充分就业服务，因此必须放弃财政收支平衡的旧信条，实行赤字财政政策。20 世纪 60 年代，美国的凯恩斯主义经济学家强调要把财政政策从害怕赤字的框框中解放出来，以充分就业为目标制定财政预算，而不管是否有赤字。这样，赤字财政就成为财政政策的一项重要内容。

凯恩斯主义经济学家认为，赤字财政政策不仅是必要的，而且也是可能的。这是因为：第一，债务人是国家，债权人是公众。国家与公众的根本利益是一致的。政府的财政赤字是国家欠公众的债务，也就是自己欠自己的债务。第二，政府的政权是稳定的，这就保证了债务的偿还是有保证的，不会引起信用危机。第三，债务用于发展经济，使政府有能力偿还债务，弥补赤字。这就是所谓的"公债哲学"。

政府实行赤字财政政策是通过发行债券进行的。债券卖给不同的人就有不同的筹资方法。如果把债券卖给中央银行，称为货币筹资。因为中央银行可以把政府债务作为准备金发行货币。这种方法的好处是政府不必还本付息，从而减轻了政府的债务负担，但缺点是会增加货币供给量引起通货膨胀。如果把债券卖给中央银行以外的其他人，如个人、企业、商业银行等，则称为债务筹资。这时，政府的债券相当于向公众借钱的借据。这种筹资方法相当于向公众借钱，不会增加货币量，也不会直接引发通货膨胀，但政府必须还本付息，这就背上了沉重的债务负担。总之，政府不能仅用一种方法筹资，因为用货币筹资过多，会增加通货膨胀压力；用债务筹资过多不仅财政负担加剧，而且公众会拒绝购买，现实中往往交替地用这两种方法为财政赤字筹资。

赤字财政的确在短期内可以刺激经济，尤其是可以较快使经济走出衰退，但赤字财政政策有几个问题：第一，赤字财政会引发通货膨胀，因为在采用货币筹资时这是必然结果。第二，采用债务筹资减少了私人储蓄，对长期经济增长不利。第三，只有市场机制有活力，赤字财政政策才能发挥作用。仅仅靠赤字财政政策使经济持久繁荣是不可能的，而且长期使用赤字财政政策会引起赤字依赖症。所以，经济学家认为，赤字财政政策可以使用，但要有限制，债务与 GDP 以及债务增长与 GDP 增长之间要保持一定比例。

四 财政政策的挤出效应

财政政策的挤出效应是指政府开支增加所引起的私人支出减少，即以政府开支代替了私人开支。这样，扩张性财政政策刺激经济的作用就被减弱。财政政策挤出效应存在的最重要原因就是政府支出增加引起利率上升，而利率上升会引起私人投资与消费减少。可以用图 11－1 说明财政政策的挤出效应。

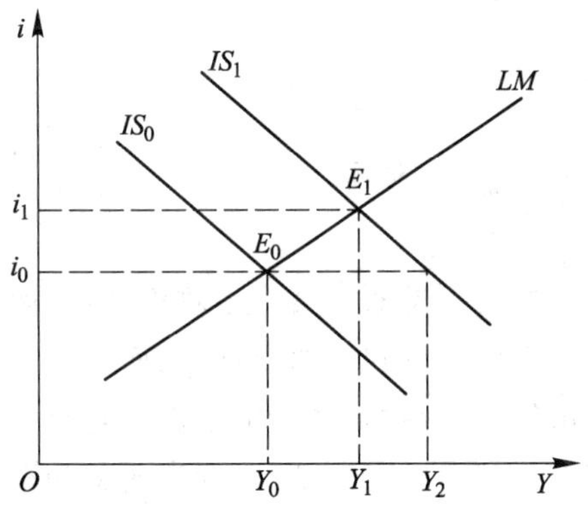

图 11－1 财政政策的挤出效应

图 11－1 是 $IS-LM$ 模型，当 IS 曲线为 IS_0 时，IS_0 与 LM 相交于 E_0，决定了国民收入为 Y_0，利率为 i_0。政府支出增加，即自发总需求增加，IS 曲线从 IS_0 向右上方平行移动到 IS_1，IS_1 与 LM 相交于 E_1，则国民收入为 Y_1，利率为 i_1。在政府支出增加，从而国民收入增加的过程中，由于货币供给量没变（也就是 LM 曲线没有变动），而货币需求随国民收入的增加而增加，所以引起利率上升。这种利率上升减少了私人的投资与消费，即一部分政府支出的增加，实际上只是对私人支出的替代，并没有起到增加国民收入的作用。这就是财政政策的挤出效应。从图 11－1 还可以看出，如果利率仍为 i_0 不变，那么国民收入应该增加为 Y_2。

Y_2-Y_1 就是由于挤出效应而减少的国民收入增加量。

财政政策挤出效应的大小取决于多种因素。在实现充分就业的情况下，挤出效应最大，即挤出效应为 1，也就是政府的支出增加等于私人支出的减少，扩张性财政政策对经济没有任何刺激作用。在没有实现充分就业的情况下，挤出效应一般大于 0 小于 1，其大小主要取决于政府支出增加所引起的利率上升幅度的大小。利率上升幅度大，则挤出效应大；反之，利率上升幅度小，则挤出效应小。

五 财政政策的局限性

运用财政政策可以调节经济运行，熨平经济波动，但在使用财政政策时应注意以下问题：第一，财政政策的时滞较长，由于人们的认识时滞、决策者的反应时滞以及财政政策的生效时滞等因素，财政政策从开始制定到发生作用要经历一个较长的时间段。因此，在制定和实施财政政策时应考虑时滞的影响。第二，从紧缩性财政政策转入扩张性财政政策相对容易，而从扩张性财政政策转入紧缩性财政政策则较为困难。或者更直接地说，减税比增税容易，增加支出比缩减支出容易。第三，财政政策的作用有可能因“挤出效应”而减弱。这是由于政府的扩张性政策可能会引起利率上升，挤占私人投资，从而抑制总需求。第四，适度的财政赤字是可行的，但过高的财政赤字可能使政府陷入债务危机，破坏经济的稳定性。

第三节 货币政策

一 金融体系

根据凯恩斯主义货币政策理论，政府通过货币政策调节经济的过程中，是通过货币供给量的变化影响利率的变化，从而影响消费和投资，最终影响国民收入。利率的提高或降低受货币供求关系的影响，中央银行对货币供给起着决定性作用，商业银行在创造货币的机制方面也是至关重要的，所以货币政策和金融体系有着密切的关系。

（一）金融体系的构成

一个经济体的金融体系主要是由中央银行和商业银行等金融机构组成的。

1. 中央银行

中央银行是用以监督银行体系并控制经济中货币量的机构。比如，美国的联邦储备委员会（简称美联储），英国的英格兰银行，日本的日本银行，德国的德意志联邦银行，我国的中国人民银行。

任何一个国家的经济都需要这种维持银行体系和经济正常运行的中央银行。经济学家发现，中央银行的独立性与物价稳定之间存在正相关关系。也就是说，独立性强的中央银行，能更好地保持物价稳定。所以，加强中央银行的独立性成为当前各国的一种趋势。

各国的中央银行无论在形式上有什么差别，都有四个基本特点：第一，不以营利为目的；第二，不从事商业银行和其他中介机构的业务；第三，具有服务和监管的双重作用，它既对商业银行和其他金融机构进行监管，又为它们提供服务；第四，它通过货币政策来调节经济。总之，无论它是否具有很大的独立性，是否作为一个政府部门，它都是政府调节经济的重要机构。正因为如此，中央银行在经济中的作用越来越重要。

央行的职能很多，在各国也并不完全一样，但其最重要的职能有三种：第一，代表政府发行法定货币，这是央行能决定货币供给量的重要原因。第二，作为“银行的银行”领导与管理所有金融中介机构的业务活动，正因如此，它是整个金融体系的中心。第三，运用货币政策调节经济，是货币政策的决定者与实施者。

2. 商业银行等金融机构

金融机构是把居民和企业与金融市场联系起来的纽带，它从居民和企业吸收存款，并向其他居民和企业发放贷款，也是为居民和企业提供金融服务的企业。在理解金融机构时要注意两点：第一，它是一个企业，和其他提供产品与劳务的企业一样，以利润最大化为目标；第二，它从事的业务是提供各种金融中介服务，作为居民与企业和资本市场的中间人。它提供存贷款和各种金融结算服务，并从这种服务中获利。其利润的来源包括各种金融服务的收费，以及存贷款之间的利息差。

各国的金融机构有不同类型，但其中最重要的是商业银行，商业银行是从事金融中介服务的企业。商业银行的主要业务是负债业务、资产业务和中间业务。负债业务主要是吸收存款。资产业务主要包括放款和投资两种业务。中间业务是指代替客户办理支付事项和其他委托事项，从中收取手续费的业务。

（二）货币创造机制

金融机构在经济中有一种特殊的作用，即可以创造货币。这并不是说，金融机构可以自己发行货币，而是指它可以通过正常的存贷款业务创造出货币。银行创造货币就是银行可以通过存贷款业务使流通中的货币量增加。这种机制对经济运行十分重要。

银行能创造货币的关键在于现代银行实行部分准备金制度，即只把一部分存款作为准备金的制度。这就是说，银行不用把所吸收的存款全部作为准备金留在金库中或存入中央银行，只要按中央银行规定的法定准备率留够准备金就可以，其他存款则可以作为贷款发放出去。法定准备率是中央银行规定的银行应保持的最低准备金与存款的比率。例如，法定准备率为 20%，就是银行吸收 100 万元存款时，要把其中 20 万元作为准备金。在部分准备金制度下，银行的资产负债表如表 11－1 所示。

表 11－1 A 银行的资产负债表 单位：万元

资产		负债	
准备金	20	存款	100
贷款	80		

银行如何创造货币呢？下面从 A 银行的资产负债表来说明这一点。

假设 A 银行吸收了 100 万元存款，把其中的 20 万元作为准备金，其余的 80 万元作为贷款贷给客户甲。一般来说，得到贷款的客户甲并不把贷款作为现金提出，而是存入与他有业务关系的另一家银行，如 B 银行，因为他可以通过开支票或转账来用这笔贷款进行各项支付。当 B 银行得到这笔 80 万元的存款时，它的资产负债表如表 11－2 所示。

表 11-2 B银行的资产负债表 单位:万元

资产		负债	
准备金	16	存款	80
贷款	64		

这就是说,B银行得到80万元贷款后,把其中的16万元作为准备金,其余64万元可以作为贷款贷出……

这个过程会一直继续下去,存款是货币,存款增加就是流通中的货币增加。这个过程中存款的增加就是:

$$100万元+80万元+64万元+\cdots=500万元$$

这个过程结束时,流通中的货币共有500万元,100万元的存款通过各银行发放贷款和吸收存款的过程,使流通中的货币增加到500万元。这就是银行创造货币的过程。当最初的存款数额既定时,银行能创造出多少货币呢?如果以 R 代表最初的存款额;D 代表存款总额,即创造出的货币;r 代表法定准备金率($0<r<1$),则商业银行体系所能创造的货币量公式为:

$$D=R/r$$

由这一公式可以看出,商业银行体系所能创造的货币量与法定准备金率成反比,与最初存款额成正比。这说明法定准备金率的高低决定银行能创造的货币的多少。在这个例子中,法定准备金率为20%,所以银行创造的货币就是:

$$D=100/0.2=500(万元)$$

银行所创造的货币量与最初存款额的比例,称为简单货币乘数。上例中,简单货币乘数为:

$$500/100=5$$

如果用 K 代表简单货币乘数,则简单货币乘数的公式是:

$$K=D/R$$

可以看出,简单货币乘数实际上就是法定准备金率的倒数,所以上式可以写为:

$$K=D/R=1/r$$

上例中,法定准备金率 $r=0.2$,所以简单货币乘数 $K=5$。简单货币乘数表明一定数额的最初存款能创造出多少货币。

二 货币市场与利率的决定

在短期中,货币市场上货币的供求决定利率,利率影响总需求与实际国内生产总值,所以要了解货币如何影响经济,就必须了解货币市场上利率的决定。

(一) 货币需求

个人与企业出于不同的动机而需要持有货币,这就形成货币需求。经济学家用各种理论解释货币需求。凯恩斯主义经济学家认为人们持有货币的动机有交易动机、预防动机和投机动机。

交易动机是指人们持有货币的目的是为了进行日常交易的方便，降低交易费用。人们每天都在进行交易，例如吃饭或购物。如果有货币这种交易媒介，人们进行交易活动时就方便得多。这种出于交易动机所需要持有的货币量取决于交易量，交易量越大，出于这种动机所需要持有的货币越多。交易量的大小又取决于人们的收入水平，收入越高，进行的交易量越大，所需的货币也就越多。因此，出于交易动机的货币需求取决于收入或实际国内生产总值，与后两者呈同方向变动。

预防动机是指人们为了应付意外事件而需要持有货币，这种动机也可称为谨慎动机。在一个充满不确定性和风险的世界中，出现无法预料的意外事件总是难免的。为应付这种事件，人们需要持有货币。人们出于预防动机所需要的货币量也取决于收入，即收入越多，用于预防动机的货币越多，货币需求就越大。因此出于预防动机的货币需求也取决于收入或实际国内生产总值，与后两者呈同方向变动。

投机动机是指人们持有货币是为了使自己的资产实现最合理的组合。人们的资产可以采取多种形式，例如货币、不动产、债券、股票等。人们的目的是为了使自己的资产收益最大化。各种资产形式都既有风险又有收益，风险越大，可能的收益也越大。人们都是厌恶风险的，希望在考虑风险的情况下实现预期收益最大化。这样人们就不能以一种形式持有自己的资产，而应持有不同风险与收益的资产。这就是一般所说的资产组合，其基本原则是"不要把所有的鸡蛋放在一个篮子里"。从这种理论出发，人们持有货币的目的是为了减少风险，使自己的资产具有流动性。货币是最具流动性的资产形式，随时可以转换为其他形式的资产。投机动机就是指持有货币以随时、灵活地转换为其他有利的资产形式。这样利率的高低对投机动机的货币需求就十分重要。如果利率低，人们就愿意持有货币，以在适当的时间用其购买其他资产，从而货币需求量大；如果利率高，人们持有货币的成本高，就会减少这种动机的货币需求。因此，这种动机的货币需求量与利率相关，即与利率呈反方向变动。

在现实中，很难分清人们的货币需求是出于哪种动机。因此，这里把上述三种动机综合在一起，分析出决定货币需求的因素包括物价水平、实际国内生产总值（收入）与利率。

物价水平影响实际货币量，当物价上升一倍时，实际货币量减少一半，人们进行同样的支付所需要的名义货币量增加了一倍。因此，名义货币需求量与物价水平是同比例变动的。

实际国内生产总值决定了一个经济体中的交易量，它是决定货币需求量的重要因素。也就是说，实际国内生产总值越多，所需要的货币越多，货币需求就越大。因此，货币需求与实际国内生产总值是同方向变动的。

利率对货币需求也有重要影响，因为放弃的利息是持有货币的机会成本。这就是说，当你持有货币时，就放弃了把它存入银行可以获得的利息。利率越高，持有货币的机会成本越高，从而货币需求越少；利率越低，持有货币的机会成本越低，从而货币需求越多。因此，利率与货币需求是反方向变动的。

（二）货币供给

货币供给是流通中的货币量。前面已说明在经济活动中，中央银行可以控制货币供给，商业银行可以通过存贷款机制创造货币，因此央行和商业银行都对货币供给有决定性作用。

央行控制货币供给量的工具主要是：公开市场操作、贴现政策以及准备金率政策。这些工具也称货币政策工具。

第一，公开市场操作，又称公开市场业务，即中央银行在金融市场上买进或卖出有价证券。其中，主要有国库券、政府债券和银行承兑汇票等。买进或卖出有价证券是为了调节货币供给量。买进有价证券实际上相当于发行货币，可以增加货币供给量；卖出有价证券实际上就是回笼货币，从而减少货币供给量。公开市场操作是一种灵活而有效地调节货币量，进而影响利率的工具，因此它成为最重要的货币政策工具。

第二，贴现政策，贴现是商业银行向中央银行贷款的方式。当商业银行资金不足时，可以用客户借款时提供的票据到央行进行再贴现，或者以政府债券或央行同意接受的其他“合格的证券”作为抵押来贷款。再贴现与抵押贷款都称为贴现，目前以后一种方式为主。贴现的期限一般较短，为一天到两周。商业银行向央行进行这种贴现时所付的利息率就称为贴现率。贴现政策工具包括变动贴现率与贴现条件，其中最主要的是变动贴现率。央行降低贴现率或放松贴现条件，使商业银行得到更多的资金，这样就可以增加它对客户的放款，放款的增加又可以通过银行创造货币的机制增加流通中的货币供给量，降低利率。相反，央行提高贴现率或严格贴现条件，使商业银行资金短缺，商业银行就不得不减少对客户的放款或收回贷款，贷款的减少也可通过银行创造货币的机制减少流通中的货币供给量，提高利率。此外，贴现率作为官方利率，它的变动也会影响一般利率水平，使一般利率与之同方向变动。

第三，准备金率是商业银行吸收的存款中用作准备金的比率，准备金包括库存现金和在中央银行的存款。央行变动准备金率可通过对准备金的影响来调节货币供给量。假定商业银行的准备金率正好达到了法定要求，这时央行降低准备金率会使商业银行产生超额准备金，这部分超额准备金可以作为贷款放出，从而又通过银行创造货币的机制增加货币供给量，降低利率。相反，央行提高准备金率会使商业银行原有的准备金低于法定要求，于是商业银行不得不收回贷款，从而又通过银行创造货币的机制减少货币供给量，提高利率。

课堂活动

2007 年我国央行连续 10 次上调法定准备金率；2008 年一年中先是连续 5 次上调法定准备金率，后又连续 4 次下调；2010 年连续 4 次上调法定准备金率。结合 2007—2010 年世界和中国经济形势，谈谈你对央行宏观调控政策的理解。

除了以上三种主要工具外，央行控制货币供给量还有几种次要的工具：第一，道义上的劝告，即央行对商业银行的贷款、投资业务进行指导，要求商业银行采取与央行保持一致的做法。这种劝告没有法律上的约束力，但也能起一定作用。第二，垫头规定，即规定购买有价证券必须付出的现金比例。第三，利率上限，即规定商业银行和其他储蓄机构对定期存款和储蓄存款的利率上限。第四，控制分期付款与抵押贷款条件。

（三）利率的决定

利率是货币的价格，如同一切产品和劳务的价格一样是由货币市场上的供求关系决定的。在了解货币需求与货币供给的基础上就可说明利率的决定，如图 11－2 所示。

图 11－2 中，横轴 M 代表实际货币量，纵轴 i 代表利率，MD 为货币需求曲线，MS 为货币供给曲线。MD 向右下方倾斜，表明货币需求与利率呈反方向变动。MS 是一条垂线，表示在某一时间货币供给量是固定的，是由央行的货币政策和货币乘数决定的。当 MD 与 MS 相交于 E 时，决定了利率为 i_0。

利率由货币市场的供求决定，因此货币供求的变动会影响利率。先看货币需求的变动，如图 11－3 所示。

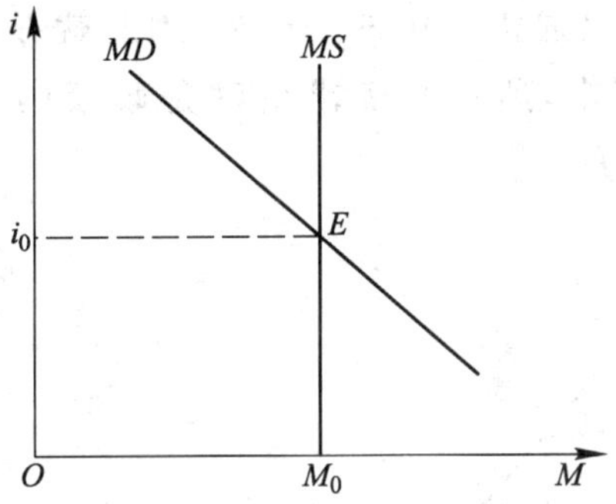

图 11－2　利率的决定

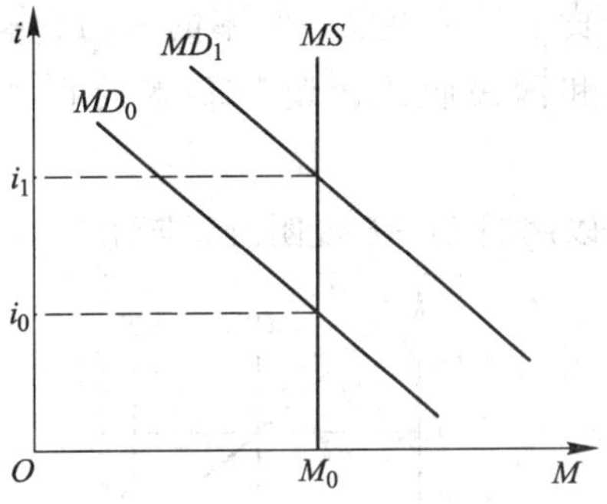

图 11－3　货币需求的变动与利率变动

在图 11－3 中，由于实际国内生产总值增加，货币需求量增加，货币需求曲线从 MD_0 向右移动至 MD_1，货币供给并没有变动，MD_1 与 MS 相交，决定了利率由 i_0 上升为 i_1。货币需求增加使利率上升，同理可推出，货币需求减少（即货币需求曲线向左移动）会使利率下降。

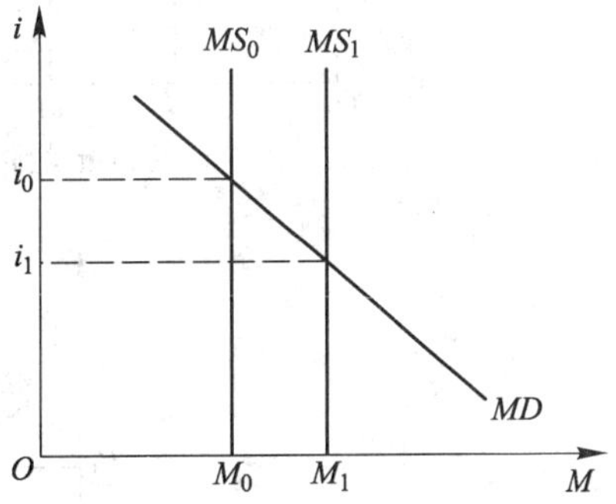

图 11－4　货币供给的变动与利率变动

再看货币供给的变动，如图 11－4 所示。

在图 11－4 中，货币需求没变，但货币供给增加了，即货币供给曲线从 MS_0 向右移动至 MS_1，MS_1 与原来的货币需求曲线相交，决定了利率由 i_0 下降为 i_1。这说明，货币供给增加使利率下降。同理可推出，货币供给减少（即货币供给曲线向左移动）会使利率上升。

三 货币政策机制

从 $IS-LM$ 模型的分析中可以看出，货币供给量的变动影响利率，利率的变动通过对投资和总需求的影响而影响国民收入。这一分析正是凯恩斯主义货币政策的理论基础。由此出发，货币政策的直接目标是利率。

凯恩斯主义货币政策是通过对货币供给量的调节来调节利率，再通过利率的变动影响总需求。凯恩斯主义货币政策的原理如图 11－5 所示。

图 11－5 货币政策的原理

在这种货币政策中，政策的直接目标是利率，利率变动通过货币量的调节来实现，所以调节货币量是手段。利率的变动影响投资。投资是总需求中的一部分，因此就影响到总需求和国民收入。调节利率的目的是调节总需求，所以总需求变动是政策的最终目标。

可以用图 11－6 说明凯恩斯主义货币政策的机制。

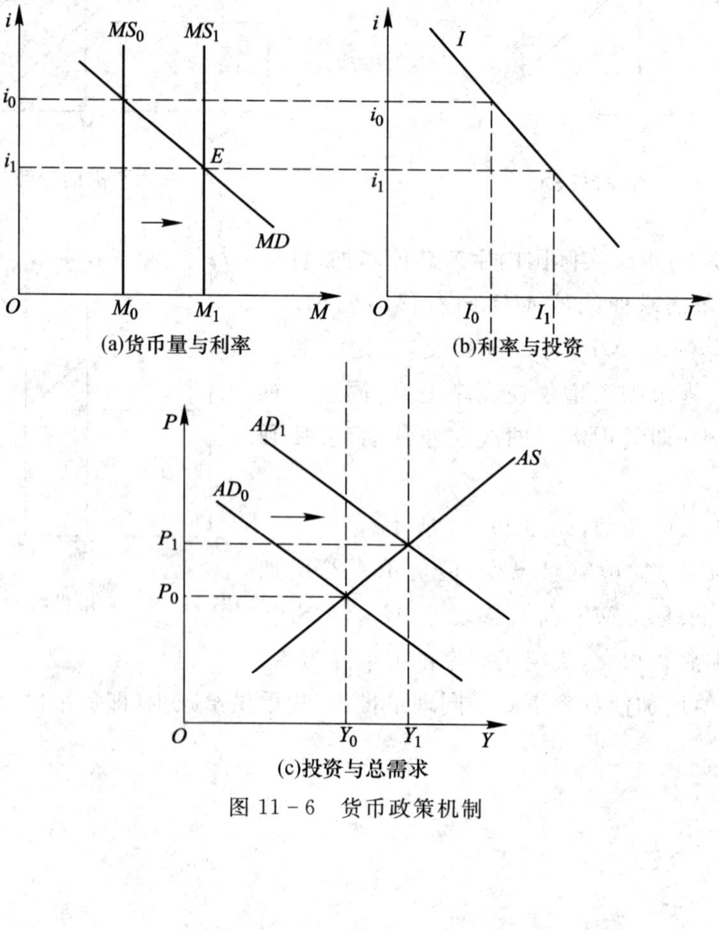

图 11－6 货币政策机制

图 11－6(a)说明货币市场的均衡决定利率。当货币供给从 MS_0 增加到 MS_1 时，利率由 i_0 下降为 i_1，即中央银行运用货币政策增加货币量，降低利率。

图 11－6(b)说明利率下降使投资从 I_0 增加到 I_1，即利率下降对投资产生影响。

图 11－6(c)用总需求-总供给模型说明投资增加使总需求增加，即从 AD_0 增加到 AD_1，国民收入从 Y_0 增加到 Y_1。

这就是扩张性货币政策发生作用的机制。

中央银行运用货币政策直接调控的是货币供给量。它控制货币供给量的工具就是前文介绍的公开市场操作、贴现率和准备金率。最常用的工具是公开市场操作，即通过在金融市场上买卖政府债券来调节货币供给量。

四 货币政策的运用

在不同的经济形势下，中央银行要运用不同的货币政策来调节经济。

在萧条时期，总需求小于总供给，为了刺激总需求，就要运用扩张性货币政策增加货币供给量，降低利率，刺激总需求。其中包括在公开市场上买进有价证券，降低贴现率并放松贴现条件，降低准备金率，等等。这些政策工具可以增加货币供给量，降低利率，刺激总需求。

在繁荣时期，总需求大于总供给，为了抑制总需求，就要运用紧缩性货币政策减少货币供给量，提高利率，抑制总需求。其中包括在公开市场上卖出有价证券，提高贴现率并严格贴现条件，提高准备金率，等等。这些政策工具可以减少货币供给量，提高利率，抑制总需求。

资料库

中国 1997—2011 年货币政策

1997 年亚洲金融危机之后，为应对当时的严峻经济形势，中国开始实行稳健的货币政策。

1998 年至 2002 年，中国面临通缩压力，当时稳健的货币政策取向是增加货币供应量。

2003 年以来，面对经济中出现的贷款、投资、外汇储备快速增长等新变化，稳健的货币政策内涵开始发生变化，央行适当紧缩银根，多次上调存款准备金率和利率。

2007 年 6 月 13 日，国务院召开常务会议，货币政策开始“稳中适度从紧”。

2007 年 12 月 5 日，中央经济工作会议将 2008 年宏观调控的首要任务定为“两个防止”：防止经济增长由偏快转为过热，防止价格由结构性上涨演变为明显的通货膨胀。会议要求实行从紧的货币政策。

2008 年 7 月以来，面对国际金融危机加剧、国内通胀压力减缓等情况，中国人民银行调整金融宏观调控措施，连续三次下调存贷款基准利率，两次下调存款准备金率，取消对商业银行信贷规划的约束，并引导商业银行扩大贷款总量。

2008 年 11 月 5 日，国务院常务会议根据世界金融危机日趋严峻的形势，要求实行积极的财政政策和适度宽松的货币政策，确定了进一步扩大内需、促进经济增长的十项措施。

2009 年 7 月 23 日，中共中央政治局召开会议，指出要继续把促进经济平稳较快发展作为经济工作的首要任务，保持宏观经济政策的连续性和稳定性，继续实施积极的财政政策和适度宽松的货币政策。国务院总理温家宝就当前全国财政工作作出重要批示时指出，要继续坚定不移实施积极的财政政策和适度宽松的货币政策。8 月 5 日，中国人民银行此间发布的《中国货币政策执行报告（2009 年第二季度）》指出，下阶段中国人民银行将坚定不移地继续落实适度宽松的货币政策，根据国内外经济走势和价格变化，注重运用市场化手段进行动态微调。

2009 年 12 月 5 日至 7 日，中央经济工作会议提出，2010 年要保持宏观经济政策的连续性和稳定性，继续实施积极的财政政策和适度宽松的货币政策。货币政策要保持连续性和稳定性，增强针对性和灵活性。要密切跟踪国内外经济形势变化，把握好货币信贷增长速度，加大信贷政策对经济社会薄弱环节、就业、战略性新兴产业、产业转移等方面的支持，有效缓解小企业融资难问题，保证重点建设项目贷款需要，严格控制对高耗能、高排放行业和产能过剩行业的贷款，着力提高信贷质量和效益。积极扩大直接融资，引导和规范资本市场健康发展。

2010 年 3 月 5 日，政府工作报告指出，2010 年继续实施积极的财政政策和适度宽松的货币政策。适度宽松的货币政策包括：一是保持货币信贷合理充裕。广义货币 M2 增长目标为 17％左右，新增人民币贷款 7.5 万亿元左右。二是优化信贷结构。落实有保有控的信贷政策，加强对重点领域和薄弱环节的支持，有效缓解农户和小企业融资难问题，严格控制对“两高”行业和产能过剩行业的贷款。强化贷后管理，确保信贷资金支持实体经济。三是积极扩大直接融资。完善多层次资本市场体系，扩大股权和债券融资规模，更好地满足多样化投融资需求。四是加强风险管理，提高金融监管有效性。探索建立宏观审慎管理制度，强化对跨境资本流动的有效监控，防范各类金融风险。继续完善人民币汇率形成机制，保持人民币汇率在合理、均衡水平上的基本稳定。

2010年12月3日，中共中央政治局召开会议提出，2011年我国将实施积极的财政政策和稳健的货币政策。货币政策由此前的“适度宽松”调整为“稳健”。12月12日，中央经济工作会议明确，明年宏观经济政策的基本取向是“积极稳健、审慎灵活”。这意味着，金融危机以来，实施了两年的“适度宽松的货币政策”已经完成历史使命。

2011年3月5日，政府工作报告指出，2011年实施稳健的货币政策。保持合理的社会融资规模，广义货币增长目标为16%。健全宏观审慎政策框架，综合运用价格和数量工具，提高货币政策有效性。提高直接融资比重，发挥好股票、债券、产业基金等融资工具的作用，更好地满足多样化投融资需求。着力优化信贷结构，引导商业银行加大对重点领域和薄弱环节的信贷支持，严格控制对“两高”行业和产能过剩行业贷款。进一步完善人民币汇率形成机制。密切监控跨境资本流动，防范“热钱”流入。加强储备资产的投资和风险管理，提高投资收益。

2011年12月12日至14日，中央经济工作会议提出，2012年继续实施积极的财政政策和稳健的货币政策。货币政策要根据经济运行情况，适时适度进行预调微调，综合运用多种货币政策工具，保持货币信贷总量合理增长，优化信贷结构，发挥好资本市场的积极作用，有效防范和及时化解潜在金融风险。

本章小结

- 宏观经济政策
  - 宏观经济政策概述
    - 宏观经济政策目标
    - 宏观经济政策工具
  - 财政政策
    - 财政政策内容与运用
    - 内在稳定器
    - 赤字财政政策
    - 财政政策的挤出效应
    - 财政政策的局限性
  - 货币政策
    - 金融体系
    - 货币市场与利率的决定
    - 货币政策机制
    - 货币政策的运用

同步练习

一、单项选择题

1. 政府转移支付包含(　　)。

A. 公务员工资　　B. 贫困救济和各种补贴等方面的支出

C. 军费开支　　D. 对商品和劳务的购买

2. 当经济中存在失业时,应该采取的财政政策措施为(　　)。

A. 增加政府支出　　B. 提高个人所得税

C. 提高公司所得税　　D. 增加货币发行量

3. 当法定准备金率为20%,商业银行最初所吸收的存款为300美元时,银行所能创造的货币总量为(　　)。

A. 2 000美元　　B. 8 000美元　　C. 1 500美元　　D. 6 000美元

4. 中央银行在公开市场上卖出政府债券是为了(　　)

A. 收集一笔资金帮助政府弥补财政赤字

B. 增加商业银行在中央银行的存款

C. 减少流通中的基础货币以减少货币供给、提高利率

D. 通过买卖债券获取差价收益

5. 如果经济低于充分就业水平,价格水平固定,(　　)能使经济更接近于充分就业。

A. 政府支出的削减或税收的增加　　B. 政府支出或税收的削减

C. 政府支出或税收的增加　　D. 政府支出的增加或税收的削减

6. 下列哪一项不是宏观经济政策的四项主要目标之一?(　　)

A. 政府预算盈余　　B. 充分就业

C. 价格稳定　　D. 经济增长和国际收支平衡

7. 政府收入中最主要的部分是(　　)。

A. 税收　　B. 举债　　C. 发行国库券　　D. 公债

8. 实行紧缩性财政政策会导致(　　)

A. 预算赤字　　B. 预算盈余　　C. 物价上涨　　D. 失业减少

9. 扩张性财政政策对经济的影响是(　　)。

A. 缓和了经济萧条,但增加了政府债务

B. 缓和了经济萧条,也减轻了政府债务

C. 加剧了通货膨胀,但减轻了政府债务

D. 缓和了通货膨胀,但增加了政府债务

10. 在政府的财政政策中,属于内在稳定器的是(　　)。

A. 政府公共工程支出　　B. 货币供给

C. 税收　　D. 政府购买

11. 内在稳定器的功能是(　　)。

A. 减少周期性的波动　　B. 稳定收入,刺激价格波动

C. 保持经济的稳定　　D. 推迟经济的衰退

二、简答题

1. 宏观经济政策的目标有哪些?

2. 什么是内在稳定器?具有内在稳定器功能的财政政策有哪些?

3. 财政政策是消除宏观经济波动的灵丹妙药吗?你对制约财政政策作用发挥的因素是如何理解的?

4. 什么是财政政策?财政政策是如何调节经济运行的?

实训项目

岳阳楼的兴建

据记载,岳阳楼兴建的原因是这样的:唐朝初年,天下大旱,很多地方粮食颗粒无收。百姓背井离乡,四处逃荒。岳阳地区也遭此大灾,县令见了忧心如焚。他茶饭不香、朝思暮想,终于想出一条妙计。县令请来了所有豪门富户,对他们说:“我们守着八百里洞庭,应该好好地观赏游玩。如果造一座高楼,可以一览洞庭全景。诸位大人在楼上吟诗作画,听歌赏月,举杯极目,岂不是风流千古?”有钱人听了,大喜过望,纷纷出钱建楼。县令立即找人设计、施工。大批农民有了工作,很多行业也因此受益。岳阳人有了谋生之路,非常顺利地度过了荒年,这就是岳阳楼的兴建原因。

用今天经济学的语言解释,岳阳楼的修建正是政府扩大财政支出最好的例子:县令想要维持一个令人满意的总产出和就业水平,为了调节总需求,积极的政府干预就必不可少,这正是凯恩斯经济学的核心。而凯恩斯主义所主张的,正是通过对总需求的调控来调节经济。

问题:请借助互联网等手段查找政府运用财政政策调控一国经济的经典实例,并进行政策背景、手段、效果等方面的分析。

参考文献

[1] 保罗·萨缪尔森.经济学.北京:人民邮电出版社,2009.

[2] 曼昆.经济学原理.北京:中国人民大学出版社,2006.

[3] 高鸿业.西方经济学.北京:中国人民大学出版社,2005.

[4] 尹伯成.西方经济学简明教程.上海:上海人民出版社,2003.

[5] 尹伯成.现代西方经济学习题指南.上海:复旦大学出版社,2003.

[6] 蔡继明.微观经济学习题.北京:人民出版社,2002.

[7] 张东辉.西方经济学习题集萃.北京:经济科学出版社,2003.

[8] 厉以宁.西方经济学.北京:高等教育出版社,2010.

[9] 陆芳.经济学原理.北京:北京大学出版社,2005.

[10] 李炳义.经济学基础.上海:上海交通大学出版社,2005.

[11] 贾辉艳.微观经济学原理.北京:北京大学出版社,2005.

[12] 吴志清.经济学基础.北京:机械工业出版社,2004.

[13] 梁小民.西方经济学.北京:中央广播电视大学出版社,2002.

[14] 梁小民.微观经济学纵横谈.北京:生活·读书·新知三联书店,2003.

[15] 梁小民.宏观经济学纵横谈.北京:生活·读书·新知三联书店,2003.

[16] 沈晓梅.现代经济学导论.北京:国防工业出版社,2005.

资源服务提示

授课教师如需获得本书配套辅教资源，可致电资源服务支持电话，或电邮至指定邮箱，申请获得相关资源。资源服务支持电话：010－58581854　邮箱：songchen@hep.com.cn。

本书编辑邮箱：licc@hep.com.cn

全国高职经管论坛QQ群：101187476